キクタン TOEIC® L&Rテスト SCORE 990

一杉武史 編著

アルク

英語は聞いて覚える！
アルク・キクタンシリーズ

「読む」だけでは、言葉は決して身につきません。私たちが日本語を習得できたのは、赤ちゃんのころから日本語を繰り返し「聞いて」きたから――『キクタン』シリーズは、この「当たり前のこと」にこだわり抜いた単語集・熟語集です。「読んでは忘れ、忘れては読む」――そんな悪循環とはもうサヨナラです。「聞いて覚える」、そして「読んで理解する」、さらに「使って磨く」――英語習得の「新しい1歩」が、この1冊から必ず始まります！

Preface

「キクタン」は「聞いて覚える英単語」
本試験満点に必要な単語・熟語力に加え
リスニング力も同時に身につきます！

センテンス部に日本語音声を追加！990点到達の語彙力を1日わずか16見出し、10週間で完全マスター！

本書は、2016年刊行の『改訂版キクタン TOEIC® TEST SCORE 990』の新装版です。旧版からの最大の変更点の1つは、センテンス部への日本語音声の追加です。これにより、日本語音声⇒英語音声の順で、耳から学習ができるようになりました。

本書では、これまでのTOEIC本試験のデータに加え、TOEICの公式問題・模擬試験データを徹底的に分析。さらに、出題傾向に合わせて、見出し語を頻度順に並べているので、990点に必要な語彙力が必修順に学べます。

こうして選ばれた見出し語の実用性と、見出し順の有効性を裏づけるのが、膨大な数の書き言葉と話し言葉を集めたデータベース、「コーパス」です。本書では、TOEICの本試験・公式問題・模擬試験に加え、コーパスデータの分析結果も参考にしていますので、990点到達に必要な語彙を、ムリなく・ムダなく身につけることができます。

米英2カ国発音のチャンツ、米英加豪の4カ国発音のセンテンス部が、音声ダウンロード形式化でさらに手軽に学習できる！

旧版からのもう1つの大きな変更点は、音声ダウンロード形式化です。パソコンまたはスマートフォンで手軽に学習することができます。

TOEICのリスニングセクションでは、2006年の改訂以降、アメリカ英語だけでなく、イギリス、カナダ、オーストラリア各国の英語も使われています。本書では、これら4カ国の英語を収録することで、語彙力だけでなく、リスニング力も同時に身につけることを目指しています。

音楽のリズムに乗りながら語彙学習ができる「チャンツ」では、アメリカ英語とイギリス英語が一緒に収録されています。また、センテンス部の英語音声として、アメリカ、イギリス、カナダ、オーストラリアの4カ国発音を収録。聞き流すうちに各国英語に慣れていきますので、本試験のリスニング対策にもなります。本書で身につけた語彙力・リスニング力を基に、皆さんが世界に羽ばたいていくことを、心から祈っています。

Contents

1日16単語・熟語×10週間で
TOEIC990点攻略の1120単語・熟語をマスター！

Chapter 4

名詞：必修240

Chapter 5

動詞：必修112

Chapter 6

形容詞：必修112

Contents

Chapter 9

形容詞句・副詞句

【記号説明】

- 🔊 MP3-001：「ダウンロード音声のトラック1を呼び出してください」という意味です。
- 発音記号横の㋑：イギリス英語の発音を表します。米英で発音が大きく異なる語についています。
- 名動形副前接：順に、名詞、動詞、形容詞、副詞、前置詞、接続詞を表します。
- 見出し中の［　］：言い換え可能を表します。
- 見出し中の（　）：省略可能を表します。
- 見出し中のA、B：語句（主に名詞・代名詞）が入ることを表します。
- 見出し中のbe：be動詞が入ることを表します。be動詞は主語の人称・時制によって変化します。
- 見出し中のdo：動詞が入ることを表します。
- 見出し中のdoing：動名詞が入ることを表します。
- 見出し中のoneself：再帰代名詞が入ることを表します。主語によって再帰代名詞は異なります。
- 見出し中のone's：名詞・代名詞の所有格が入ることを表します。
- 見出し中の「～」：節（主語＋動詞）が入ることを表します。
- 見出し下の「Part ～」：該当するTOEICのPartで登場する可能性が高い単語・熟語を表します。
- 定義中の（　）：補足説明を表します。
- 定義中の［　］：言い換えを表します。
- ❗：発音、アクセント、定義に注意すべき単語についています。
- ⊕：補足説明を表します。
- ≒：同意・類義語［熟語］を表します。
- ⇔：反意・反対語［熟語］を表します。

だから「ゼッタイに覚えられる」!

本書の4大特長

1

本試験・公式問題
さらにコーパスデータを
徹底分析!

TOEICに出る!
日常生活で使える!

TOEICのための単語・熟語集である限り、「TOEICに出る」のは当然──。本書の目標は、そこから「実用英語」に対応できる単語・熟語力をいかに身につけてもらうかにあります。見出し語・熟語の選定にあたっては、TOEICの本試験・公式問題・模擬試験のデータに加え、最新の語彙研究から生まれたコーパス*のデータを徹底的に分析。目標スコアに到達するだけでなく、将来英語を使って世界で活躍するための土台となる単語・熟語が選ばれています。

*コーパス:実際に話されたり書かれたりした言葉を大量に収集した「言語テキスト・データベース」のこと。コーパスを分析すると、どんな単語・熟語がどのくらいの頻度で使われるのか、といったことを客観的に調べられるので、辞書の編さんの際などに活用されている。

2

「目」だけでなく
「耳」と「口」までも
フル活用して覚える!

「聞く単(キクタン)」!
しっかり身につく!

「読む」だけでは、言葉は決して身につきません。私たちが日本語を習得できたのは、小さいころから日本語を繰り返し「聞いて・口に出して」きたから──この「当たり前のこと」を忘れてはいけません。本書では、音楽のリズムに乗りながら単語・熟語の学習ができる「チャンツ」を用意。「目」と「耳」から同時に単語・熟語をインプットし、さらに「口」に出していきますので、「覚えられない」不安を一発解消。読解・聴解力もダブルアップします。

『キクタンTOEIC L&Rテスト SCORE 990』では、TOEICの本試験・公式問題・模擬試験データと最新の語彙研究の成果であるコーパスを基に収録単語・熟語を厳選していますので、「TOEICに出る」「日常生活で使える」ものばかりです。その上で「いかに効率的に単語・熟語を定着させるか」──このことを本書は最も重視しました。ここでは、なぜ「出る・使える」のか、そしてなぜ「覚えられる」のかに関して、本書の特長をご紹介します。

3

1日16見出し×10週間、9のチャプターの「スケジュール学習」！

ムリなくマスターできる！

「継続は力なり」、とは分かっていても、続けるのは大変なことです。では、なぜ「大変」なのか？　それは、覚えきれないほどの量の単語や熟語をムリに詰め込もうとするからです。本書では、「ゼッタイに覚える」ことを前提に、1日の学習量をあえて16見出しに抑えています。さらに、単語は品詞ごとに「頻度順」に、熟語は「表現型別」に、計9のチャプターに分けていますので、効率的・効果的に学習単語・熟語をマスターできます。

4

1日最短2分、最長でも8分の3つの「モード学習」！

挫折することなく最後まで続けられる！

今まで単語集や熟語集を手にしたときに、「1日でどこからどこまでやればいいのだろう？」と思ったことはありませんか？　見出し語・熟語、フレーズ、例文……1度に目を通すのは、忙しいときには難しいものです。本書は、Check 1（単語・熟語＋定義）→Check 2（フレーズ）→Check 3（センテンス）と、3つのポイントごとに学習できる「モード学習」を用意。生活スタイルやその日の忙しさに合わせて学習量を調整できます。

生活スタイルに合わせて選べる
Check 1▸2▸3の「モード学習」
本書とダウンロード音声の利用法

Check 1

該当のトラックを呼び出して、「アメリカ英語→日本語→イギリス英語」の順に収録されている「チャンツ音楽」で見出し語・熟語とその意味をチェック。時間に余裕がある人は、太字以外の定義も押さえておきましょう。

▸

Check 2

Check 1で「見出し語・熟語→定義」を押さえたら、その単語・熟語が含まれているフレーズをチェック。フレーズレベルで使用例を確認することで、単語・熟語の定着度が高まります（センテンスが入っているDayもあります）。

▸

Check 3

Check 2のフレーズから、Check 3ではセンテンスへ、仕事などですぐに使える実践的な例で学びます。該当のトラックで音声をチェックすれば、定着度は格段にアップします。音声は「日本語→英語」の順で、英語は米→加→英→豪英語の順で収録されています(一部を除く)。

見出し語・熟語

1日の学習単語・熟語数は16です。見開きの左側に単語・熟語が掲載されています。チャンツでは上から順に単語・熟語が登場します。最初の8つが流れたら、ページをめくって次の8つに進みましょう。

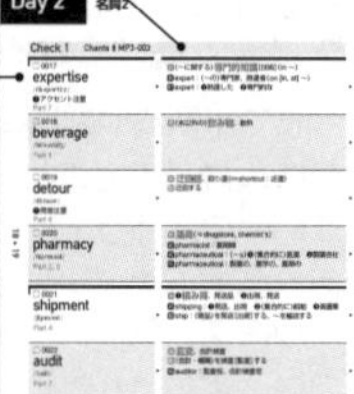

チェックシート

本書に付属のチェックシートは復習用に活用してください。Check 1では見出し語・熟語の定義が身についているか、Check 2と3では訳を参照しながらチェックシートで隠されている単語・熟語がすぐに浮かんでくるかを確認しましょう。

▼

定義

見出し語・熟語の定義が掲載されています。単語・熟語によっては複数の意味があるので、第1義以外の定義もなるべく覚えるようにしましょう。

Quick Review

前日に学習した単語・熟語のチェックリストです。左ページに日本語、右ページに英語が掲載されています。時間に余裕があるときは、該当のトラックでチャンツも聞いておきましょう。

1日の学習量は4ページ、学習単語・熟語数は16となっています。1つの見出し語・熟語につき、定義を学ぶ「Check 1」、フレーズ中で単語・熟語を学ぶ「Check 2」、センテンス中で学ぶ「Check 3」の3つの「モード学習」が用意されています。まずは、該当のトラックを呼び出して、「チャンツ音楽」のリズムに乗りながら見出し語・熟語と定義を「耳」と「目」で押さえましょう。時間に余裕がある人は、Check 2とCheck 3にもトライ！

こんなアナタにオススメ！
3つの「学習モード」

仕事にも恋にも、
英語学習にも忙しいAさんには！

聞くだけモード
Check 1

学習時間の目安：1日2分

とにかく忙しくて、できれば単語・熟語学習は短時間で済ませたい人にオススメなのが、Check 1だけの「聞くだけモード」。該当のトラックで「チャンツ音楽」を聞き流すだけでもOK。でも、時間があるときはCheck 2とCheck 3で復習も忘れずに！

将来は海外勤務を
目指すBさんには！

しっかりモード
Check 1▸Check 2

学習時間の目安：1日4分

そこそこ英語はできるけど、さらなる英語力アップが必要だと感じている人にオススメなのが、Check 1とCheck 2を学習する「しっかりモード」。声に出してフレーズを「音読」すれば、定着度もさらにアップするはず。

自他ともに認める
完ぺき主義のCさんには！

かんぺきモード
Check 1▸Check 2▸Check 3

学習時間の目安：1日8分

やるからには完ぺきにしなければ気が済まない人には「かんぺきモード」がオススメ。ここまでやっても学習時間の目安はたったの8分。できればみんな「かんぺきモード」でパーフェクトを目指そう！

＊学習時間はあくまでも目安です。時間に余裕があるときは、チャンツ音楽を繰り返し聞いたり、フレーズやセンテンスの音読を重ねたりして、なるべく多く学習単語・熟語に触れるように心がけましょう。

音声ダウンロードのご案内

本書の音声はパソコンまたはスマートフォンでのダウンロードが可能です（どちらも無料です）。

パソコンをご利用の場合

以下のウェブサイトから、音声のデータ（mp3ファイル／zip圧縮済み）をダウンロードしてください。

アルク「ダウンロードセンター」

https://portal-dlc.alc.co.jp/

ダウンロードセンターで本書を探す際は、
商品コード「**7020010**」を利用すると便利です。

スマートフォンをご利用の場合

スマホで音声の再生ができるアプリ「英語学習booco」をご利用ください。アプリ「英語学習booco」のインストール方法は表紙カバー袖でご案内しています。

なお、「ダウンロードセンター」およびアプリ「英語学習booco」のサービス内容は、予告なく変更する場合がございます。あらかじめご了承ください。

本書の音声について

- 本書では、各Dayの「チャンツ」「センテンス」のダウンロード音声を、トラック「001」であれば「🔊MP3-001」のように表示しています。
- 各Dayの「センテンス」英語のみの音声、Chapter 1～6のChapter Reviewのチャンツも、「ダウンロードセンター」およびアプリ「英語学習booco」からダウンロードすることができます。

CHAPTER 1
名詞：超必修240

Chapter 1のスタートです！このChapterでは、TOEIC「超必修」の名詞240をマスターしていきます。先はまだまだ長いけれど、焦らず急がず学習を進めていきましょう。

TOEIC的格言

A man becomes learned by asking questions.

聞くは一時の恥、聞かぬは一生の恥。
［直訳］人は質問することで知識を身につける。

Day 1 名詞1

Check 1 Chants 》MP3-001

□ 0001 **itinerary** /aitínərèri/ Part 2, 3	名 **旅行計画**、旅程(表) 形 旅行の、旅程の
□ 0002 **warranty** /wɔ́:rənti/ Part 4	名 (品質などの/…に対する)**保証**、保証書(on ~/against . . .)(≒guarantee)
□ 0003 **merchandise** /mə́:rtʃəndàiz, mə́:rtʃəndàis/ ❶発音注意 Part 7	名 (集合的に)**商品**、製品(≒goods) 動 ~を売買する、商う 名 merchandising:商品化計画 名 merchant:商人、商店主
□ 0004 **questionnaire** /kwèstʃənέər/ ❶アクセント注意 Part 7	名 **アンケート**(用紙)
□ 0005 **venue** /vénju:/ Part 4	名 (競技会などの)**開催地**、会場
□ 0006 **brochure** /brouʃúər/ イ/bróuʃə/ ❶アクセント注意 Part 2, 3	名 **パンフレット**、小冊子(≒pamphlet, booklet)
□ 0007 **inventory** /ínvəntɔ̀:ri/ Part 4	名 ❶**在庫品**、品ぞろえ、在庫品目 ❷在庫調べ、棚卸し
□ 0008 **refund** /rí:fʌnd/ ❶アクセント注意 Part 7	名 **払い戻し**(金)(≒reimbursement) 動 (/rifʌ́nd/)(料金など)を払い戻す 形 refundable:払い戻しの利く

continued ▼

いよいよDay 1のスタート！　今日から15日間は「超必修」の名詞240をチェック。まずは、チャンツを聞いてみよう！

□ 聞くだけモード　Check 1
□ しっかりモード　Check 1 ▸ 2
□ かんぺきモード　Check 1 ▸ 2 ▸ 3

Check 2 Phrase	Check 3 Sentence 》MP3-002
□ plan an itinerary（旅行計画を立てる）	□ We had to change the itinerary because of bad weather.（悪天候のため、私たちは旅行計画を変更しなければならなかった）
□ be still under warranty（保証期間中である）	□ The computer comes with a one-year warranty against defects.（そのコンピューターは欠陥に対する1年の保証がついている）
□ defective merchandise（欠陥商品）	□ The store carries a wide variety of merchandise.（その店は多種多様な商品を扱っている）
□ fill out [in] a questionnaire（アンケートに記入する）	□ Please fill out the questionnaire and send it to the address below.（アンケートに記入して、下記の住所に送ってください）
□ an ideal venue for international conferences（国際会議の理想的な開催地）	□ London was the venue for the Olympic Games in 2012.（ロンドンは2012年のオリンピックの開催地だった）
□ a travel brochure（旅行パンフレット）	□ This brochure includes detailed information about the product.（このパンフレットにはその製品の詳しい情報が含まれている）
□ the volume of inventories（在庫量） □ take inventory（棚卸しをする）	□ We have a large inventory of quality used automobiles.（当店では高品質の中古車を大量に取りそろえている）
□ ask for [get] a refund（払い戻しを求める[受ける]）	□ You can return any purchase within seven days for a full refund or exchange.（7日以内であれば、全額払い戻しか交換のため購入品を返品することができる）

continued ▼

Check 1 Chants 》MP3-001

□ 0009 **warehouse** /wέərhàus/ Part 1	▸	名**倉庫**	▸
□ 0010 **merger** /mə́:rdʒər/ Part 7	▸	名(～との)(企業の)**合併**(with ～) 動merge：❶(merge withで)(会社などが)～と合併する ❷(会社など)を(…に)合併する(into . . .)	▸
□ 0011 **transit** /trǽnzit/ Part 4	▸	名❶**輸送**、運送、輸送機関 ❷通過、通行、乗り継ぎ 名transition：(～から／…への)移行、変遷、過渡期(from ～/to . . .) 形transitional：過渡期の	▸
□ 0012 **invoice** /ínvɔis/ Part 2, 3	▸	名(明細記入)**請求書**、仕入れ書、インボイス 動❶～に請求書を送る ❷～の請求書を作る	▸
□ 0013 **plumber** /plʌ́mər/ ❗発音注意 Part 1	▸	名**配管工**、水道屋さん	▸
□ 0014 **appliance** /əpláiəns/ Part 2, 3	▸	名(家庭用の)**器具**、機器	▸
□ 0015 **supervisor** /sú:pərvàizər/ Part 4	▸	名**監督**[管理]**者** 名supervision：監督、管理、指揮 動supervise：～を監督[管理、指揮]する 形supervisory：監督[管理](上)の	▸
□ 0016 **agenda** /ədʒéndə/ Part 2, 3	▸	名**議題**、協議事項	▸

Check 2 Phrase

Check 3 Sentence 》MP3-002

□ a vacant warehouse（空の倉庫）

□ The products are stored in the warehouse.（製品が倉庫に保管されている）

□ mergers and acquisitions（［企業の］合併買収）➕略はM & A

□ The merger of the two companies has created the world's biggest pharmaceutical company.（両社の合併によって世界最大の製薬会社が誕生した）

□ public transit（公共輸送機関）
□ a transit passenger（乗り継ぎ客）

□ The goods were damaged in transit due to carrier negligence.（商品は運送会社の過失で輸送中に損傷を受けた）

□ enclose an invoice（請求書を同封する）

□ Invoices must be paid by the last day of each month.（請求書は各月の最終日までに支払われなければならない）

□ call a plumber（配管工を呼ぶ）

□ The plumber is fixing a sink.（配管工は流しを修理している）

□ electrical appliances（電気器具）

□ The store carries a wide variety of household appliances.（その店はさまざまな家庭用器具を扱っている）

□ a production supervisor（製造監督者）

□ He was promoted to accounting supervisor last year.（彼は昨年、会計監督者に昇進した）

□ the first item on the agenda（議題の最初の項目）
□ be high on the agenda（最も重要な議題である）

□ Let's move on to the next item on the agenda.（議題の次の項目に進みましょう）

Day 2 名詞2

Check 1 Chants 》MP3-003

□ 0017
expertise
/èkspərtí:z/
❶アクセント注意
Part 7

名(～に関する)**専門的知識**[技術](in ～)
名expert:(～の)専門家、熟達者(on [in, at] ～)
形expert:❶熟達した ❷専門的な

□ 0018
beverage
/bévəridʒ/
Part 1

名(水以外の)**飲み物**、飲料

□ 0019
detour
/dí:tuər/
❶発音注意
Part 4

名**迂回路**、回り道(⇔shortcut:近道)
動迂回する

□ 0020
pharmacy
/fá:rməsi/
Part 2, 3

名**薬局**(≒drugstore, chemist's)
名pharmacist:薬剤師
名pharmaceutical:(～s)❶(集合的に)医薬 ❷製薬会社
形pharmaceutical:製薬の、薬学の、薬剤の

□ 0021
shipment
/ʃípmənt/
Part 4

名❶**積み荷**、発送品 ❷出荷、発送
名shipping:❶発送、出荷 ❷(集合的に)船舶 ❸海運業
動ship:(商品)を発送[出荷]する、～を輸送する

□ 0022
audit
/ɔ́:dit/
Part 7

名**監査**、会計検査
動(会計・帳簿)を検査[監査]する
名auditor:監査役、会計検査官

□ 0023
auditor
/ɔ́:dətər/
Part 5, 6

名**監査役**、会計検査官
名audit:監査、会計検査
動audit:(会計・帳簿)を検査[監査]する

□ 0024
bid
/bíd/
Part 4

名❶(工事などの)**入札**(for ～) ❷(～のための)企て、試み(for ～)
動❶(bid forで)～に入札する ❷(bid A for Bで)(競売などで)A(値)をB(物)につける
名bidder:入札者、競り手

continued ▼

チャンツを聞く際には、見出し語が4つ続けて読まれる部分で、自分も声に出して読んでみよう。定着度が倍増するはず！

□ 聞くだけモード　Check 1
□ しっかりモード　Check 1 ▸ 2
□ かんぺきモード　Check 1 ▸ 2 ▸ 3

Check 2 Phrase	Check 3 Sentence 》MP3-004
□ expertise in psychology [sewing]（心理学の専門的知識［裁縫の専門的技術］）	□ She has experience and expertise in accounting.（彼女は会計の経験と専門的知識を持っている）
□ alcoholic beverages（アルコール飲料）	□ The waiter is serving beverages.（ウエーターは飲み物を出している）
□ make [take] a detour（迂回する）	□ He took a detour to avoid the heavy traffic.（彼は交通渋滞を避けるために迂回した）
□ an owner of a pharmacy（薬局の経営者）	□ I went to the pharmacy to have a prescription filled.（私は処方薬を調合してもらうために薬局へ行った）
□ a large shipment of wheat（大量の小麦の積み荷） □ be ready for shipment（出荷の準備ができている）	□ A shipment of urgent water and food supplies is expected to arrive tomorrow.（水と食料の緊急供給の積み荷は明日届く予定だ）
□ an audit report（会計検査報告書） □ external [internal] audit（外部［内部］監査）	□ Companies are required to establish an audit committee.（企業は監査委員会を設置する必要がある）
□ an external [internal] auditor（外部［内部］監査役）	□ The previous auditor was dismissed because of a disagreement with the company.（前任の監査役はその会社との意見の不一致のため解任された）
□ make a bid of $10,000 for ～（～の入札に1万ドルの値をつける） □ in a bid to do ～（～しようとして）	□ The builder won the bid for the construction of the new city hall.（その建設会社は新市庁舎の建設を落札した）

continued ▼

Check 1 Chants MP3-003

□ 0025 **recipient** /risípiənt/ Part 7	名(〜の)**受取人**、受領者(of 〜)
□ 0026 **amendment** /əméndmənt/ Part 5, 6	名(〜の)**修正**[改正](案)(to 〜) 動amend:(憲法など)を修正[改正]する
□ 0027 **token** /tóukən/ Part 4	名❶**印** ❷代用硬貨、トークン
□ 0028 **workplace** /wə́ːrkplèis/ Part 2, 3	名**職場**、仕事場
□ 0029 **coworker** /kóuwə̀ːrkər/ Part 2, 3	名**同僚**、仕事仲間(≒colleague, associate, fellow worker) ➕co-workerとつづることもある
□ 0030 **pedestrian** /pədéstriən/ Part 1	名**歩行者**(≒walker) 形(道路などが)歩行用の
□ 0031 **specification** /spèsəfikéiʃən/ Part 7	名(通例〜s)**仕様書**、設計明細書(≒spec) 名specific:(〜s)詳細 形specific:❶特定の ❷明確な ❸(〜に)特有の(to 〜) 副specifically:❶はっきりと、明瞭に ❷特に、とりわけ 動specify:〜を明確に述べる、明記する、指定する
□ 0032 **subsidiary** /səbsídièri/ Part 7	名**子会社** 形❶補助的な ❷(〜に)付随[従属]する(to 〜)

Day 1 MP3-001
Quick Review
答えは右ページ下

□ 旅行計画
□ 保証
□ 商品
□ アンケート
□ 開催地
□ パンフレット
□ 在庫品
□ 払い戻し
□ 倉庫
□ 合併
□ 輸送
□ 請求書
□ 配管工
□ 器具
□ 監督者
□ 議題

Check 2 Phrase

Check 3 Sentence MP3-004

Phrase	Sentence
□ pension recipients（年金受給者） □ the recipient of the Nobel Prize（ノーベル賞の受賞者）	□ The number of welfare recipients is on the rise.（生活保護を受けている人の数は上昇傾向にある）
□ make amendments to ～（～に修正を加える） □ a constitutional amendment（憲法改正）	□ The government has made some amendments to its anti-terrorism bill.（政府は反テロ法案にいくつか修正を加えた）
□ as a token of ～（～の印として） □ a subway token（地下鉄の代用硬貨）	□ Please accept this gift as a token of my appreciation for your support.（あなたのご支援への感謝の印として、この贈り物をお受け取りください）
□ stress in the workplace（職場でのストレス）	□ Gender discrimination in the workplace is prohibited.（職場での性差別は禁止されている）
□ one's coworkers in the office（職場の同僚）	□ I went to the wedding of one of my coworkers yesterday.（私は昨日、同僚の1人の結婚式に行った）
□ pedestrians crossing the road（道路を横断している歩行者たち）	□ There are a lot of pedestrians on the sidewalk.（歩道には多くの歩行者がいる）
□ specifications for a new computer（新しいコンピューターの仕様書）	□ Please read the specifications carefully before making a purchase.（購入の前に仕様書を十分にお読みください）
□ a fully-owned subsidiary（全額出資の子会社）	□ The company is a subsidiary of a London-based oil company.（その会社はロンドンに本社がある石油会社の子会社だ）

Day 1 MP3-001
Quick Review
答えは左ページ下

□ itinerary	□ venue	□ warehouse	□ plumber
□ warranty	□ brochure	□ merger	□ appliance
□ merchandise	□ inventory	□ transit	□ supervisor
□ questionnaire	□ refund	□ invoice	□ agenda

Day 3 名詞3

Check 1 Chants 》MP3-005

□ 0033 **landmark** /lǽndmɑ̀:rk/ Part 7	名❶(陸上の)**目印**(となるもの)、目標物 ❷画期的な出来事、(形容詞的に)画期的な
□ 0034 **attire** /ətáiər/ Part 7	名**服装**、衣装(≒clothes, clothing, outfit, apparel)
□ 0035 **outlet** /áutlet/ Part 4	名❶**直販**[販売]**店**、アウトレット ❷(電気の)コンセント(≒socket) ❸(感情などの)はけ口(for ～)
□ 0036 **payroll** /péiròul/ Part 7	名**従業員名簿**[総数]、給料支払名簿
□ 0037 **waste** /wéist/ Part 7	名❶**廃棄物** ❷(～の)浪費(of ～) 動(金・時間など)を(…で)浪費する、無駄にする(on . . .) 形wasteful：無駄(遣い)の多い、浪費的な
□ 0038 **commuter** /kəmjú:tər/ Part 1	名**通勤者** 名commute：通勤 動commute：(～から／…へ)通勤する(from ～/to . . .)
□ 0039 **flier** /fláiər/ Part 7	名**ちらし**、ビラ(≒leaflet) ✚flyerとつづることもある
□ 0040 **contractor** /kɑ́ntræktər/ Part 4	名**建設業者**、請負業者[人]

continued ▼

「3日坊主」にならないためにも、今日・明日の学習がとっても大切！ 音声を聞き流すだけでもOKなので、「継続」を心がけよう。

□ 聞くだけモード　Check 1
□ しっかりモード　Check 1 ▸ 2
□ かんぺきモード　Check 1 ▸ 2 ▸ 3

Check 2 Phrase	Check 3 Sentence MP3-006
□ a historical landmark（歴史的建造物） □ landmark discovery（画期的な発見）	□ Are there any landmarks nearby?（近くに何か目印となるものはありますか？）
□ business attire（ビジネススーツ）	□ Guests attending the party are required to wear formal attire.（そのパーティーに出席する客は正装を求められている）
□ a retail outlet（小売り販売店） □ insert a plug into an outlet（プラグをコンセントに差し込む）	□ The pizza chain has about 500 outlets in the US.（そのピザチェーンはアメリカに約500の直販店を持っている）
□ be on the payroll（就業している）	□ The company will add 100 employees to its payroll next year.（その会社は来年、従業員を100人追加する予定だ）
□ nuclear waste（核廃棄物） □ a waste of time [money, energy]（時間［金、エネルギー］の浪費）	□ The factory generates more than 1,000 tons of industrial waste each year.（その工場は毎年1000トンを超える産業廃棄物を出している）
□ rush-hour commuters（ラッシュアワーの通勤者） □ a commuter train（通勤電車）	□ The train is packed with commuters.（列車は通勤者ですし詰めになっている）
□ a flier for the concert（そのコンサートのちらし） □ an election flier（選挙ちらし）	□ The flier says the sale is from May 27 to 31.（そのちらしには、セールは5月27日から31日までと書かれている）
□ a general contractor（総合建設請負業者、ゼネコン）	□ Seven contractors bid for the project.（建設業者7社がそのプロジェクトに入札した）

continued ▼

Check 1 Chants MP3-005

□ 0041 **retailer** /rí:teilər/ Part 4	名**小売業者**(⇔wholesaler：卸売業者) 名retail：小売り 動retail：(～の値で)小売りされる(for [at] ～) 副retail：小売(価格)で
□ 0042 **workforce** /wə́:rkfɔ̀:rs/ Part 7	名**全従業員**(≒labor force) ✚work forceと2語に分ける場合もある
□ 0043 **premium** /prí:miəm/ Part 7	名❶**保険料** ❷割増金、プレミアム ❸ハイオクガソリン 形❶高級な ❷プレミアのついた 形premier：最高(級)の、首位の、最も重要な 名premier：首相、総理大臣
□ 0044 **applicant** /ǽplikənt/ Part 7	名(～への)**志願者**、応募者(for ～) 名application：❶(～への)申し込み(書)、申請(書)(for ～) ❷(～への)利用、適用(to ～) 動apply：❶(apply forで)～を申し込む ❷(apply toで)～に適用される
□ 0045 **discretion** /diskréʃən/ Part 7	名❶**自由裁量**、判断[行動、選択]の自由 ❷思慮深さ、慎重さ、分別 形discreet：慎重な、(～について)口が堅い(about ～)
□ 0046 **entrepreneur** /ɑ̀:ntrəprənə́:r/ ❗発音注意 Part 4	名**起業家**、事業家
□ 0047 **vendor** /véndər/ Part 1	名❶**露天商人**、行商人 ❷販売(業)者 動vend：～を売る
□ 0048 **duplicate** /djú:plikət/ ❗発音注意 Part 7	名**複製**、複写(≒copy) 動(/djú:pləkèit/)～を複製[複写]する

Day 2 MP3-003 Quick Review
答えは右ページ下

□ 専門的知識	□ 積み荷	□ 受取人	□ 同僚
□ 飲み物	□ 監査	□ 修正	□ 歩行者
□ 迂回路	□ 監査役	□ 印	□ 仕様書
□ 薬局	□ 入札	□ 職場	□ 子会社

Check 2 Phrase

Check 3 Sentence 》MP3-006

Phrase	Sentence
□ a clothing retailer(衣料品小売業者)	□ The company is the second largest retailer of electronics in the US.(その会社はアメリカで2番目に大きい電子機器の小売業者だ)
□ a company with a workforce of more than 1,000(全従業員1000人以上の会社)	□ The automaker will reduce its workforce by 10 percent.(その自動車メーカーは従業員を10パーセント削減する予定だ)
□ car insurance premiums(自動車保険の保険料) □ at a premium(プレミアつきで、額面以上で、品不足で)	□ I paid over $3,000 in annual life insurance premiums.(私は年間の生命保険の保険料に3000ドル以上を払った)
□ applicants for scholarships(奨学金の志願者) □ job applicants(求職者)	□ There are more than 100 applicants for the job.(その仕事には100人を超える志願者がいる)
□ at the discretion of ～(～の裁量[判断]で) □ act with discretion(慎重に行動する)	□ The decision was left to the CEO's discretion.(決断はCEOの裁量に委ねられた)
□ a talented entrepreneur(有能な起業家)	□ Bill Gates is one of the most successful entrepreneurs.(ビル・ゲイツは最も成功した起業家の1人だ)
□ a newspaper vendor([露店の]新聞売り) □ a street vendor(街頭の物売り)	□ The vendor is selling some vegetables.(露天商人は野菜を売っている)
□ a duplicate of the key(合い鍵) □ in duplicate([正副]2通に)	□ Applicants are advised to keep duplicates of their submissions.(応募者は提出物の写しを保管しておくよう求められている)

Day 2 》MP3-003 Quick Review
答えは左ページ下

□ expertise	□ shipment	□ recipient	□ coworker
□ beverage	□ audit	□ amendment	□ pedestrian
□ detour	□ auditor	□ token	□ specification
□ pharmacy	□ bid	□ workplace	□ subsidiary

Check 1 Chants 》MP3-007

□ 0049 **shareholder** /ʃέərhòuldər/ Part 4	名 **株主**(≒stockholder) 名share:❶(〜s)株、株式 ❷市場占有率 ❸分け前 動share:〜を(…と)共有する(with . . .)
□ 0050 **souvenir** /sù:vəníər/ ❶アクセント注意 Part 2, 3	名(〜の)**記念品**、土産(of 〜)
□ 0051 **tuition** /tjuːíʃən/ Part 5, 6	名❶**授業料**(≒tuition fee) ❷授業、指導(≒teaching)
□ 0052 **amenity** /əménəti/ Part 7	名(通例〜ies)**便利な設備**[施設]
□ 0053 **contingency** /kəntíndʒənsi/ Part 7	名 **不慮の事故**、偶発事件(≒accident) 形contingent:❶(be contingent on [upon]で)〜次第である、〜を条件としている ❷不慮の 名contingent:代表団、派遣団
□ 0054 **periodical** /pìəriádikəl/ Part 7	名 **定期刊行物**、雑誌(≒magazine) 形 定期刊行(物)の 名period:❶期間、時期 ❷時代 形periodic:周期的な、定期的な 副periodically:定期的に、周期的に
□ 0055 **voucher** /váutʃər/ Part 4	名 **商品引換券**、割引券、クーポン券
□ 0056 **enrollment** /inróulmənt/ Part 7	名❶**入学**[登録]**者数** ❷入学、入会 動enroll:(enroll in [at, for]で)〜に入学[入会]する

continued ▼

「細切れ時間」を有効活用してる？『キクタン』は2分でも学習可能。いつでもどこでもテキストと音声を持ち歩いて単語・熟語に触れよう！

□ 聞くだけモード　Check 1
□ しっかりモード　Check 1 ▸ 2
□ かんぺきモード　Check 1 ▸ 2 ▸ 3

Check 2 Phrase	Check 3 Sentence 》MP3-008
□ a shareholders' meeting（株主総会）	□ A majority of shareholders approved a proposed takeover of the company.（株主の過半数がその会社の買収案を承認した）
□ a souvenir shop（土産物店）	□ What did you buy as a souvenir of your trip to Australia?（オーストラリア旅行の記念品に何を買いましたか？）
□ tuition increases（授業料の値上げ） □ private tuition（個人指導）	□ Tuition for the private school is $12,500 per year.（その私立学校の授業料は年間1万2500ドルだ）
□ shopping amenities（ショッピング施設）	□ The hotel has numerous amenities including a heated indoor pool and fitness center.（そのホテルには、屋内温水プールやフィットネスセンターを含む多くの便利な設備がある）
□ prepare for contingencies（不慮の事故に備える） □ contingency plans（非常事態計画）	□ We have to be prepared to deal with contingencies.（私たちは不慮の事故に対処する用意ができていなければならない）
□ a monthly [quarterly] periodical（月刊[季刊]の定期刊行物、月刊[季刊]誌）	□ The library subscribes to approximately 200 periodicals.（その図書館はおよそ200の定期刊行物を購入している）
□ a breakfast [gift] voucher（朝食[ギフト]券）	□ The voucher is only valid for six months from the date of issue.（その商品引換券は発行日から6カ月のみ有効だ）
□ a drop in enrollment（入学者数の減少） □ an enrollment fee（入学金）	□ The university intends to increase its enrollment of international students.（その大学は外国人留学生の入学者数を増やすつもりだ）

continued ▼

Check 1 Chants 》MP3-007

□ 0057
pharmacist
/fá:rməsist/
Part 2, 3

名 **薬剤師**
名pharmacy：薬局
名pharmaceutical：(～s)❶(集合的に)医薬 ❷製薬会社
形pharmaceutical：製薬の、薬学の、薬剤の

□ 0058
wheelbarrow
/hwí:lbæ̀rou/
Part 1

名(通例一輪の)**手押し車**(≒barrow)

□ 0059
correspondence
/kɔ̀:rəspándəns/
Part 5, 6

名(～との)**通信**、文通(with ～)、(集合的に)通信文、往復書簡(≒communication)
名correspondent：(新聞などの)特派員、通信員
動correspond：❶(correspond toで)～に一致する、～に相当する ❷(correspond withで)～と文通する

□ 0060
feedback
/fí:dbæ̀k/
Part 2, 3

名(～についての)(利用者などの)**反応**、反響、感想(on [about] ～)
動feed back：(助言など)を与える

□ 0061
orientation
/ɔ̀:riəntéiʃən/
Part 4

名**職業**[入門、進路]**指導**、オリエンテーション
動orient：(orient oneself to [toward]で)～に適応[順応]する

□ 0062
dividend
/dívədènd/
Part 7

名(株の)**配当**(金)(≒capital bonus)

□ 0063
inconvenience
/ìnkənví:njəns/
Part 7

名**不便**、不都合、迷惑
動～に迷惑[不便]をかける
形inconvenient：(～に)不便な、迷惑な(to [for] ～)

□ 0064
supplier
/səpláiər/
Part 4

名**供給**[納入]**業者**
名supply：❶(通例～ies)備品、必需品、在庫 ❷供給 ❸供給物
動supply：(supply A with Bで)AにBを供給する

Day 3 》MP3-005
Quick Review
答えは右ページ下

□ 目印
□ 服装
□ 直販店
□ 従業員名簿
□ 廃棄物
□ 通勤者
□ ちらし
□ 建設業者
□ 小売業者
□ 全従業員
□ 保険料
□ 志願者
□ 自由裁量
□ 起業家
□ 露天商人
□ 複製

Check 2 Phrase

Check 3 Sentence 》MP3-008

Check 2 Phrase		Check 3 Sentence
□ a pharmacist's office（薬局）	▶	□ My goal is to become a pharmacist.（私の目標は薬剤師になることだ）
□ carry sand in a wheelbarrow（手押し車で砂を運ぶ）	▶	□ The man is pushing a wheelbarrow.（男性は手押し車を押している）
□ study by correspondence（通信教育で勉強する） □ commercial correspondence（商業通信文）	▶	□ I have been keeping a regular correspondence with him for several years.（私は彼との定期的な文通を数年間続けている）
□ feedback from customers on the new product（新製品についての客の反応）	▶	□ Feedback from the participants on the event was positive.（そのイベントに関する参加者たちの反応はよかった）
□ orientation for new students（新入生向けのオリエンテーション）	▶	□ All new employees receive a two-week orientation.（全新入社員は2週間の職業指導を受ける）
□ a stock dividend（株式配当）	▶	□ The dividends will be paid to shareholders on April 1.（配当金は4月1日に株主たちに支払われる予定だ）
□ put ～ to inconvenience ＝ cause inconvenience to ～（～に不便[迷惑]をかける）	▶	□ We apologize for any inconvenience caused by the delay.（遅れによりご迷惑をおかけしたことをおわびいたします）
□ an automotive parts supplier（自動車部品供給業者）	▶	□ The company is a leading supplier of semiconductors.（その会社は大手の半導体供給業者だ）

Day 3 》MP3-005
Quick Review
答えは左ページ下

□ landmark	□ waste	□ retailer	□ discretion
□ attire	□ commuter	□ workforce	□ entrepreneur
□ outlet	□ flier	□ premium	□ vendor
□ payroll	□ contractor	□ applicant	□ duplicate

Day 5　名詞5

Check 1　Chants 》MP3-009

□ 0065 **directory** /diréktəri/ ㋑/dairéktəri/ ❶発音注意 Part 2, 3	名**住所録**、名簿
□ 0066 **malfunction** /mælfʌ́ŋkʃən/ Part 7	名(機械などの)**不調**、故障、(器官などの)機能不全 動(機械などが)うまく機能しない、故障する
□ 0067 **memorandum** /mèmərǽndəm/ Part 4	名**社内連絡メモ**、社内伝言、メモ(≒memo) ✚複数形はmemorandaとmemorandumsの2つある
□ 0068 **paycheck** /péitʃèk/ Part 7	名**給料**(≒salary, wage)、給料支払小切手
□ 0069 **revision** /rivíʒən/ Part 2, 3	名**修正**、改訂、改定 動revise：～を修正[改訂]する
□ 0070 **wholesale** /hóulsèil/ Part 4	名**卸売り**(⇔retail：小売り) 形卸売りの 名wholesaler：卸売業者
□ 0071 **diagnosis** /dàiəgnóusis/ Part 2, 3	名**診断** ✚複数形はdiagnoses 動diagnose：(diagnose A with [as] Bで)AをBと診断する 形diagnostic：診断(上)の
□ 0072 **duration** /djuréiʃən/ Part 5, 6	名**継続**[存続、持続]**期間** 前during：～の間中(ずっと)

continued ▼

Quick Reviewは使ってる？ 昨日覚えた単語でも、記憶に残っているとは限らない。学習の合間に軽くチェックするだけでも効果は抜群！

□ 聞くだけモード Check 1
□ しっかりモード Check 1 ▸ 2
□ かんぺきモード Check 1 ▸ 2 ▸ 3

Check 2 Phrase	Check 3 Sentence 》MP3-010
□ a hotel directory（ホテルの住所録） □ a business directory（商工名鑑）	□ Can you look up the restaurant's number in the telephone directory?（そのレストランの電話番号を電話帳で調べてくれますか？）
□ an engine malfunction（エンジンの不調）	□ The pilot reported a mechanical malfunction soon after takeoff.（パイロットは離陸後すぐに機械の不調を報告した）
□ circulate a memorandum（社内伝言を回覧する） □ make a memorandum of ～（～をメモしておく）	□ Did you read the memorandum about our company's restructuring plan?（会社のリストラ計画に関する連絡メモを読みましたか？）
□ a weekly paycheck（週給） □ deposit one's paycheck（給料を預金する）	□ His paycheck is around $50,000 a year.（彼の給料は年間約5万ドルだ）
□ make an upward [a downward] revision to ～（～を上方［下方］修正する） □ revision of prices（価格の改定）	□ The budget needs significant revision.（その予算案はかなりの修正が必要だ）
□ at [by] wholesale（卸売りで）	□ Wholesale is much cheaper than retail.（卸売りは小売りよりずっと安い）
□ a diagnosis of diabetes（糖尿病の診断） □ make a diagnosis（診断する）	□ What was the diagnosis from your doctor?（医者の診断はどうでしたか？）
□ the duration of life（生存期間） □ for the duration of ～（～の期間中）	□ I stayed at my friend's house for the duration of my holiday in Hong Kong.（私は香港での休暇の間、友人の家に滞在した）

continued ▼

Check 1　Chants 》MP3-009

□ 0073
renovation
/rènəvéiʃən/
Part 5, 6

名❶**改装**、修理　❷刷新、革新
動renovate：～を改装する、～を修理[復元]する

□ 0074
vacancy
/véikənsi/
Part 2, 3

名❶**空室**、空き家　❷(職などの)欠員、空位(≒opening)
形vacant：❶(家・座席などが)空いている　❷(職などが)欠員[空位]の

□ 0075
attendee
/ətèndí:/
Part 7

名**出席[参加]者**
動attend：❶～に出席する　❷(attend toで)～を処理する、～の世話をする、～に注意を払う
名attendance：❶(～への)出席(at ～)　❷(～への)出席者数(at ～)

□ 0076
leaflet
/lí:flit/
Part 1

名**ちらし**、ビラ(≒flier)
動～にちらしを配る

□ 0077
resignation
/rèzignéiʃən/
Part 4

名❶**辞職**、辞任　❷辞表
動resign：❶(地位などを)辞任[辞職]する(from ～)　❷(地位など)を辞める

□ 0078
supplement
/sʌ́pləmənt/
❶発音注意
Part 5, 6

名❶**補給剤**、栄養補助食品　❷(～の)補足、(書物などの)補遺、付録(to ～)(≒appendix)
動(/sʌ́pləmènt/)(supplement A with Bで)AをBで補う
形supplementary：(～の)補足[追加、付録]の(to ～)

□ 0079
lease
/lí:s/
Part 7

名(～の)**賃貸借契約**、リース(on ～)
動❶～を(…から)賃借する(from . . .)(≒rent)　❷～を(…に)賃貸する(to . . .)(≒rent)

□ 0080
shuttle
/ʃʌ́tl/
Part 2, 3

名**定期往復便**
動(～の間を)(定期的に)往復する(between ～)(≒ply)

Day 4 》MP3-007
Quick Review
答えは右ページ下

□ 株主
□ 記念品
□ 授業料
□ 便利な設備
□ 不慮の事故
□ 定期刊行物
□ 商品引換券
□ 入学者数
□ 薬剤師
□ 手押し車
□ 通信
□ 反応
□ 職業指導
□ 配当
□ 不便
□ 供給業者

Check 2 Phrase

Check 3 Sentence MP3-010

☐ extensive renovations(大規模な改装[修復])
☐ technological renovation(技術革新)
▸ ☐ The department store is temporarily closed for renovation.(そのデパートは改装のため一時休業している)

☐ a vacancy rate(空室率)
☐ fill the vacancy for ~(~の欠員を補充する)
▸ ☐ I tried to reserve a hotel room but there were no vacancies.(私はホテルの部屋を予約しようとしたが、空室がなかった)

☐ conference attendees(会議の出席者)
☐ event attendees(イベントの参加者)
▸ ☐ Refreshments will be provided for all attendees.(軽食が全出席者に提供される予定だ)

☐ hand [pass] out leaflets(ちらしを配る)
☐ advertising leaflets(広告ちらし)
▸ ☐ The woman is handing out leaflets to passersby.(女性は通行人にちらしを配っている)

☐ the resignation of a cabinet(内閣総辞職)
☐ hand in one's resignation(辞表を提出する)
▸ ☐ The prime minister rejected calls for his resignation.(首相は辞任要求を退けた)

☐ vitamin C supplements(ビタミンC補給剤)
☐ a Sunday supplement([新聞の]日曜版)
▸ ☐ The doctor told me to take calcium supplements every day.(医者はカルシウムの補給剤を毎日服用するよう私に言った)

☐ a 10-year [6-month] lease(10年[6カ月]の賃貸借契約)
☐ take out a lease on ~(~を賃借する)
▸ ☐ My apartment lease expires on March 31.(私のアパートの賃貸借契約は3月31日に期限が切れる)

☐ take the shuttle from the airport to the city center(空港から都心まで定期往復便に乗る)
▸ ☐ The hotel has a free shuttle bus between the airport and the hotel.(そのホテルには空港とホテル間の無料往復バスがある)

Day 4 MP3-007 Quick Review
答えは左ページ下

☐ shareholder
☐ souvenir
☐ tuition
☐ amenity
☐ contingency
☐ periodical
☐ voucher
☐ enrollment
☐ pharmacist
☐ wheelbarrow
☐ correspondence
☐ feedback
☐ orientation
☐ dividend
☐ inconvenience
☐ supplier

Day 6 名詞6

Check 1 Chants 》MP3-011

□ 0081
diner
/dáinər/
Part 1

名❶**食事客** ❷簡易食堂、小食堂
名dinner：ディナー、食事
動dine：(～と)食事をする(with ～)

□ 0082
hallway
/hɔ́:lwèi/
Part 1

名**廊下**、通路(≒corridor)、玄関(の広間)

□ 0083
intersection
/ìntərsékʃən/
Part 1

名**交差点**(≒junction, crossing)
動intersect：(路線などが)交差する

□ 0084
subscription
/səbskrípʃən/
Part 7

名(～の)**定期購読**(料)(to ～)
名subscriber：(～の)定期購読者(to ～)、(電話などの)加入者
動subscribe：(subscribe toで)❶～を定期購読する ❷(通例疑問・否定文で)～に同意する

□ 0085
bankruptcy
/bǽŋkrʌptsi/
Part 4

名**倒産**、破産
名bankrupt：破産者
動bankrupt：～を破産させる
形bankrupt：破産[倒産]した

□ 0086
bulk
/bʌ́lk/
Part 5, 6

名❶(the ～)(～の)**大部分**(of ～) ❷(形容詞的に)大量の、大規模な
形bulky：大きい、かさばった

□ 0087
incentive
/inséntiv/
Part 7

名(～する)**動機**(to do)、(～への)刺激(to ～)(≒motive, motivation, inducement)

□ 0088
indicator
/índikèitər/
Part 7

名❶**指標** ❷(目盛り盤の)指針、表示器
名indication：(～の/…という)兆候、しるし(of ～/that節 . . .)
動indicate：～を示す、表す
形indicative：(be indicative ofで)～を表している

continued ▼

名詞と前置詞の結びつきを確認してる？ a subscription to ～(～の定期購読)のように名詞の後ろにつく前置詞にも注意していこう。

□ 聞くだけモード　Check 1
□ しっかりモード　Check 1 ▸ 2
□ かんぺきモード　Check 1 ▸ 2 ▸ 3

Check 2 Phrase		Check 3 Sentence 》MP3-012
□ restaurant diners(レストランの食事客) □ a diner along the road(道路沿いの簡易食堂)	▸	□ The restaurant is almost full of diners.(レストランは食事客でほぼ満席である)
□ an empty hallway(人がいない廊下)	▸	□ There are rooms on both sides of the hallway.(廊下の両側に部屋がある)
□ turn left at the next intersection(次の交差点で左折する) □ a T-intersection(T字路)	▸	□ There are no vehicles at the intersection.(交差点には車が1台も止まっていない)
□ take out a subscription to ～(～を定期購読する)	▸	□ A renewal notification will be sent to you 7 to 8 weeks before your subscription expires.(定期購読が切れる7、8週間前に更新のお知らせが送られる)
□ declare bankruptcy(破産を宣告する) □ file for bankruptcy(破産を申請する)	▸	□ The number of bankruptcies in small businesses has been rising.(中小企業の倒産件数が増加している)
□ the bulk of the cost(経費の大部分) □ bulk buying [production](大量購入[生産])	▸	□ Compact and mid-size cars account for the bulk of car sales.(小型車と中型車は自動車販売の大部分を占めている)
□ have little incentive to do ～(～する動機がほとんどない) □ economic incentives(経済的刺激)	▸	□ Bonuses give employees an incentive to work harder.(ボーナスはより熱心に働く動機を従業員に与える)
□ an economic indicator(経済指標) □ a speed indicator(速度計)	▸	□ Various indicators show that the economy is already on track to recovery.(経済が既に回復段階にあることをさまざまな指標が示している)

continued
▼

Check 1　Chants 》MP3-011

□ 0089 **predecessor** /prédəsèsər/ ㋑/príːdəsèsər/ ❶発音注意 Part 5, 6	名 **前任者**(⇔successor：後任者)、前のもの
□ 0090 **surplus** /sə́ːrplʌs/ Part 7	名❶**黒字**(⇔deficit) ❷余り、過剰 形 余分の、余った
□ 0091 **advocate** /ǽdvəkət/ ❶発音注意 Part 5, 6	名(～の)**支持者**、主張者、提唱者(of [for]～) 動(/ǽdvəkèit/)～を支持[主張、擁護]する 名 advocacy：(～の)支持、弁護、擁護(of ～)
□ 0092 **breakthrough** /bréikθrùː/ Part 7	名❶(交渉などの)**進展**、打開(in ～) ❷(研究などの)大発見、大躍進(in ～) 動 break through：❶大きく前進する ❷大発見をする
□ 0093 **courier** /kə́ːriər/ Part 2, 3	名 **宅配便業者**、(小包などの)配達人
□ 0094 **stationery** /stéiʃənèri/ Part 5, 6	名❶(集合的に)**文房具**、事務用品 ❷便箋 ➕stationary(静止した)と混同しないように注意
□ 0095 **turbulence** /tə́ːrbjuləns/ Part 4	名❶**乱気流** ❷(社会的)動乱、騒乱 形 turbulent：❶騒然とした、不穏な ❷(天候などが)荒れ狂う
□ 0096 **cuisine** /kwizíːn/ Part 7	名(ある地方・ホテルなどに特有の)**料理**(法)(≒cooking)

Day 5 》MP3-009
Quick Review
答えは右ページ下

□ 住所録	□ 修正	□ 改装	□ 辞職
□ 不調	□ 卸売り	□ 空室	□ 補給剤
□ 社内連絡メモ	□ 診断	□ 出席者	□ 賃貸借契約
□ 給料	□ 継続期間	□ ちらし	□ 定期往復便

Check 2 Phrase		Check 3 Sentence 》MP3-012
□ take over a job from a predecessor(前任者から仕事を引き継ぐ)	▸	□ The new iPod is thinner than its predecessors.(新しいiPodは以前のものよりも薄い)
□ a trade surplus(貿易黒字) □ in surplus(余分[過剰]に)	▸	□ When revenue is higher than spending, the government budget is in surplus.(歳入が歳出よりも多い場合、政府予算は黒字になる)
□ an advocate of peace(平和論者)	▸	□ She is an influential advocate of education reform.(彼女は教育改革の影響力のある支持者だ)
□ a breakthrough in the negotiation(交渉の進展) □ make a breakthrough in ~(~において大発見をする)	▸	□ The scientist made a major breakthrough in cancer treatment.(その科学者はがん治療を大きく進展させた)
□ a motorcycle courier(バイク便)	▸	□ He sent the documents by courier.(彼はその書類を宅配便で送った)
□ a stationery store(文房具店) □ personalized stationery(名前入りの便箋)	▸	□ She works in the stationery section of a department store.(彼女はデパートの文房具売り場に勤めている)
□ encounter turbulence(乱気流に遭遇する) □ political turbulence(政治的動乱)	▸	□ Please fasten your seat belts; there is turbulence ahead.(シートベルトを着用してください。進行方向に乱気流があります)➕機内アナウンス
□ Italian cuisine(イタリア料理)	▸	□ The restaurant is famous for its Mediterranean cuisine.(そのレストランは地中海料理で有名だ)

Day 5 》MP3-009
Quick Review
答えは左ページ下

□ directory	□ revision	□ renovation	□ resignation
□ malfunction	□ wholesale	□ vacancy	□ supplement
□ memorandum	□ diagnosis	□ attendee	□ lease
□ paycheck	□ duration	□ leaflet	□ shuttle

Day 7 名詞7

Check 1 Chants 》MP3-013

□ 0097
fluctuation
/flʌ̀ktʃuéiʃən/
Part 5, 6

名（～の）**変動**（in [of] ～）（≒change）
動fluctuate：変動する

□ 0098
installation
/ìnstəléiʃən/
Part 7

名❶（機械などの）**取りつけ**、設置　❷就任［任命］（式）　❸インストール　✚installmentは「分割払い」
動install：❶～を取りつける　❷～を（…に）任命する（as . . .）　❸～をインストールする

□ 0099
medication
/mèdəkéiʃən/
Part 2, 3

名**薬物**、薬剤　✚medicineやdrugよりもやや専門的な語
名medicine：❶薬　❷医学
形medical：医療［医学］の

□ 0100
bin
/bín/
Part 1

名**ごみ箱**（≒can）、容器

□ 0101
constraint
/kənstréint/
Part 7

名❶（～に対する）**制約**（on ～）（≒restriction）　❷強制
動constrain：～を抑制［抑止］する

□ 0102
delegate
/déligət/
❗発音注意
Part 7

名（政治的会議などの）**代表者**、使節
動（/déligèit/）❶（任務など）を（…に）委任する（to . . .）　❷～を（…するように）代表に立てる（to do）
名delegation：（集合的に）代表［派遣］団

□ 0103
excerpt
/éksəːrpt/
❗アクセント注意
Part 4

名（～からの）**抜粋**、引用（from ～）（≒extract）
動（/iksə́ːrpt/）～を（…から）引用する、抜粋する（from . . .）（≒quote, cite, extract）

□ 0104
extinction
/ikstíŋkʃən/
Part 5, 6

名**絶滅**
形extinct：絶滅した

continued ▼

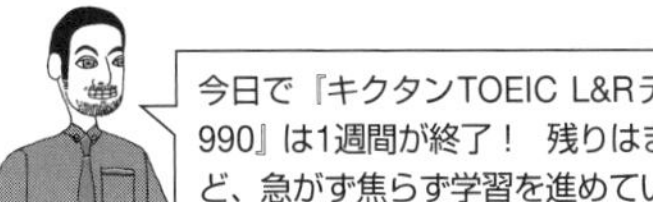

今日で『キクタンTOEIC L&Rテスト SCORE 990』は1週間が終了！ 残りはまだまだ長いけど、急がず焦らず学習を進めていこう。

□ 聞くだけモード Check 1
□ しっかりモード Check 1 ▸ 2
□ かんぺきモード Check 1 ▸ 2 ▸ 3

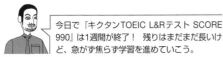

Check 2 Phrase	Check 3 Sentence 》MP3-014
□ fluctuations in temperature [stock prices]（気温[株価]の変動）	□ This study analyzes the nature and causes of business fluctuations.（この研究は景気変動の特質と原因を分析している）
□ the installation of an air conditioner（エアコンの取りつけ） □ the installation of the new president（新大統領の就任式）	□ The installation of electrical cables must be done by experts.（電気ケーブルの取りつけは専門の人によって行われなければならない）
□ be on medication for ~（~の薬物治療を受けている） □ a flu medication（インフルエンザの薬）	□ Are you currently taking any medication?（現在服用している薬はありますか？）
□ throw garbage [litter, trash, rubbish] in the bin（ごみをごみ箱に捨てる） □ a bread bin（パン入れ）	□ There are recycling bins in front of the store.（店の前にリサイクル用の容器がある）
□ financial constraints（財政的制約） □ under constraint（やむを得ずに、強いられて）	□ The construction of the bridge was canceled due to budget constraints.（その橋の建設は予算の制約のため取り消された）
□ a US delegate to the UN（アメリカの国連代表）	□ Delegates from 187 countries met to begin framing a new global warming treaty.（新しい地球温暖化条約の立案を始めるために、187カ国の代表者たちが集まった）
□ an excerpt from the poem（その詩からの抜粋）	□ This is an excerpt from Kazuo Ishiguro's novel.（これはカズオ・イシグロの小説からの抜粋だ）
□ be in danger of extinction（絶滅の危機に瀕している） □ the extinction of the dinosaurs（恐竜の絶滅）	□ One-third of the world's amphibian species are in danger of extinction.（世界の両生類種の3分の1は絶滅の危機に瀕している）

continued ▼

Check 1　Chants MP3-013

□ 0105 **pier** /píər/ Part 1	名 **桟橋**(≒jetty)
□ 0106 **turnaround** /tə́ːrnəràund/ Part 4	名(企業業績などの)**好転**、(黒字への)転換 動turn around:(経済など)を好転させる
□ 0107 **appraisal** /əpréizəl/ Part 7	名(〜の)**評価**、鑑定、査定(of 〜)(≒assessment, evaluation) 動appraise:〜を(…と)評価[鑑定、査定]する(at . . .)
□ 0108 **autograph** /ɔ́ːtəgræ̀f/ Part 2, 3	名(有名人などの)**サイン**　➕書類などへの「サイン、署名」はsignature 動〜にサインする　➕「(書類など)にサイン[署名]する」はsign
□ 0109 **digit** /dídʒit/ Part 7	名(数字の)**けた**、アラビア数字 形digital:デジタル(式)の
□ 0110 **intermission** /ìntərmíʃən/ Part 2, 3	名❶(劇場などの)**休憩時間**、幕間(≒interval)　❷休止、合間(≒pause, break)
□ 0111 **negligence** /néglidʒəns/ Part 5, 6	名❶**怠慢**　❷過失 名neglect:❶無視、軽視　❷怠慢 動neglect:❶〜を無視[軽視]する　❷(仕事など)を怠る 形negligent:怠慢な
□ 0112 **notification** /nòutəfikéiʃən/ Part 5, 6	名**通知**、通告 動notify:(notify A of Bで)AにBを知らせる、通知[通告]する

Day 6 MP3-011 Quick Review
答えは右ページ下

□ 食事客	□ 倒産	□ 前任者	□ 宅配便業者
□ 廊下	□ 大部分	□ 黒字	□ 文房具
□ 交差点	□ 動機	□ 支持者	□ 乱気流
□ 定期購読	□ 指標	□ 進展	□ 料理

Check 2 Phrase		Check 3 Sentence 》MP3-014
□ walk on the pier(桟橋の上を歩く)	▸	□ Boats are tied to the pier.(ボートが桟橋につながれている)
□ the turnaround of the Japanese economy(日本経済の好転)	▸	□ The company made a miraculous performance turnaround.(その会社は奇跡的な業績好転を果たした)
□ a job [performance] appraisal(勤務評価) □ make an appraisal of ~(~を評価する)	▸	□ Most companies conduct performance appraisals annually.(ほとんどの会社は1年に1度勤務評価を行っている)
□ the autograph of a famous movie star(有名な映画スターのサイン) □ sign an autograph(サインする)	▸	□ The soccer player was signing autographs for kids.(そのサッカー選手は子どもたちにサインをしていた)
□ an eight-digit phone number(8けたの電話番号)	▸	□ Please enter your seven-digit account number.(7けたの口座番号を入力してください)
□ the intermission of a concert(コンサートの休憩時間) □ without intermission(絶え間なく、ひっきりなしに)	▸	□ We will now have a 10-minute intermission.(ただ今から10分間の休憩となります)➕劇場などのアナウンス
□ accuse him of negligence(彼の怠慢ぶりを非難する) □ medical negligence(医療過失)	▸	□ He was fired for repeated negligence of his duties.(彼は度重なる職務怠慢のかどで首になった)
□ advance [prior] notification(事前通知)	▸	□ You will receive notification within 10 days of submission.(提出後10日以内に通知を受けることになる)

Day 6 》MP3-011 Quick Review
答えは左ページ下

□ diner	□ bankruptcy	□ predecessor	□ courier
□ hallway	□ bulk	□ surplus	□ stationery
□ intersection	□ incentive	□ advocate	□ turbulence
□ subscription	□ indicator	□ breakthrough	□ cuisine

Day 8 名詞8

Check 1 Chants 》MP3-015

□0113 **overview** /óuvərvjùː/ Part 7	名 **概観**、全体像
□0114 **ventilation** /vèntəléiʃən/ Part 7	名 **換気**、風通し 動ventilate：(部屋など)を換気する
□0115 **booking** /búkiŋ/ Part 4	名 **予約**(≒reservation) 動book：～を予約する
□0116 **broom** /brúːm/ Part 1	名 **ほうき** ➕bloom(花)と混同しないように注意。「ちり取り」はdustpan
□0117 **delegation** /dèligéiʃən/ Part 7	名(集合的に)**代表**[派遣]**団** 名delegate：(政治的会議などの)代表者、使節 動delegate：❶(任務など)を(…に)委任する(to . . .) ❷～を(…するように)代表に立てる(to do)
□0118 **oversight** /óuvərsàit/ Part 7	名❶**見落とし**、ミス(≒mistake) ❷監視、監督(≒supervision)
□0119 **restructuring** /rìːstrʌ́ktʃəriŋ/ Part 7	名 **リストラ**、事業再構築、再編成 動restructure：(組織・制度)を改革する、再構成[再編成]する
□0120 **sightseeing** /sáitsìːiŋ/ Part 4	名 **観光**、見物 名sightseer：観光客

continued ▼

同意語・類義語(≒)や反意語・反対語(⇔)もチェックしてる？ 余裕があれば確認して、語彙の数を積極的に増やしていこう。

□ 聞くだけモード Check 1
□ しっかりモード Check 1 ▸ 2
□ かんぺきモード Check 1 ▸ 2 ▸ 3

Check 2 Phrase	Check 3 Sentence 》MP3-016
□ give him an overview of ～(彼に～の概観を伝える)	□ He gave the board a brief overview of the plan.(彼は重役たちに計画の概要を簡潔に伝えた)
□ a ventilation system(換気システム) □ have good [poor] ventilation ([家などが]換気がいい[悪い])	□ Good ventilation is essential to both comfort and health.(十分な換気は快適さと健康の両方にとって必要だ)
□ make [cancel] a booking(予約をする[取り消す])	□ Online booking is available on our website.(当社のウェブサイトでオンライン予約ができる)
□ a bamboo broom(竹ぼうき)	□ The woman is sweeping the floor with a broom.(女性はほうきで床を掃いている)
□ send a delegation to ～(～に代表団を派遣する)	□ A US delegation arrived in Tokyo to discuss trade issues.(貿易問題について協議するためにアメリカの代表団が東京に到着した)
□ a simple oversight(単純な見落とし) □ an oversight committee(監視委員会)	□ A small oversight can lead to big problems.(小さなミスが大問題へとつながることもある)
□ restructuring under new management(新しい経営陣の下でのリストラ)	□ The company announced restructuring plans that would lay off 2,000 of its employees.(その会社は従業員2000人を解雇するリストラ計画を発表した)
□ do [go] sightseeing(観光をする[に出かける])	□ I'm planning to do a lot of sightseeing in Rome.(私はローマでたくさん観光をするつもりだ)

continued
▼

Check 1 Chants 》MP3-015

□ 0121 **stopover** /stápòuvər/ Part 4	名(旅行の途中での)**短期**[一時]**滞在** 動stop over：(旅行の途中で)(～に)立ち寄る(in ～)
□ 0122 **wholesaler** /hóulsèilər/ Part 4	名**卸売業者**(⇔retailer：小売業者) 名wholesale：卸売り 形wholesale：卸売りの
□ 0123 **apprentice** /əpréntis/ Part 4	名**見習い**
□ 0124 **housekeeping** /háuskìːpiŋ/ Part 2, 3	名**家事**、家計費 形housekeeper：家政婦
□ 0125 **lecturer** /léktʃərər/ Part 1	名**講演者**、講師 名lecture：(～についての)講義、講演(on [about] ～) 動lecture：❶～に(…について)講義[講演]する(on [about] . . .) ❷～に(…のことで)説教する(on [about, for] . . .)
□ 0126 **liaison** /liːéizən/ Part 5, 6	名❶(～の間の)**連絡係**[担当者、窓口](between ～) ❷(～の間の)連絡(between ～)
□ 0127 **patron** /péitrən/ ❶発音注意 Part 5, 6	名❶**顧客**、ひいき客(≒client, customer) ❷後援者(≒supporter) 名patronage：(店などへの)ひいき、引き立て、愛顧
□ 0128 **screening** /skríːniŋ/ Part 7	名❶**選考**、選抜、審査 ❷検診、医学検査 動screen：❶～を選別する ❷～を(…から)守る、隠す(from . . .)

Day 7 》MP3-013
Quick Review
答えは右ページ下

□ 変動	□ 制約	□ 桟橋	□ けた
□ 取りつけ	□ 代表者	□ 好転	□ 休憩時間
□ 薬物	□ 抜粋	□ 評価	□ 怠慢
□ ごみ箱	□ 絶滅	□ サイン	□ 通知

Check 2 Phrase		Check 3 Sentence 》MP3-016
□ a one-day stopover in London（[旅の途中での]ロンドンでの1日の短期滞在）	▶	□ I had a two-day stopover in Los Angeles on the way to New York.（ニューヨークへ行く途中に私は2日間ロサンゼルスに短期滞在した）
□ a furniture wholesaler（家具卸売業者）	▶	□ A cheaper way is to buy bulk quantities from a wholesaler online.（安上がりな方法は卸売業者からオンラインで大量に買うことだ）
□ an apprentice electrician [carpenter]（見習いの電気技師[大工]）	▶	□ He started his career as an apprentice with the company.（彼はその会社の見習いとしてキャリアをスタートした）
□ be good at housekeeping（家事が上手である）	▶	□ Doing the laundry is one of the most important parts of housekeeping.（洗濯は家事の最も大切な部分の1つだ）
□ a lecturer in economics（経済学の講師）	▶	□ They are listening to the lecturer.（彼らは講演者の話を聞いている）
□ a liaison between the two sides（両者間の連絡係） □ liaison between departments（部署間の連絡）	▶	□ He serves as a liaison between labor and management.（彼は労使間の連絡窓口の役割を果たしている）
□ patrons of the store（その店のひいき客） □ a patron of charities（慈善団体の後援者）	▶	□ We need to maintain and develop a relationship with our patrons.（私たちは顧客との関係を維持し、発展させていく必要がある）
□ a screening process（選考過程） □ cancer screening（がん検診）	▶	□ The initial screening of applicants is based on academic performance.（志願者の第1次選考は学業成績に基づいている）

Day 7 》MP3-013
Quick Review
答えは左ページ下

□ fluctuation	□ constraint	□ pier	□ digit
□ installation	□ delegate	□ turnaround	□ intermission
□ medication	□ excerpt	□ appraisal	□ negligence
□ bin	□ extinction	□ autograph	□ notification

Day 9 名詞9

Check 1 Chants 》MP3-017

□ 0129 **expenditure** /ikspénditʃər/ Part 7	名❶(～への)**支出**(on ～)(≒spending) ❷(～に対する)経費(on ～)(≒cost, expense) 動expend：(金など)を(…に)費やす、使う(on . . .)
□ 0130 **collaboration** /kəlæbəréiʃən/ Part 5, 6	名(～との／…の間の)**協力**、共同制作[研究](with ～/between . . .) 名collaborator：協力者、共同制作[研究]者 動collaborate：❶共同で行う、共同制作[研究]する ❷(collaborate to doで)共同で～する
□ 0131 **enclosure** /inklóuʒər/ Part 7	名❶**同封物**、同封 ❷囲われた土地、構内 動enclose：❶～を(…に)同封する(with [in] . . .) ❷～を取り囲む
□ 0132 **subscriber** /səbskráibər/ Part 4	名(～の)**定期購読者**(to ～)、(電話などの)加入者 名subscription：(～の)定期購読(料)(to ～) 動subscribe：(subscribe toで)❶～を定期購読する ❷(通例疑問・否定文で)～に同意する
□ 0133 **expiration** /èkspəréiʃən/ Part 4	名(期限の)**満期**、満了 動expire：期限が切れる、満期になる
□ 0134 **hazard** /hǽzərd/ Part 5, 6	名**危険**(≒danger)、(～への)危険要素(to ～) 動～を危険にさらす(≒risk) 形hazardous：(～にとって)危険な、有害な(to ～)
□ 0135 **patronage** /péitrənidʒ/ Part 4	名(店などへの)**ひいき**、引き立て、愛顧 名patron：❶顧客、ひいき客 ❷後援者
□ 0136 **renewal** /rinjú:əl/ Part 7	名❶**更新** ❷再開、再生、再建 動renew：❶(契約など)を更新する ❷～を再開する 形renewable：❶再生[回復、復活]できる ❷更新[継続、延長]できる

continued ▼

単語上のチェックボックスを使ってる？　確実に押さえた単語にはチェックマーク、自信のないものには?マークをつけて復習に役立てよう。

□ 聞くだけモード　Check 1
□ しっかりモード　Check 1 ▸ 2
□ かんぺきモード　Check 1 ▸ 2 ▸ 3

Check 2 Phrase	Check 3 Sentence 》MP3-018
□ annual expenditure（歳出） □ expenditure on education（教育費）	□ We need to reduce unnecessary expenditure.（私たちは不必要な支出を減らす必要がある）
□ a collaboration between the two companies（両社間の協力） □ in collaboration with ～（～と協力して、～と共同で）	□ Nissan has developed the car in collaboration with Renault.（日産はルノーと共同でその車を開発した）
□ a letter and its enclosures（手紙とその同封物） □ sheep in the enclosure（囲い地の中のヒツジ）	□ Please make sure that the following enclosures are included.（以下の同封物が含まれているか確認してください）
□ a subscriber to the magazine（その雑誌の定期購読者）	□ The publisher is trying to increase the number of subscribers.（その出版社は定期購読者の数を増やそうと努力している）
□ the expiration of an insurance policy（保険契約の満期） □ expiration date（満期[満了]日、有効[使用、賞味]期限）	□ What is the expiration date of your passport?（あなたのパスポートの有効期限はいつですか？）
□ pose a hazard to ～（～に対して危険をもたらす） □ a fire hazard（火事の原因となるもの）	□ Snow and ice on sidewalks is a hazard to pedestrians.（歩道の雪や氷は歩行者にとって危険だ）
□ give ～ one's patronage（～をひいきにする）	□ We would like to thank you for your patronage over the years.（長年にわたりお引き立ていただき感謝申し上げます）
□ renewal of a contract（契約の更新） □ an economic renewal（経済の再建）	□ The fee for renewal of a driver's license is $30.（運転免許証の更新料は30ドルだ）

continued ▼

Check 1　Chants 🔊 MP3-017

□ 0137 **apparel** /əpǽrəl/ ❗アクセント注意 Part 5, 6	名 **衣服**、服装(≒clothes, clothing, attire, outfit)
□ 0138 **coincidence** /kouínsidəns/ Part 5, 6	名 ❶**偶然の一致**　❷(〜の)一致(of 〜) 動coincide：(coincide withで)❶〜と同時に起こる　❷(意見などが)〜と一致する 形coincident：(〜と)同時に起こる(with 〜) 形coincidental：偶然の
□ 0139 **prototype** /próutətàip/ Part 4	名 (〜の)**試作品**(of [for] 〜)
□ 0140 **publication** /pʌ̀bləkéiʃən/ Part 5, 6	名 ❶**出版**、発行　❷刊行[出版]物　❸発表、公表 名publisher：出版社 動publish：❶〜を出版[発行]する　❷〜を発表[公表]する
□ 0141 **stapler** /stéiplər/ Part 2, 3	名 **ホチキス** 名staple：❶主食、基本[必需]食品　❷ホチキスの針 動staple：〜をホチキスで留める
□ 0142 **accuracy** /ǽkjurəsi/ Part 5, 6	名 **正確さ**、精密さ(≒precision)(⇔inaccuracy) 形accurate：❶正確な　❷精密な 副accurately：正確[精密]に
□ 0143 **lawsuit** /lɔ́:sù:t/ Part 2, 3	名 **訴訟**(≒suit) 名law：❶法律、法　❷法(律)学 名lawyer：弁護士
□ 0144 **remuneration** /rimjù:nəréiʃən/ Part 7	名 (〜に対する)**報酬**(≒reward)、給料(≒salary, wage, pay)(for 〜) 動remunerate：〜に(…に対して)報酬を与える(for . . .) 形remunerative：割に合う、もうかる

Day 8 🔊 MP3-015 Quick Review
答えは右ページ下

□ 概観	□ 代表団	□ 短期滞在	□ 講演者
□ 換気	□ 見落とし	□ 卸売業者	□ 連絡係
□ 予約	□ リストラ	□ 見習い	□ 顧客
□ ほうき	□ 観光	□ 家事	□ 選考

Check 2 Phrase

Check 3 Sentence 》MP3-018

Check 2 Phrase		Check 3 Sentence
□ children's [men's, ladies'] apparel(子ども[紳士、婦人]服)	▸	□ The local apparel industry is facing increasingly fierce competition from abroad.(地元の衣料産業は海外からのますます激しい競争に直面するようになっている)
□ by pure [sheer] coincidence(全くの偶然の一致で) □ a coincidence of opinion(意見の一致)	▸	□ It was a coincidence that I met an old friend of mine in Australia.(オーストラリアで旧友に会ったのは偶然の一致だった)
□ a prototype of a new electric car(新しい電気自動車の試作車)	▸	□ A prototype of a new aircraft will be test-flown by the company's own test pilots.(新しい飛行機の試作機はその会社のテストパイロットたちによって飛行テストされる予定だ)
□ the publication date(発行日) □ a monthly publication(月刊の刊行物、月刊誌)	▸	□ *Newsweek* began publication in 1933.(『ニューズウィーク』は1933年に出版が始まった)
□ bind papers with a stapler(書類をホチキスでとじる)	▸	□ Can I borrow your stapler?(あなたのホチキスを借りてもいいですか?)
□ with accuracy(正確に)	▸	□ Speed and accuracy are essential to the media industry.(スピードと正確さはメディア産業にとって不可欠だ)
□ file [bring] a lawsuit against ～(～に対して訴訟を起こす)	▸	□ The residents have filed a lawsuit to stop the construction of the mall.(住民たちはそのショッピングモールの建設を中止させるため訴訟を起こした)
□ remuneration for the work(その仕事に対する報酬)	▸	□ Each participant received $100 as remuneration for participating in the study.(その研究に参加した報酬として各参加者は100ドルを受け取った)

Day 8 》MP3-015
Quick Review
答えは左ページ下

□ overview	□ delegation	□ stopover	□ lecturer
□ ventilation	□ oversight	□ wholesaler	□ liaison
□ booking	□ restructuring	□ apprentice	□ patron
□ broom	□ sightseeing	□ housekeeping	□ screening

Day 10 名詞10

Check 1 Chants 》MP3-019

□ 0145
respondent
/rispάndənt/
Part 5, 6
▸
名 **回答[応答]者**
名response：❶(～への)返答、応答(to ～) ❷(～に対する／…からの)反応(to ～/ from . . .)
動respond：(respond toで)❶～に応答[返答]する ❷～に反応する
▸

□ 0146
submission
/səbmíʃən/
Part 4
▸
名❶(報告書などの)**提出**(of ～) ❷(～への)服従、屈服(to ～)(≒obedience)
動submit：❶～を(…に)提出する(to . . .) ❷(submit toで)～に従う
▸

□ 0147
subsidy
/sʌ́bsədi/
Part 5, 6
▸
名 **補助[助成]金**
動subsidize：～に補助[助成]金を与える
▸

□ 0148
tenure
/ténjər/
Part 4
▸
名(重要な役職の)**在職[在任]期間**(≒incumbency)
▸

□ 0149
turnout
/tə́ːrnàut/
Part 2, 3
▸
名❶(会などへの)**人出**、出席者数 ❷投票者数、投票率
動turn out：❶～であることが判明する、結局は～になる ❷(～に)出席する、出かける(for ～)
▸

□ 0150
authorization
/ɔ̀ːθərizéiʃən/ 〔イ〕/ɔ̀ːθəraizéiʃən/
❶発音注意
Part 5, 6
▸
名(～する／…に対する)**認可**、公認、許可(to do/for . . .)(≒permission)
動authorize：❶～を認可[認定、公認]する ❷(authorize A to doで)Aに～する権限[許可]を与える
名authority：❶権威、権力 ❷権限 ❸(the ～ies)当局
▸

□ 0151
cancellation
/kæ̀nsəléiʃən/
Part 7
▸
名 **取り消し**、キャンセル
動cancel：(取り決め・注文など)を取り消す、中止する、キャンセルする
▸

□ 0152
cardboard
/kάːrdbɔ̀ːrd/
Part 1
▸
名 **段ボール**、ボール紙
▸

continued
▼

見出し番号0150のイマークはイギリス英語の発音のこと。チャンツで初めに読まれるアメリカ英語との発音の違いをチェックしておこう。

□ 聞くだけモード Check 1
□ しっかりモード Check 1 ▸ 2
□ かんぺきモード Check 1 ▸ 2 ▸ 3

Check 2 Phrase		Check 3 Sentence 》MP3-020
□ a questionnaire [poll] respondent（アンケート[世論調査]の回答者）	▸	□ The survey showed that nearly 70 percent of respondents disapproved of the cabinet.（その調査では回答者の70パーセント近くは内閣を支持していないことが明らかになった）
□ the submission of the application form（申込用紙の提出） □ in submission to ~（~に服従[屈服]して）	▸	□ The deadline for the submission of essays is May 31.（小論文の提出締め切り日は5月31日だ）
□ education subsidies（教育補助金）	▸	□ The government is planning to increase solar panel subsidies.（政府は太陽電池パネルの補助金を増やす予定だ）
□ one's 10-year tenure with the company（その会社での10年の在職期間）	▸	□ During her tenure, she achieved many successes.（在職期間中に彼女は多くの成功を収めた）
□ the turnout for the event（その行事への人出） □ a low [high] turnout（低い[高い]投票率）	▸	□ The turnout for the conference was about 200.（その会議への出席者数は約200人だった）
□ obtain authorization from the government（政府からの認可を得る）	▸	□ Do not enter the property without authorization.（許可なくその土地に入ってはならない）
□ cancellation of an appointment（面会の約束の取り消し） □ a cancellation charge [fee]（キャンセル料）	▸	□ Cancellation of the reservation, without any charge, is possible 48 hours prior to the arrival day.（到着日より48時間前であれば予約の取り消しは無料ですることができる）
□ a cardboard box（段ボール箱） □ a sheet of cardboard（1枚のボール紙）	▸	□ Cardboard boxes are stacked against the wall.（壁際に段ボール箱が積み重ねられている）

continued ▾

Check 1　Chants 》MP3-019

□ 0153 **compliance** /kəmpláiəns/ Part 5, 6	名(法令)**順守**、(命令などに)従うこと(with ～)(≒obedience, observance) 動comply：(comply withで)(規則など)に従う、応じる
□ 0154 **congestion** /kəndʒéstʃən/ Part 7	名❶(交通などの)**混雑**　❷うっ血 形congested：❶混雑した　❷鼻が詰まった
□ 0155 **consistency** /kənsístənsi/ Part 5, 6	名(～の／…の間の)**一貫性**(in ～/between . . .) 形consistent：❶(言行などが)首尾一貫した(in ～)　❷(成長などが)堅実な、安定した　❸(be consistent withで)(言行などが)～と一致[調和、両立]している 副consistently：一貫して、絶えず、いつも
□ 0156 **contingent** /kəntíndʒənt/ Part 5, 6	名**代表団**、派遣団(≒delegation) 形❶(be contingent on [upon]で)～次第である、～を条件としている　❷不慮の 名contingency：不慮の事故、偶発事件
□ 0157 **crate** /kréit/ Part 1	名**木箱**　➕木枠のついた運搬用の箱を指す
□ 0158 **encouragement** /inkə́:ridʒmənt/ Part 4	名**激励**、奨励 動encourage：(encourage A to doで)Aに～するよう励ます 形encouraging：激励の、励みとなる
□ 0159 **exemption** /igzémpʃən/ Part 7	名❶(課税対象からの)**控除**(額)(≒deduction)　❷(～の)免除(from ～)(≒excuse) 動exempt：(exempt A from Bで)AのB(義務など)を免除する 形exempt：(be exempt fromで)～を免除されている
□ 0160 **expanse** /ikspǽns/ Part 4	名(～の)**広がり**(of ～) 名expansion：拡大、拡張 動expand：❶～を拡大[拡張]する　❷拡大[拡張]する

52 ▸ 53

Day 9 》MP3-017 Quick Review
答えは右ページ下

□ 支出　□ 協力　□ 同封物　□ 定期購読者
□ 満期　□ 危険　□ ひいき　□ 更新
□ 衣服　□ 偶然の一致　□ 試作品　□ 出版
□ ホチキス　□ 正確さ　□ 訴訟　□ 報酬

Check 2 Phrase		Check 3 Sentence 》MP3-020
□ a compliance officer（[企業内での]法令順守担当責任者） □ in compliance with ～（[命令など]に従って、応じて）	▸	□ Compliance with the law is mandatory for all employees.（法律の順守は全従業員の義務だ）
□ traffic congestion（交通渋滞） □ nasal congestion（鼻詰まり）	▸	□ Traffic congestion during rush hour is terrible in Los Angeles.（ラッシュアワーの交通渋滞はロサンゼルスではひどい）
□ lack consistency（一貫性に欠ける） □ consistency between theory and practice（理論と実践の間の一貫性）	▸	□ There is no consistency in his argument.（彼の主張には一貫性が全くない）
□ the contingent from Australia（オーストラリアからの代表団）	▸	□ The contingent consists of managers of the country's major companies.（代表団はその国の大手企業の経営者たちで構成されている）
□ a crate of bananas（バナナ1箱）	▸	□ Crates are stacked in a warehouse.（木箱が倉庫に積み重ねられている）
□ words of encouragement（激励の言葉）	▸	□ I could never have succeeded without your help, advice and encouragement.（あなたの支援、助言、そして激励がなかったら、私は決して成功できなかっただろう）
□ a tax exemption（税額控除） □ exemption from military service（兵役免除）	▸	□ Some congressmen are calling for the government to double tax exemption for dependents.（何人かの議員は扶養家族への税額控除を倍にするよう政府に求めている）
□ the vast expanse of the desert（広大な砂漠）	▸	□ From the hotel windows you can see the vast expanse of the sea.（ホテルの窓からは、広大な海を見渡すことができる）

Day 9 》MP3-017
Quick Review
答えは左ページ下

□ expenditure	□ expiration	□ apparel	□ stapler
□ collaboration	□ hazard	□ coincidence	□ accuracy
□ enclosure	□ patronage	□ prototype	□ lawsuit
□ subscriber	□ renewal	□ publication	□ remuneration

Day 11 名詞11

Check 1 Chants 》 MP3-021

□ 0161 **fitness** /fítnis/ Part 4	名❶**健康**(状態)(≒health) ❷(～に対する)適合性(for ～) 動fit：(衣服などが)～に(大きさ・型が)合う 形fit：❶(～に)適した(for ～) ❷健康[元気]な
□ 0162 **hesitation** /hèzətéiʃən/ Part 5, 6	名(～することの)**ためらい**、躊躇(in doing) 動hesitate：❶ためらう ❷(hesitate to doで)～するのをためらう 形hesitant：❶ためらいがちの ❷(be hesitant to doで)～するのをためらっている
□ 0163 **installment** /instɔ́:lmənt/ Part 7	名**分割払い**(の1回分) ➕installationは「(機械などの)取りつけ」
□ 0164 **portfolio** /pɔ:rtfóuliòu/ Part 7	名❶(紙ばさみ式の)**作品集**、画集 ➕求職の際に提出するものを指すことが多い ❷有価証券の一覧[明細]表 ❸書類かばん[ケース](≒briefcase)
□ 0165 **remittance** /rimítəns/ Part 7	名**送金**、送金額 動remit：(金銭)を(…へ)送る(to . . .)
□ 0166 **revelation** /rèvəléiʃən/ Part 5, 6	名❶(～に関する)**意外な新事実**、思いがけないこと(about [concerning] ～) ❷(～の)暴露(of ～)(≒disclosure) 動reveal：(秘密など)を明らかにする、暴露する
□ 0167 **suite** /swí:t/ ❗発音注意 Part 7	名❶(ホテルなどの)**スイートルーム**、特別室 ❷(物の)一組、一そろい
□ 0168 **validity** /vəlídəti/ Part 5, 6	名**妥当**[有効、正当]**性** 名validation：検証、実証、確証 動validate：～が正しいことを証明する 形valid：❶(契約などが)(法的に)有効な ❷(理由などが)妥当な

continued ▼

余裕があるときは、派生語・関連語も覚えておこう。そうすれば、1つの語彙から、2倍、3倍と語彙が増えていくよ！

□ 聞くだけモード　Check 1
□ しっかりモード　Check 1 ▸ 2
□ かんぺきモード　Check 1 ▸ 2 ▸ 3

Check 2 Phrase		Check 3 Sentence 》MP3-022
□ a fitness boom（健康ブーム） □ one's fitness for a job（仕事に対する適性）	▸	□ Regular exercise is good for both mental and physical fitness.（定期的な運動は心と体の両方の健康にとってよい）
□ have no hesitation in doing ～（～するのをためらわない） □ without hesitation（躊躇なく）	▸	□ He had no hesitation in accepting the job offer.（彼はためらうことなくその仕事の申し出を受けた）
□ buy ～ on installment（～を分割払いで買う） □ pay for ～ in installments（～の代金を分割で支払う）	▸	□ You can pay for the car in monthly installments.（あなたはその車の代金を月賦で支払うことができる）
□ an artist's portfolio（芸術家の作品集） □ an investment portfolio（投資一覧表）	▸	□ Please send your portfolio with your résumé.（履歴書と一緒に作品集を送ってください）
□ remittance advice（送金通知書） □ make remittance（送金する）	▸	□ Remittance should be made by either a personal check, bank draft, or money order.（送金は個人小切手、銀行為替手形、または郵便為替のいずれかで行われなければならない）
□ revelations about his private life（彼の私生活に関する意外な新事実） □ the revelation of a scandal（スキャンダルの暴露）	▸	□ This information was a revelation to me.（この情報は私にとって意外な新事実だった）
□ stay in a suite（スイートルームに泊まる） □ a suite of furniture（家具一式）	▸	□ The hotel has 25 luxury suites with an ocean view.（そのホテルには海が見える豪華なスイートルームが25部屋ある）
□ the validity of opinion polls（世論調査の妥当性） □ give [lend] validity to ～（～を妥当とする）	▸	□ The validity of the experiment's results is in question.（その実験結果の妥当性が問題になっている）

continued ▼

Check 1　Chants 》MP3-021

□ 0169
administrator
/ædmínəstrèitər/
Part 7

名 **管理者**、経営者
名administration：❶管理、経営　❷行政、（しばしばthe A ～）政府、内閣
動administer：❶～を管理[経営]する　❷～を治める
形administrative：❶管理の、経営上の　❷行政上の

□ 0170
avoidance
/əvɔ́idns/
Part 5, 6

名（～を）**回避**（すること）（of ～）
動avoid：❶～を避ける　❷（avoid doingで）～することを避ける、～しないようにする

□ 0171
diligence
/dílədʒəns/
Part 5, 6

名 **勤勉**、不断の努力
形diligent：（～に）勤勉な（in [about] ～）
副diligently：勤勉に、こつこつと

□ 0172
dimension
/diménʃən/　イ/daiménʃən/
❶発音注意
Part 5, 6

名❶（通例～s）**寸法**（≒measurement）、大きさ（≒size）
❷局面、側面（≒aspect）　❸（～s）規模、重要性　❹次元

□ 0173
landlord
/lǽndlɔ̀:rd/
Part 5, 6

名 **家主**、地主（⇔tenant：借家[借地]人）

□ 0174
observance
/əbzə́:rvəns/
Part 5, 6

名❶（法律などの）**順守**（of ～）（≒obedience, compliance）　❷（祝祭日を）祝うこと（of ～）
名observation：観察、観察力
名observatory：観測所、気象台
動observe：❶～を観察する　❷（法律など）を守る

□ 0175
rejection
/ridʒékʃən/
❶定義注意
Part 5, 6

名❶**不採用**[不合格]**通知**　❷（～の）拒絶、拒否、却下（of ～）（⇔acceptance）
動reject：～を拒絶する、断る

□ 0176
artwork
/ɑ́:rtwə̀:rk/
Part 7

名 **芸術**[美術]**作品**

Day 10 》MP3-019
Quick Review
答えは右ページ下

□ 回答者
□ 提出
□ 補助金
□ 在職期間
□ 人出
□ 認可
□ 取り消し
□ 段ボール
□ 順守
□ 混雑
□ 一貫性
□ 代表団
□ 木箱
□ 激励
□ 控除
□ 広がり

Check 2 Phrase

Check 3 Sentence 》MP3-022

□ a system administrator（システム管理者）
□ a business administrator（企業経営者）
▸ □ He works as a school administrator.（彼は学校管理者として勤務している）

□ the avoidance of danger（危険の回避）
□ tax avoidance（[合法的な]節税、税金逃れ）➕「脱税」はtax evasion
▸ □ The avoidance of overtraining is important for injury reduction.（過度な練習を避けるのはけがを減らすために重要だ）

□ work with diligence（勤勉に働く）
▸ □ Diligence and persistence are the key to success.（勤勉と粘り強さが成功への鍵だ）

□ take the dimensions of ～（～の寸法を測る）
□ a new dimension of ～（～の新たな局面）
▸ □ What are the dimensions of this tent?（このテントの寸法はどのくらいですか？）

□ pay rent to a landlord（家主に家賃を払う）
▸ □ The landlord demanded three months security deposit.（家主は3カ月の敷金を要求した）

□ the observance of copyright（著作権の順守）
□ in observance of ～（～を祝って）
▸ □ Observance of human rights is a precondition of democracy.（人権の順守は民主主義の前提条件だ）

□ a rejection letter（不採用[不合格]通知書）
□ rejection of war（戦争の拒否）
▸ □ She applied for several jobs, but received rejection letters from all of them.（彼女はいくつかの仕事に応募したが、そのすべてから不採用通知書をもらった）

□ contemporary artwork（現代の芸術作品）
▸ □ The museum has more than 5,000 artworks.（その美術館には5000を超える芸術作品がある）

Day 10 》MP3-019
Quick Review
答えは左ページ下

□ respondent	□ turnout	□ compliance	□ crate
□ submission	□ authorization	□ congestion	□ encouragement
□ subsidy	□ cancellation	□ consistency	□ exemption
□ tenure	□ cardboard	□ contingent	□ expanse

Day 12 名詞12

Check 1 Chants 》MP3-023

□ 0177 **enhancement** /inhǽnsmənt/ Part 5, 6	名 **向上**、増進、増大、強化 動 enhance：(力・価値など)を高める、強める
□ 0178 **fund-raising** /fʌ́ndrèiziŋ/ Part 4	名 (政治・慈善団体の)**資金集め**、資金調達、募金 名 fund-raiser：❶資金集めのパーティー ❷資金調達者 動 fund-raise：(資金)を調達する
□ 0179 **keynote** /kíːnòut/ Part 4	名 (政策などの)**基本方針**、基調 動 (会議など)で基調演説を行う
□ 0180 **mandate** /mǽndeit/ Part 5, 6	名 ❶**権限**(≒authority) ❷(公式の)命令、指令(≒order, command) 動 ❶～に(…するように)命令する(to do) ❷～に(…する)権限を与える(to do) 形 mandatory：義務[強制]的な
□ 0181 **meteorologist** /mìːtiərɑ́lədʒist/ Part 4	名 **気象学者**、気象予報士(≒weather forecaster) 名 meteorology：気象学
□ 0182 **misunderstanding** /mìsʌndərstǽndiŋ/ Part 7	名 (～についての)**誤解**、考え違い(of [about] ～) 動 misunderstand：～を誤解する 形 misunderstood：誤解された
□ 0183 **occupancy** /ɑ́kjupənsi/ Part 5, 6	名 (土地・家屋などの)**居住**、占有、(ホテルの部屋の)使用 名 occupant：(土地・家屋などの)占有者、居住者 動 occupy：❶(場所など)を占める、占有する ❷(be occupied withで)～に従事している、～で忙しい 名 occupation：❶職業、仕事 ❷占有、占拠
□ 0184 **precedent** /présədənt/ Part 5, 6	名 (～に対する)**前例**、先例(for ～) 動 precede：～に先立つ、～より先に起こる 形 preceding：(通例the ～)前の、先の 形 unprecedented：前例[先例]のない、空前の

continued ▼

1つの単語には1つの品詞の用法しかないとは限らない。複数の品詞の用法がある場合には、その意味もなるべく確認しておこう。

□ 聞くだけモード Check 1
□ しっかりモード Check 1 ▸ 2
□ かんぺきモード Check 1 ▸ 2 ▸ 3

Check 2 Phrase		Check 3 Sentence 》MP3-024
□ enhancement of health（健康の増進）	▸	□ The enhancement of productivity is one of the company's top priorities.（生産性の向上がその会社の最優先事項の1つだ）
□ a fund-raising event（資金集めのためのイベント）	▸	□ The annual fund-raising campaign will take place on December 1.（毎年恒例の募金運動が12月1日に行われる予定だ）
□ a keynote speech [address]（基本方針演説、基調演説）	▸	□ Mr. Palmer will deliver a keynote address after the opening ceremony.（開会式の後でパーマー氏が基調演説をする予定だ）
□ have a mandate to do ～（～する権限を持っている） □ a royal mandate（王の命令）	▸	□ The government has a mandate to govern the country.（政府は国を統治する権限を持っている）
□ a meteorologist at the University of Minnesota（ミネソタ大学の気象学者）	▸	□ Meteorologists expect the drought to continue.（気象学者たちは干ばつが続くと予想している）
□ have a misunderstanding of [about] ～（～を誤解している）	▸	□ Misunderstanding often leads to disagreement.（誤解はしばしばいさかいにつながる）
□ an occupancy rate（居住率、[ホテルの部屋の]利用率） □ take occupancy of ～（～を占有する、～に入居する）	▸	□ The occupancy rate of the condominium is about 60 percent.（その分譲マンションの居住率は約60パーセントだ）
□ set [create] a precedent for ～（～に前例を作る） □ without precedent（前例のない）	▸	□ There are no precedents for this type of lawsuit.（この種の訴訟は前例がない）

continued
▼

Check 1 Chants 》MP3-023

☐ 0185
superiority
/supìəriɔ́:rəti/
Part 5, 6

▸ 名(〜に対する／…における)**優越**、優勢(to [over] 〜/in . . .)(⇔inferiority：劣等)
形superior：❶優れた、優秀な ❷(be superior toで)〜より優れている
名superior：上司、上役 ▸

☐ 0186
trustee
/trʌstí:/
Part 4

▸ 名❶(会社・学校などの)**理事**、役員、評議員 ❷(他人の財産の)管財[保管]人
動trust：〜を信頼[信用]する
名trust：(〜に対する)信頼、信用(in 〜) ▸

☐ 0187
discouragement
/diskɔ́:ridʒmənt/
Part 5, 6

▸ 名**落胆**、がっかりさせること[もの]
動discourage：❶〜を落胆させる、〜のやる気をなくさせる ❷(discourage A from doingで)Aに〜するのをやめさせる、思いとどまらせる
形discouraging：思わしくない、落胆させる ▸

☐ 0188
gratuity
/grətjú:əti/
Part 2, 3

▸ 名**チップ**、心づけ(≒tip) ▸

☐ 0189
spokesperson
/spóukspə̀:rsn/
Part 4

▸ 名(企業・政府などの)**広報担当者**、報道官、スポークスマン ➕性別を問わず用いられる ▸

☐ 0190
liability
/làiəbíləti/
Part 7

▸ 名❶(〜に対する)**法的責任**(for 〜)(≒responsibility) ❷(〜ies)負債、債務(⇔asset)
形liable：❶(be liable to doで)〜すべき法的責任がある、〜しがちである ❷(be liable forで)〜に対して法的責任がある ▸

☐ 0191
altitude
/ǽltətjù:d/
Part 4

▸ 名**高度**、標高、海抜(≒elevation) ▸

☐ 0192
commerce
/kɑ́mə:rs/
❗アクセント注意
Part 5, 6

▸ 名**商業**(≒business)、通商、貿易(≒trade)
名commercial：コマーシャル
形commercial：商業の、通商[貿易]の ▸

Day 11 》MP3-021
Quick Review
答えは右ページ下

☐ 健康
☐ ためらい
☐ 分割払い
☐ 作品集
☐ 送金
☐ 意外な新事実
☐ スイートルーム
☐ 妥当性
☐ 管理者
☐ 回避
☐ 勤勉
☐ 寸法
☐ 家主
☐ 順守
☐ 不採用通知
☐ 芸術作品

Check 2 Phrase

Check 3 Sentence 》MP3-024

Check 2 Phrase		Check 3 Sentence
□ superiority over one's competitors (競合他社に対する優越)	▶	□ I don't like people with a sense of superiority. (私は優越感を持った人たちが好きではない)
□ the board of trustees (理事会) □ a trustee in bankruptcy (破産管財人)	▶	□ She is a member of the university board of trustees. (彼女はその大学の理事会のメンバーだ)
□ a feeling of discouragement (落胆感)	▶	□ Don't let discouragement stop you. (落胆して立ち止まっていてはならない)
□ give a gratuity to ～ (～にチップを渡す) □ receive a gratuity from ～ (～からチップを受け取る)	▶	□ In the US, it is customary to give gratuities in recognition of service. (アメリカでは、サービスを評価してチップを与える習慣がある)
□ a government spokesperson (政府報道官)	▶	□ The company's spokesperson will hold a press conference today. (その会社の広報担当者は今日、記者会見を開く予定だ)
□ joint liability (共同責任) □ have liabilities of $2 million (200万ドルの負債がある)	▶	□ He denied any liability for the accident. (彼はその事故に対する法的責任を否定した)
□ mountains with altitudes of over 8,000 meters (標高8000メートルを超える山々)	▶	□ We are currently cruising at an altitude of 30,000 feet. (当機は現在、高度3万フィートを巡航中です) ➕機内アナウンス
□ commerce and industry (商工業) □ foreign commerce (外国貿易)	▶	□ The government should take immediate steps to promote domestic commerce. (政府は国内の商業を促進する措置をすぐに取るべきだ)

Day 11 》MP3-021
Quick Review
答えは左ページ下

□ fitness	□ remittance	□ administrator	□ landlord
□ hesitation	□ revelation	□ avoidance	□ observance
□ installment	□ suite	□ diligence	□ rejection
□ portfolio	□ validity	□ dimension	□ artwork

Day 13 名詞13

Check 1　Chants 》MP3-025

□ 0193
mortgage
/mɔ́:rgidʒ/
❶発音注意
Part 7

名 **住宅ローン**(≒home loan)
動 ～を抵当に入れる

□ 0194
surcharge
/sə́:rtʃɑ̀:rdʒ/
Part 7

名 **追加料金**、追徴金
動 ～に追加料金を請求する

□ 0195
attorney
/ətə́:rni/
Part 4

名 **弁護士**(≒lawyer)

□ 0196
auditorium
/ɔ̀:ditɔ́:riəm/
❶アクセント注意
Part 1

名 **講堂**

□ 0197
catering
/kéitəriŋ/
Part 4

名 **仕出し**
名 caterer：(宴会などの)仕出し屋、配膳業者
動 cater：❶(宴会などの)仕出しをする、料理を賄う(for ～) ❷(cater to [for]で)～に必要な物を提供する、～の要求を満たす

□ 0198
dose
/dóus/
Part 7

名 (1回分の薬の)**服用量**(of ～)(≒dosage)
動 ～に(…を)服用させる、投薬する(with . . .)

□ 0199
ecology
/ikɑ́lədʒi/
Part 4

名 ❶**生態**(環境)　❷生態学、エコロジー
形 ecological：❶生態学[上]の　❷環境意識のある、環境保護の
名 ecosystem：生態系

□ 0200
emission
/imíʃən/
Part 7

名 ❶(熱・光・ガスなどの)**放出**　❷排気、放出物
動 emit：(熱・光・ガスなど)を放出[放射]する、放つ

continued ▼

「声を出しながら」音声を聞いてる？　えっ、恥ずかしい?!　恥ずかしがっていては「話せる」ようにはならないよ！　ガンバって！

□ 聞くだけモード　Check 1
□ しっかりモード　Check 1 ▸ 2
□ かんぺきモード　Check 1 ▸ 2 ▸ 3

Check 2 Phrase		Check 3 Sentence 》MP3-026
□ take out a mortgage（住宅ローンを組む） □ mortgage interest rates（住宅ローンの利率）	▸	□ I paid off my mortgage last year.（私は昨年、住宅ローンを完済した）
□ impose a surcharge on ～（～に追加料金［追徴金］を課す）	▸	□ Economy class passengers will pay lower fuel surcharges than those travelling in first class.（エコノミークラスの乗客が払う燃油サーチャージは、ファーストクラスの乗客よりも低い）
□ a defense attorney（被告側弁護士）	▸	□ She is an attorney by profession.（彼女の職業は弁護士だ）
□ the school auditorium（学校の講堂）	▸	□ The auditorium is full of people.（講堂は人々でいっぱいになっている）
□ a catering meal（仕出し弁当）	▸	□ My uncle runs a catering company.（私のおじは仕出し会社を経営している）
□ a lethal dose（致死量） □ a dose of penicillin（一服のペニシリン）	▸	□ Take one dose three times a day until symptoms improve.（症状が改善されるまで、1日3回服用すること）➕薬のラベルの表現
□ damage the ecology of ～（～の生態に損害を及ぼす） □ major in ecology（生態学を専攻する）	▸	□ The ecology of this species is relatively unknown.（この種の生態はあまり知られていない）
□ the emission of carbon dioxide（二酸化炭素の放出） □ an emission control（排気ガス規制）	▸	□ It is said that the emission of greenhouse gases is linked to global warming.（温室効果ガスの放出と地球温暖化は関連していると言われている）

continued
▼

Check 1 Chants 》MP3-025

□ 0201
evacuation
/ivæ̀kjuéiʃən/
Part 7

名 **避難**
動evacuate：❶～を(…から)避難させる(from . . .) ❷避難する

□ 0202
freight
/fréit/
❗発音注意
Part 1

名❶(運送)**貨物**(≒cargo) ❷運送料、運賃
動～を運送する

□ 0203
quotation
/kwoutéiʃən/
Part 5, 6

名❶(～の)**見積もり**(額)(for ～)(≒estimate) ❷(～からの)引用、引用文[句、語](from ～)(≒citation)
名quote：❶見積額 ❷引用文[句]
動quote：❶～を見積もる ❷～を引用する

□ 0204
refill
/rí:fìl/
❗アクセント注意
Part 2, 3

名❶(飲食物の)**お代わり** ❷詰め替え品、補充品
動(/rifíl/)(容器など)を補充する

□ 0205
semester
/siméstər/
Part 7

名(2学期制の)**学期** ➕3学期制の「学期」はterm, trimester、4学期制の「学期」はquarter

□ 0206
takeover
/téikòuvər/
Part 4

名**企業買収**、乗っ取り(≒buyout)、(支配・管理権などの)奪取
動take over：❶(職務など)を(…から)引き継ぐ(from . . .) ❷(会社など)を買収する、乗っ取る

□ 0207
textile
/tékstail/
Part 5, 6

名**織物**、布地(≒cloth, fabric)

□ 0208
turnover
/tə́:rnòuvər/
Part 5, 6

名❶**離職率**、労働移動率 ❷(商品などの)回転率

Day 12 》MP3-023
Quick Review
答えは右ページ下

□ 向上
□ 資金集め
□ 基本方針
□ 権限
□ 気象学者
□ 誤解
□ 居住
□ 前例
□ 優越
□ 理事
□ 落胆
□ チップ
□ 広報担当者
□ 法的責任
□ 高度
□ 商業

Check 2 Phrase	Check 3 Sentence 》MP3-026
□ an emergency evacuation(緊急避難)	□ Please follow the instructions of the staff in case of an evacuation.(避難の際は従業員の指示に従ってください)
□ freight trains(貨物列車) □ freight paid(運賃支払い済み)	□ They are loading freight onto an aircraft.(彼らは飛行機に貨物を積み込んでいる)
□ a quotation for the project(そのプロジェクトの見積額) □ a quotation from the Bible(聖書からの引用文)	□ I asked five builders to give me a quotation for our new house.(私は新居の見積もりをするよう5つの建築業者に依頼した)
□ free refill([掲示で]お代わり無料) □ fountain pen refills(万年筆のインクの詰め替えカートリッジ)	□ Would you like a refill on the coffee?(コーヒーのお代わりはいかがですか?)
□ the first [second] semester(前[後]期)	□ Submit your thesis by the last day of class in the second semester.(論文は後期の講義の最終日までに提出すること)
□ a hostile takeover(敵対的買収) □ a takeover bid([買収のための]株式公開買い付け)➕略語はTOB	□ The company managed to avoid a foreign takeover.(その会社は外国企業による買収を回避することができた)
□ woolen textile(毛織物) □ the textile industry(織物工業、繊維産業)	□ The city is well-known for its handwoven textiles.(その街は手織物でよく知られている)
□ reduce staff turnover(社員の離職率を下げる) □ merchandise [capital] turnover(商品[資本]回転率)	□ The company's staff turnover is below the industry average.(その会社の社員の離職率は業界の平均よりも低い)

Day 12 》MP3-023
Quick Review
答えは左ページ下

□ enhancement	□ meteorologist	□ superiority	□ spokesperson
□ fund-raising	□ misunderstanding	□ trustee	□ liability
□ keynote	□ occupancy	□ discouragement	□ altitude
□ mandate	□ precedent	□ gratuity	□ commerce

Day 14 名詞14

Check 1 Chants 》MP3-027

□ 0209
acclaim
/əkléim/
Part 5, 6

名**称賛**(≒praise) ➕claim(〜だと主張する)と混同しないように注意
動〜を称賛する

□ 0210
clearance
/klíərəns/
Part 4

名❶**在庫一掃セール**(≒clearance sale) ❷(公式の)許可 ❸(2物間の)間隔 ❹除去
動clear:❶〜を片づける ❷〜を通過する ❸〜をはっきりさせる
形clear:❶澄んだ ❷晴れた ❸明らかな

□ 0211
demonstration
/dèmənstréiʃən/
Part 4

名❶(商品の)**実物宣伝**、実演 ❷(〜に反対の)デモ、示威運動(against 〜) ❸証明、証拠
名demonstrator:❶デモ参加者 ❷実演する人
動demonstrate:❶〜を証明[実証]する ❷(商品)を実演する ❸(〜に反対の)デモをする(against 〜)

□ 0212
disposal
/dispóuzəl/
Part 7

名(〜の)**処分**、処理(of 〜)
動dispose:(dispose ofで)〜を処分[処理]する
形disposable:使い捨ての

□ 0213
enterprise
/éntərpràiz/
❗アクセント注意
Part 7

名❶**企業**、会社(≒company, business) ❷事業

□ 0214
handout
/hǽndàut/
Part 4

名(講演などの)**配付資料**、プリント
動hand out:〜を(…に)配る、分配する(to . . .)

□ 0215
outing
/áutiŋ/
Part 7

名**遠足**、遠出、ピクニック(≒excursion, picnic)

□ 0216
specialty
/spéʃəlti/
Part 4

名❶(店などの)**得意料理** ❷専門、専攻
名special:❶(レストランなどの)特別料理、特売品 ❷特別番組
形special:特別な
動specialize:(specialize inで)〜を専門にする

continued ▼

今日で『キクタンTOEIC L&Rテスト SCORE 990』はようやく5分の1が終了。先はまだまだ長いけど、このペースで頑張っていこう！

□ 聞くだけモード Check 1
□ しっかりモード Check 1 ▸ 2
□ かんぺきモード Check 1 ▸ 2 ▸ 3

Check 2 Phrase	Check 3 Sentence ») MP3-028
□ win [receive] acclaim（称賛を浴びる） □ critical acclaim（評論家の称賛）	□ The movie won worldwide acclaim.（その映画は世界中で称賛された）
□ clearance price（在庫一掃セール価格） □ security clearance（秘密情報［文書］の取り扱い許可）	□ Our annual spring clearance will be held this weekend.（当店の毎年恒例の春の在庫一掃セールが今週末に開催されます）
□ give a demonstration of a new product（新製品の実物宣伝をする） □ hold a demonstration against war（戦争反対のデモを行う）	□ He gave a demonstration on how to use the vacuum cleaner.（彼はその掃除機の使い方を実演した）
□ disposal of industrial waste（産業廃棄物の処分）	□ Disposal of hazardous waste is strictly regulated.（有害廃棄物の処分は厳しく規制されている）
□ a private enterprise（私企業） □ embark on a new enterprise（新しい事業に着手する）	□ Small enterprises are the most sensitive to changes in the business environment.（小企業はビジネス環境の変化の影響を最も受けやすい）
□ the handouts for the meeting（その会議のための配付資料）	□ You will find a list of recommended books on the last page of your handout.（配付資料の最後のページに推薦図書の一覧表がある）
□ go on an outing to ～（～に遠足に行く）	□ Our whole-school outing will be held this Friday.（当校の全校遠足が今週の金曜日に行われる予定だ）
□ chef's specialty（［メニューで］料理長のお薦め料理） □ make a specialty of ～（～を専門にする）	□ French provincial cuisine is a specialty of the house.（フランスの田舎料理がその店の得意料理だ）

continued ▼

Check 1 Chants 》MP3-027

□ 0217 **undergraduate** /ʌ̀ndərgrǽdʒuət/ Part 7	名 **大学生**、(大学の)学部学生(⇔postgraduate:大学院生) ➕graduateは「卒業生」 形 学部学生の
□ 0218 **utensil** /juténsəl/ ❗アクセント注意 Part 1	名 (特に料理用の)**器具**、道具(≒tool, implement)
□ 0219 **additive** /ǽdətiv/ Part 5, 6	名 **添加物**
□ 0220 **aging** /éidʒiŋ/ Part 5, 6	名 **老化**、高齢化 形 年老いた、高齢の、老朽化した 名 age:年齢、歳 動 age:年を取る 形 aged:(数詞の前に置いて)〜歳の
□ 0221 **bulletin** /búlətən/ Part 1	名 **掲示**、公報
□ 0222 **compartment** /kəmpɑ́ːrtmənt/ Part 4	名 ❶**小物入れ** ❷(列車などの)仕切り客室、コンパートメント
□ 0223 **confirmation** /kɑ̀nfərméiʃən/ Part 5, 6	名 (〜の)**確認**(of 〜)、確認書 動 confirm:❶〜を確認[確証]する ❷(決意など)を強める
□ 0224 **credential** /kridénʃəl/ Part 7	名 (通例〜s)**証明書**、資格

Day 13 》MP3-025
Quick Review
答えは右ページ下

□ 住宅ローン □ 仕出し □ 避難 □ 学期
□ 追加料金 □ 服用量 □ 貨物 □ 企業買収
□ 弁護士 □ 生態 □ 見積もり □ 織物
□ 講堂 □ 放出 □ お代わり □ 離職率

Check 2 Phrase

Check 3 Sentence MP3-028

Check 2 Phrase		Check 3 Sentence
□ an economics undergraduate(経済学部の学生)	▶	□ She is an undergraduate at Columbia University.(彼女はコロンビア大学の学生だ)
□ kitchen utensils(台所用品)	▶	□ Some cooking utensils are stored in a drawer.(引き出しに調理器具がしまってある)
□ food additives(食品添加物)	▶	□ Most processed foods contain additives.(ほとんどの加工食品には添加物が含まれている)
□ prevent aging(老化を防ぐ)	▶	□ Memory loss is a normal part of aging.(物忘れは老化の普通の現象だ)
□ a bulletin board(掲示板) □ an election bulletin(選挙公報)	▶	□ Notices are posted on the bulletin board.(ビラが掲示板に貼られている)
□ a freezer compartment([冷蔵庫の]冷凍室) □ a first-class compartment([列車などの]1等室)	▶	□ Please stow your luggage in the overhead compartments.(手荷物は上部の手荷物入れにおしまいください)➕機内アナウンス
□ hotel reservation confirmation(ホテルの予約の確認)	▶	□ The confirmation of your flight booking will be sent to your e-mail address.(飛行便の予約の確認はあなたの電子メールアドレスに送られます)
□ a teaching credential(教員資格)	▶	□ The job applicant had excellent academic credentials.(その求職者は優秀な成績証明書を持っていた)

Day 13 MP3-025
Quick Review
答えは左ページ下

□ mortgage	□ catering	□ evacuation	□ semester
□ surcharge	□ dose	□ freight	□ takeover
□ attorney	□ ecology	□ quotation	□ textile
□ auditorium	□ emission	□ refill	□ turnover

Day 15 名詞15

Check 1 Chants 》 MP3-029

□ 0225
criterion
/kraitíəriən/
Part 5, 6

名(判断・評価などのための)**基準**、尺度(for ～) ➕複数形はcriteriaだが、criteriaを単数で用いる場合も多い

□ 0226
fabric
/fǽbrik/
Part 5, 6

名❶**織物**、布地(≒cloth, textile) ❷(建物・社会などの)構造、骨組み(≒structure)

□ 0227
fixture
/fíkstʃər/
Part 7

名(通例～s)(家屋内の)**設備**、備品

□ 0228
momentum
/mouméntəm/
Part 7

名**勢い**、弾み

□ 0229
quota
/kwóutə/
Part 2, 3

名(仕事などの)**割当量**、ノルマ

□ 0230
script
/skrípt/
Part 7

名❶**原稿** ❷脚本、台本 ❸文字

□ 0231
stake
/stéik/
Part 7

名❶**投資**[出資](額) ❷(通例～s)賭け金、賞金
動(命・金など)を(…に)賭ける(on . . .)

□ 0232
staple
/stéipl/
Part 5, 6

名❶**主食**、基本[必需]食品 ❷ホチキスの針
動～をホチキスで留める
形主要な
名stapler：ホチキス

continued ▼

今日でChapter 1は最後！ 時間に余裕があったら、章末のReviewにも挑戦しておこう。忘れてしまった単語も結構あるのでは?!

□ 聞くだけモード Check 1
□ しっかりモード Check 1 ▸ 2
□ かんぺきモード Check 1 ▸ 2 ▸ 3

Check 2 Phrase	Check 3 Sentence ») MP3-030
□ the criterion of judgment（判断の基準）	□ The criteria for choosing a college are different for every student.（大学を選ぶ基準は生徒ごとに異なる）
□ cotton [silk] fabrics（綿[絹]織物） □ the fabric of society（社会構造）	□ She made a quilt with scraps of fabric.（彼女は布の切れ端を使ってキルトを作った）
□ lighting fixtures（照明設備）	□ The price includes all furniture and fixtures.（価格にはすべての家具と設備が含まれている）➕住宅広告の表現
□ lose momentum（勢いを失う） □ gain [gather] momentum（弾みをつける、加速する）	□ The global economy is losing momentum.（世界経済は勢いを失いつつある）
□ fishing quota（漁獲割当量） □ meet [fill] a quota（ノルマを果たす、割当量を満たす）	□ Bonuses are available for those who meet their quotas.（ノルマを果たした者にはボーナスが与えられる）
□ a script for a speech（スピーチの原稿） □ the script for the film（その映画の台本）	□ The examiner read instructions from a prepared script.（その試験官は用意された原稿の指示を読んだ）
□ have a stake in ～（～に投資[出資]している） □ win the stakes（賞金を得る）	□ He has a 10 percent stake in the company.（彼はその会社に10パーセント出資している）
□ eat ~ as one's staple（～を主食として食べる） □ refill staples（ホチキスの替え針）	□ Noodles are a staple of Italian and Chinese cooking.（めん類はイタリア料理と中国料理の主食だ）

continued ▼

Check 1 Chants 》MP3-029

□ 0233
tenant
/ténənt/
Part 7
▶
名 **借家[借地]人**、テナント(≒lessee)(⇔landlord：家主、地主)
名tenancy：❶借用(権) ❷借用期間
▶

□ 0234
vending machine
Part 1
▶
名 **自動販売機**
動vend：～を売る
名vendor：❶露天商人、行商人 ❷販売(業)者
▶

□ 0235
concession
/kənséʃən/
Part 5, 6
▶
名(～への)**譲歩**(to ～)(≒compromise)
動concede：～を(正しいと)(渋々)認める
▶

□ 0236
courtyard
/kɔ́ːrtjɑ̀ːrd/
Part 4
▶
名(塀・建物で囲まれた)**中庭**
▶

□ 0237
detergent
/ditə́ːrdʒənt/
Part 4
▶
名 **洗剤**(≒cleaner)
▶

□ 0238
farewell
/fɛ̀ərwél/
Part 4
▶
名❶**別れ** ❷別れの言葉[あいさつ]
▶

□ 0239
gymnasium
/dʒimnéiziəm/
❶アクセント注意
Part 1
▶
名 **体育館**、ジム ➕短縮形はgym
▶

□ 0240
injection
/indʒékʃən/
Part 2, 3
▶
名❶**注射**、注入(≒shot) ❷(資金などの)投入
動inject：(inject A into Bで)❶AをBに注射する ❷A(資金)をBにつぎ込む
▶

Day 14 》MP3-027
Quick Review
答えは右ページ下

□ 称賛	□ 企業	□ 大学生	□ 掲示
□ 在庫一掃セール	□ 配付資料	□ 器具	□ 小物入れ
□ 実物宣伝	□ 遠足	□ 添加物	□ 確認
□ 処分	□ 得意料理	□ 老化	□ 証明書

Check 2 Phrase	Check 3 Sentence 》MP3-030
□ the tenant of the house（その家の借家人）	□ The office building has very few tenants.（そのオフィスビルにはテナントがほとんど入っていない）
□ a ticket vending machine（自動券売機）	□ Vending machines are lined up on the street.（通りに自動販売機が並んでいる）
□ make a concession to him on [about] ～（～に関して彼に譲歩する）	□ No concessions must be made to terrorists.（テロリストに対してはいかなる譲歩もしてはならない）
□ a paved courtyard（舗装された中庭）	□ All of the guest rooms face a courtyard.（すべての客室は中庭に面している）
□ laundry detergent（洗濯洗剤）	□ This is the top-selling brand of dishwasher detergent.（これは食洗機用洗剤で最も売れているブランドだ）
□ a farewell speech（別れの言葉） □ bid [say] farewell to her（彼女に別れを告げる）	□ A farewell party for Mr. Tanaka will be held this Friday.（タナカさんの送別会が今週の金曜日に行われる）
□ a school gymnasium（学校の体育館）	□ They are exercising in the gymnasium.（彼らは体育館で運動をしている）
□ give ～ an injection（～に注射を打つ） □ an injection of public funds（公的資金の投入）	□ The doctor gave me an injection to reduce my temperature.（その医者は体温を下げるため私に注射を打った）

Day 14 》MP3-027
Quick Review
答えは左ページ下

□ acclaim	□ enterprise	□ undergraduate	□ bulletin
□ clearance	□ handout	□ utensil	□ compartment
□ demonstration	□ outing	□ additive	□ confirmation
□ disposal	□ specialty	□ aging	□ credential

Chapter 1 Review

左ページの(1)～(20)の名詞の同意・類義語（≒）を右ページのＡ～Ｔから選び、カッコの中に答えを書き込もう。意味が分からないときは、見出し番号を参照して復習しておこう（答えは右ページ下）。

□ (1) merchandise (0003) ≒は? (　　)

□ (2) brochure (0006) ≒は? (　　)

□ (3) refund (0008) ≒は? (　　)

□ (4) coworker (0029) ≒は? (　　)

□ (5) attire (0034) ≒は? (　　)

□ (6) flier (0039) ≒は? (　　)

□ (7) duplicate (0048) ≒は? (　　)

□ (8) hallway (0082) ≒は? (　　)

□ (9) intersection (0083) ≒は? (　　)

□ (10) incentive (0087) ≒は? (　　)

□ (11) constraint (0101) ≒は? (　　)

□ (12) appraisal (0107) ≒は? (　　)

□ (13) patron (0127) ≒は? (　　)

□ (14) accuracy (0142) ≒は? (　　)

□ (15) tenure (0148) ≒は? (　　)

□ (16) compliance (0153) ≒は? (　　)

□ (17) mandate (0180) ≒は? (　　)

□ (18) takeover (0206) ≒は? (　　)

□ (19) acclaim (0209) ≒は? (　　)

□ (20) concession (0235) ≒は? (　　)

A. colleague
B. corridor
C. praise
D. motivation
E. booklet
F. authority
G. clothes
H. copy
I. incumbency
J. assessment
K. leaflet
L. buyout
M. restriction
N. obedience
O. junction
P. goods
Q. precision
R. compromise
S. customer
T. reimbursement

【解答】(1) P (2) E (3) T (4) A (5) G (6) K (7) H (8) B (9) O (10) D (11) M (12) J (13) S (14) Q (15) I (16) N (17) F (18) L (19) C (20) R

CHAPTER 2

動詞：超必修112

Chapter 2では、TOEIC「超必修」の動詞112を身につけていきます。Chapter 1を終え、学習のペースもだいぶつかめてきたのでは？「990点攻略」を目指して、このペースをキープしていきましょう。

TOEIC的格言

Listen twice before you speak once.

念には念を入れよ。
［直訳］1回話す前に2回聞け。

Day 16 動詞1

Check 1 Chants 》MP3-031

□ 0241 **expire** /ikspáiər/ Part 5, 6	動 **期限が切れる**、満期になる(≒end) 名expiration:(期限の)満期、満了
□ 0242 **verify** /vérəfài/ Part 5, 6	動 **~が正しい**[事実である]**ことを証明**[立証、確認]**する**(≒check, confirm) 名verification:証明、立証、確認
□ 0243 **enhance** /inhǽns/ Part 2, 3	動(力・価値など)**を高める**、強める 名enhancement:向上、増進、増大、強化
□ 0244 **renovate** /rénəvèit/ Part 1	動 **~を改装する**、~を修理[復元]する 名renovation:❶改装、修理 ❷刷新、革新
□ 0245 **update** /ʌ̀pdéit/ ❗アクセント注意 Part 2, 3	動❶**~を更新**[改訂]**する**、~を最新のものにする ❷~に(…の)最新情報を与える(on . . .) 名❶(/ʌ́pdèit/)(~に関する)最新情報(on ~) ❷最新版 形up-to-date:最新[最近]の
□ 0246 **commute** /kəmjúːt/ Part 2, 3	動(~から/…へ)**通勤する**(from ~/to . . .) 名通勤 名commuter:通勤者
□ 0247 **clarify** /klǽrəfài/ Part 7	動(意味など)**を明らかにする**、明確にする
□ 0248 **upgrade** /ʌ̀pgréid/ ❗アクセント注意 Part 2, 3	動❶**~の等級**[格]**を上げる**、~をグレードアップする ➕「グレードアップ」は和製英語 ❷(ソフト[ハード]ウエア)をアップグレードする 名(/ʌ́pgrèid/)❶グレードアップ ❷アップグレード

continued ▼

Chapter 2では、7日をかけて「超必修」の動詞112をチェック。まずはチャンツを聞いて、単語を「耳」からインプット！

□ 聞くだけモード　Check 1
□ しっかりモード　Check 1 ▸ 2
□ かんぺきモード　Check 1 ▸ 2 ▸ 3

Check 2　Phrase		Check 3　Sentence 》MP3-032
□ expire on March 31（3月31日に期限が切れる） □ expire with the next issue（［定期購読が］次号で切れる）	▸	□ My driver's license expires next month.（私の運転免許証は来月で期限が切れる）
□ verify the calculation（計算が正しいことを確認する） □ verify his statement（彼の言葉が事実であることを証明する）	▸	□ The results were verified by several experiments.（その結果が正しいことが何回かの実験で証明された）
□ enhance productivity（生産性を高める） □ enhance one's reputation（評判を高める）	▸	□ Our company needs to enhance its publicity.（我が社は知名度を高める必要がある）
□ renovate an old house（古い家を改装する）	▸	□ The building is being renovated.（その建物は改修中だ）
□ update a dictionary（辞書を改訂する） □ update him on the situation（彼に状況の最新情報を与える）	▸	□ We update our website on a regular basis.（当社はホームページを定期的に更新している）
□ commute from Yokohama to Tokyo（横浜から東京へ通勤する） □ commute by car（自動車で通勤する）	▸	□ She commutes from Kobe to Osaka every day.（彼女は毎日、神戸から大阪へ通勤している）
□ clarify the meaning of ～（～の意味を明らかにする） □ clarify one's position（自分の立場を明確にする）	▸	□ It is important to clarify what the term "cost-effective" means.（「費用効率が高い」という用語が何を意味するかを明らかにすることが重要だ）
□ upgrade living standards（生活水準を上げる） □ upgrade the software to the latest version（そのソフトウエアを最新バージョンにアップグレードする）	▸	□ I had my seat upgraded to business class.（私は座席をビジネスクラスに格上げしてもらった）

continued
▼

Check 1 Chants 》MP3-031

☐ 0249 **curb** /kə́ːrb/ Part 5, 6	動(活動など)**を抑制**[制限]**する**(≒restrain, limit) 名❶(歩道の)縁石 ✚この意味ではPart 1で頻出 ❷(〜に対する)抑制、制限(on 〜)(≒restraint)
☐ 0250 **itemize** /áitəmàiz/ Part 7	動**〜を項目に分ける**、個条書きにする 名item：品目、項目
☐ 0251 **endorse** /indɔ́ːrs/ Part 5, 6	動❶**〜を承認**[是認、支持]**する** ❷(小切手など)に裏書きする 名endorsement：❶承認、是認 ❷(小切手などの)裏書き
☐ 0252 **incur** /inkə́ːr/ Part 7	動(負債など)**を負う**、被る、招く
☐ 0253 **encounter** /inkáuntər/ Part 7	動❶(困難など)**に直面する** ❷〜に偶然出会う 名(〜との)(偶然の)出会い、遭遇(with 〜)
☐ 0254 **facilitate** /fəsílətèit/ Part 4	動❶**〜を促進**[助成]**する**(≒hasten, accelerate, expedite) ❷〜を容易にする
☐ 0255 **terminate** /tə́ːrmənèit/ Part 4	動❶**〜を終わらせる** ❷終わる(≒end) 名termination：終了、終結
☐ 0256 **emphasize** /émfəsàiz/ Part 5, 6	動**〜を強調**[力説]**する**、重要視する(≒stress, highlight, underline, underscore) 名emphasis：(〜の)強調、力説、重要視(on [upon] 〜) 形emphatic：❶強調された、語気の強い ❷明らかな

Day 15 》MP3-029
Quick Review
答えは右ページ下

☐ 基準 ☐ 織物 ☐ 設備 ☐ 勢い
☐ 割当量 ☐ 原稿 ☐ 投資 ☐ 主食
☐ 借家人 ☐ 自動販売機 ☐ 譲歩 ☐ 中庭
☐ 洗剤 ☐ 別れ ☐ 体育館 ☐ 注射

Check 2 Phrase

Check 3 Sentence 》MP3-032

□ curb food prices [inflation] (食品価格[インフレ]を抑制する)

▸ □ The government should curb its expenditure.(政府は支出を抑えるべきだ)

□ itemize tax deductions(税控除を項目に分ける)

□ an itemized bill(勘定の明細書)

▸ □ Itemize the budget in as much detail as possible.(できるだけ詳細に予算を項目別にしてください)

□ endorse the proposal(その提案を承認する)

□ endorse a check(小切手に裏書きする)

▸ □ The board of directors endorsed the new budget.(取締役会は新しい予算案を承認した)

□ incur debts(負債を負う)

□ incur his anger [wrath](彼の怒りを招く)

▸ □ The auto manufacturer incurred a $10 million loss in the previous quarter.(その自動車メーカーは前四半期に1000万ドルの赤字を負った)

□ encounter difficulties(苦境に直面する)

□ encounter an old friend(旧友に偶然出会う)

▸ □ The world is now encountering a global financial crisis.(世界は今、地球規模の金融危機に直面している)

□ facilitate corporate activities (企業活動を促進する)

□ facilitate communication(コミュニケーションを円滑にする)

▸ □ The economic stimulus package will facilitate economic recovery.(その経済刺激策は景気の回復を促進するだろう)

□ terminate negotiations(交渉を終わらせる)

□ terminate at the next stop ([列車などが]次の駅で終点となる)

▸ □ The electronics company announced plans to terminate television production.(その電機メーカーはテレビの生産を終了する計画を発表した)

□ emphasize the importance [necessity] of ~(~の重要性[必要性]を強調する)

▸ □ The prime minister emphasized the importance of tax system reform.(首相は税制改革の重要性を強調した)

Day 15 》MP3-029
Quick Review
答えは左ページ下

□ criterion	□ quota	□ tenant	□ detergent
□ fabric	□ script	□ vending machine	□ farewell
□ fixture	□ stake	□ concession	□ gymnasium
□ momentum	□ staple	□ courtyard	□ injection

Day 17 動詞2

Check 1 Chants 》 MP3-033

□ 0257 **enlarge** /inlá:rdʒ/ Part 5, 6	動❶**〜を拡大[拡張]する** ❷(写真)を引き伸ばす ❸大きくなる 名enlargement：❶(写真の)引き伸ばし ❷拡大、拡張
□ 0258 **supervise** /sú:pərvàiz/ Part 4	動**〜を監督[管理、指揮]する**(≒oversee, watch over) 名supervisor：監督[管理]者 名supervision：監督、管理、指揮 形supervisory：監督[管理](上)の
□ 0259 **undertake** /ʌ̀ndərtéik/ Part 4	動❶**〜に着手する**、取りかかる ❷(undertake to doで)〜することを約束する(≒promise to do) 名undertaking：事業、仕事
□ 0260 **deteriorate** /ditíəriərèit/ Part 5, 6	動(〜という状態に)**悪化する**(into 〜)(≒worsen)(⇔improve：よくなる) 名deterioration：悪化
□ 0261 **summarize** /sʌ́məràiz/ Part 5, 6	動**〜を要約する**(≒sum up) 名summary：(〜の)要約、概略(of 〜)
□ 0262 **waive** /wéiv/ Part 7	動(権利など)**を放棄する**、撤回する 名waiver：権利放棄(証書)
□ 0263 **infer** /infə́:r/ Part 5, 6	動**〜を**(事実などから)**推測[推論]する**(from . . .) 名inference：推測、推論
□ 0264 **retrieve** /ritrí:v/ Part 7	動❶**〜を**(…から)**回収する**、取り戻す(from . . .) ❷(情報)を検索する 名retrieval：❶(コンピューターの)(情報)検索 ❷取り返し、回復

continued ▼

見出し語下の「Part 1」マークの単語には、Check 3でPart 1型の例文を用意している。情景を頭に浮かべながら、音読してみよう！

□ 聞くだけモード　Check 1
□ しっかりモード　Check 1 ▸ 2
□ かんぺきモード　Check 1 ▸ 2 ▸ 3

Check 2　Phrase	Check 3　Sentence))) MP3-034
□ enlarge the hotel（そのホテルを増築する） □ have pictures enlarged（写真を引き伸ばしてもらう）	□ The bank will enlarge its housing finance business.（その銀行は住宅金融ビジネスを拡大する予定だ）
□ supervise the project（そのプロジェクトを監督する） □ supervise employees（従業員を指揮する）	□ He supervises 10 salespeople.（彼は10人の外交員を指揮している）
□ undertake an investigation（調査に着手する） □ undertake to protect the environment（自然環境を守ることを約束する）	□ The company needs to undertake major restructuring of its operations.（その会社は事業の大リストラに着手する必要がある）
□ deteriorating economy（悪化する経済） □ deteriorate into war（［事態などが］悪化して戦争になる）	□ The economic situation has been deteriorating worldwide.（経済状況は世界中で悪化している）
□ summarize the contents of the book（その本の内容を要約する）	□ Could you summarize the main points of the meeting?（その会議の要点を要約してくれますか？）
□ waive one's right（権利を放棄する） □ waive one's objection（異議を撤回する）	□ He waived his right to inherit property left by his father.（彼は父親から遺贈された財産を相続する権利を放棄した）
□ infer his intention from his behavior（彼の行動から彼の意図を推測する）	□ I inferred from his tone that he didn't like my proposal.（彼が私の提案を気に入っていないことは彼の口調からうかがえた）
□ retrieve a malfunctioning satellite（故障した人工衛星を回収する） □ retrieve information on the Internet（インターネットで情報を検索する）	□ It is extremely expensive to retrieve data from a crashed hard disk.（クラッシュしたハードディスクからデータを回収するのは非常に費用がかかる）

continued ▼

Check 1　Chants 》MP3-033

□ 0265
complement
/kámpləmènt/
❶発音注意
Part 5, 6

▸ 動 **～を引き立てる**、～を補完［補足］する　✚compliment（褒め言葉）と混同しないように注意
名（/kámpləmənt/）（～の）補完物（to ～）、（～のよさを）引き立てる物（to ～）
形complementary：補足的な ▸

□ 0266
embrace
/imbréis/
❶定義注意
Part 5, 6

▸ 動❶（考えなど）**を受け入れる**、採用する、（機会）を捕らえる、利用する　❷～を抱き締める、抱擁する　❸～を含む（≒include）
名抱擁 ▸

□ 0267
tow
/tóu/
Part 1

▸ 動（車・船など）**を牽引する**、引く
名引かれる［引く］こと、牽引 ▸

□ 0268
activate
/ǽktəvèit/
Part 5, 6

▸ 動❶**～を活性化する**、活発にする　❷～を始動［起動、稼働］させる
名activity：活動
形active：❶積極的な　❷活動的な、元気［活発］な ▸

□ 0269
compile
/kəmpáil/
Part 5, 6

▸ 動❶**～を編集**［編さん］**する**　❷（資料など）を集める、まとめる
名compilation：❶（本などの）編集　❷（資料などの）収集 ▸

□ 0270
discontinue
/dìskəntínju:/
Part 5, 6

▸ 動（継続していたことなど）**を中止**［中断］**する**、（製品）を生産中止する
名discontinuation：中断 ▸

□ 0271
violate
/váiəlèit/
Part 7

▸ 動❶（法律など）**に違反する**（≒disobey）　❷（権利など）を侵害する
名violation：❶（法律などの）違反（of ～）　❷（権利などの）侵害（of ～）
名violator：違反者 ▸

□ 0272
administer
/ədmínistər/
Part 5, 6

▸ 動❶（会社・学校など）**を管理**［経営］**する**　❷（国など）を治める　❸（処罰など）を執行する
名administration：❶管理、経営　❷行政
名administrator：管理者、経営者
形administrative：❶管理の、経営上の　❷行政上の ▸

Day 16 》MP3-031
Quick Review
答えは右ページ下

□ 期限が切れる　□ ～を更新する　□ ～を抑制する　□ ～に直面する
□ ～が正しいことを証明する　□ 通勤する　□ ～を項目に分ける　□ ～を促進する
□ ～を高める　□ ～を明らかにする　□ ～を承認する　□ ～を終わらせる
□ ～を改装する　□ ～の等級を上げる　□ ～を負う　□ ～を強調する

Check 2 Phrase

☐ complement each other（互いを補完し合う）

☐ embrace his opinion（彼の意見を受け入れる）
☐ embrace one's child（子どもを抱き締める）

☐ tow a ship（船を牽引する）

☐ activate foreign investment（海外投資を活性化する）
☐ activate an alarm（警報器を作動させる）

☐ compile an encyclopedia（百科事典を編集する）
☐ compile data（データをまとめる）

☐ discontinue the project due to a tight budget（そのプロジェクトを予算不足のため中止する）

☐ violate the law（法律に違反する）
☐ violate her privacy（彼女の私生活を侵害する）

☐ administer a company（会社を経営する）
☐ administer a country（国を治める）

Check 3 Sentence 》MP3-034

☐ The music complements the movie perfectly.（音楽がその映画を見事に引き立てている）

☐ We should embrace new technologies.（私たちは新しいテクノロジーを受け入れるべきだ）

☐ The wrecker is towing a car.（レッカー車が車を牽引している）

☐ The government is looking for a way to activate the domestic economy.（政府は国内経済を活性化する方法を探っている）

☐ It took five years to compile the dictionary.（その辞書の編さんは5年かかった）

☐ The airline decided to discontinue flights between New York and London.（その航空会社はニューヨークとロンドン間の便を中止することを決定した）

☐ The developer was charged with violating the building code.（その開発業者は建築基準法に違反したかどで告発された）

☐ The personnel department administers benefit programs for employees.（人事部は従業員向けの福利プログラムを管理している）

Day 16 》MP3-031
Quick Review
答えは左ページ下

☐ expire	☐ update	☐ curb	☐ encounter
☐ verify	☐ commute	☐ itemize	☐ facilitate
☐ enhance	☐ clarify	☐ endorse	☐ terminate
☐ renovate	☐ upgrade	☐ incur	☐ emphasize

Day 18 動詞3

Check 1 Chants 》MP3-035

☐ 0273
ease
/íːz/
Part 7

動❶**～を緩和する** ❷(痛みなど)を和らげる(≒relieve) ❸(痛み・緊張などが)和らぐ
名❶気楽さ ❷容易さ
形easy：❶容易な ❷安楽な
副easily：❶容易に ❷気楽に

☐ 0274
minimize
/mínəmàiz/
Part 5, 6

動❶**～を最小にする**(⇔maximize) ❷～を最小限に評価する、軽視する
名minimum：最低[最小]限
形minimum：最低[最小]限の
形minimal：最小(限度)の

☐ 0275
trim
/trím/
Part 1

動❶**～を刈り込む** ❷(予算など)を削減する(≒reduce)

☐ 0276
dispatch
/dispǽtʃ/
Part 5, 6

動❶**～を**(…に)**派遣する**(to . . .) ❷～を(…に)発送する(to . . .)
名❶派遣 ❷発送

☐ 0277
entail
/intéil/
Part 7

動**～を伴う**、必要とする

☐ 0278
amend
/əménd/
Part 4

動(憲法など)**を修正**[改正]**する**
名amendment：(～の)修正[改正](案)(to ～)

☐ 0279
browse
/bráuz/
Part 5, 6

動❶(新聞などに)**ざっと目を通す**(through ～) ❷(インターネットで)～を閲覧する
名browser：ブラウザ

☐ 0280
remit
/rimít/
Part 7

動(金銭)**を**(…へ)**送る**(to . . .) ➕emit([熱など]を放出する)と混同しないように注意
名remittance：送金、送金額

continued ▼

Quick Reviewは使ってる？ 昨日覚えた単語でも、記憶に残っているとは限らない。学習の合間に軽くチェックするだけでも効果は抜群！

□ 聞くだけモード Check 1
□ しっかりモード Check 1 ▸ 2
□ かんぺきモード Check 1 ▸ 2 ▸ 3

Check 2 Phrase		Check 3 Sentence 》MP3-036
□ ease sanctions on ～(～に対する制裁措置を緩和する) □ ease a pain(痛みを和らげる)	▸	□ Japan eased import restrictions on US beef.(日本はアメリカ産牛肉に対する輸入制限を緩和した)
□ minimize loss(損失を最小限にする) □ minimize the importance of ～(～の重要性を軽視する)	▸	□ Tamiflu can minimize the effects of the flu.(タミフルはインフルエンザの影響を最小限に抑えることができる)
□ have one's hair trimmed(髪を刈りそろえてもらう) □ trim personnel costs(人件費を削減する)	▸	□ The man is trimming the lawn.(男性は芝生を刈っている)
□ dispatch a delegation to ～(～に代表団を派遣する) □ dispatch products to ～(～に製品を発送する)	▸	□ An investigation team was dispatched to the crime scene.(調査班が犯罪現場へ派遣された)
□ entail high risks([投資などが]高いリスクを伴う)	▸	□ Owning a car entails spending a lot of money on gas, insurance, maintenance and so on.(自動車を所有すると、ガソリン、保険、整備などたくさんの出費が必要となる)
□ amend the Constitution(憲法を改正する)	▸	□ The government should amend the pension law.(政府は年金法を修正するべきだ)
□ browse through the newspaper(新聞にざっと目を通す) □ browse shopping sites(ショッピングサイトを閲覧する)	▸	□ She browsed through a few travel books to decide where to go on holiday.(彼女はどこへ旅行に行くかを決めるため、数冊の旅行本に目を通した)
□ remit a check(小切手を送る)	▸	□ Please remit the tuition and admission fees no later than March 31.(3月31日までに授業料と入学金をご送金ください)

continued ▼

Check 1　Chants MP3-035

□ 0281 **arise** /əráiz/ Part 5, 6	動(問題などが)(～から)**生じる**、起こる(from [out of] ～)　➕arouse(～をかき立てる)と混同しないように注意
□ 0282 **outline** /áutlàin/ Part 5, 6	動❶**～の要点を述べる**　❷～の輪郭を描く 名❶概要、概略　❷輪郭
□ 0283 **withhold** /wiðhóuld/ Part 7	動**～を**(…に)**与えずにおく**(from . . .)、～を保留する
□ 0284 **disrupt** /disrʌ́pt/ Part 5, 6	動**～を混乱**[中断]**させる** 名disruption：混乱、中断 形disruptive：(行動などが)破壊的な、妨害する、邪魔をする
□ 0285 **reinforce** /rì:infɔ́:rs/ Part 7	動**～を**(…で)**補強**[強化]**する**(with . . .)(≒strengthen) 名reinforcement：補強、強化
□ 0286 **relieve** /rilí:v/ Part 2, 3	動❶(苦痛など)**を和らげる**、軽減する(≒alleviate)　❷(relieve A of Bで)AからB(責任など)を取り除く、AをB(職)から解任[解雇]する 名relief：❶安心　❷(苦痛などの)緩和　❸救済 形relieved：(be relieved to doで)～して安心している
□ 0287 **consolidate** /kənsάlədèit/ Part 5, 6	動❶(会社など)**を合併する**、整理統合する　❷合併する(≒merge)　❸～を強化する(≒strengthen) 名consolidation：❶(会社などの)合併、整理統合　❷強化
□ 0288 **expedite** /ékspədàit/ Part 7	動**～を早める**、促進する(≒hasten, facilitate, accelerate)

Day 17 MP3-033
Quick Review
答えは右ページ下

□ ～を拡大する	□ ～を要約する	□ ～を引き立てる	□ ～を編集する
□ ～を監督する	□ ～を放棄する	□ ～を受け入れる	□ ～を中止する
□ ～に着手する	□ ～を推測する	□ ～を牽引する	□ ～に違反する
□ 悪化する	□ ～を回収する	□ ～を活性化する	□ ～を管理する

Check 2 Phrase

Check 3 Sentence 》MP3-036

□ arise from hard work（[成功などが] 勤勉から生まれる）
□ when the opportunity arises（機会があれば）
▶ □ The Cold War arose from Soviet aggression in Eastern Europe.（冷戦はソビエトの東欧侵攻から起こった）

□ outline the purpose of the conference（会議の目的の要点を述べる）
□ outline a map of Australia（オーストラリアの地図の輪郭を描く）
▶ □ The CEO outlined a three-year business plan.（そのCEOは3カ年事業計画の概要を発表した）

□ withhold information from him（情報を彼に与えずにおく）
□ withhold payment（支払いを保留する）
▶ □ Some people think that the US should withhold economic aid to the country.（アメリカはその国への経済支援を見合わせるべきだと考える人もいる）

□ disrupt a computer system（コンピューターシステムを混乱させる）
▶ □ Heavy snow disrupted air and rail travel in Europe.（豪雪によってヨーロッパの飛行機と列車の交通が混乱した）

□ reinforce the river banks with sandbags（川の土手を土のうで補強する）
□ reinforce troops（軍隊を強化する）
▶ □ The school building was reinforced with steel beams.（その校舎は鋼鉄の梁で補強された）

□ relieve anxiety（不安を和らげる）
□ be relieved of the post of mayor（市長職から解任される）
▶ □ Regular exercise will help relieve your stress.（定期的な運動はストレスを和らげるのに役立つだろう）

□ consolidate a subsidiary（子会社を合併する）
□ consolidate to form a single company（[複数の会社が] 合併して1つの会社になる）
▶ □ The pharmaceutical company has consolidated its two manufacturing locations.（その製薬会社は2つの生産拠点を統合した）

□ expedite the construction process（建設工程を早める）
▶ □ The government sought to expedite the passage of the bill.（政府はその法案の早期成立を図ろうとした）

Day 17 》MP3-033
Quick Review
答えは左ページ下

□ enlarge	□ summarize	□ complement	□ compile
□ supervise	□ waive	□ embrace	□ discontinue
□ undertake	□ infer	□ tow	□ violate
□ deteriorate	□ retrieve	□ activate	□ administer

Day 19 動詞4

Check 1 Chants 》MP3-037

□ 0289
transact
/trænzǽkt/
Part 7

動❶(取引・業務など)**を行う** ❷(～と)取引[業務]を行う(with ～)
名transaction：❶取引 ❷(業務の)処理

□ 0290
unveil
/ʌnvéil/
Part 5, 6

動❶(秘密など)**を明らかにする**、公表する(≒reveal, disclose, uncover, expose)(⇔conceal：～を秘密にする) ❷～のベール[覆い]を取る、～の除幕式を行う

□ 0291
appraise
/əpréiz/
Part 7

動**～を**(…と)**評価**[鑑定、査定]**する**(at . . .)(≒assess, evaluate)
名appraisal：(～の)評価、鑑定、査定(of ～)

□ 0292
arouse
/əráuz/
❶発音注意
Part 5, 6

動(関心など)**をかき立てる**、喚起する、刺激する、誘発する ⊕arise(生じる)と混同しないように注意

□ 0293
commemorate
/kəmémərèit/
Part 4

動**～を祝う**、記念する(≒celebrate)
名commemoration：❶記念(すること) ❷記念式[祭、式典]、記念物
形commemorative：記念の、記念となる

□ 0294
dilute
/dailú:t/
Part 7

動**～を**(…で)**薄める**(with . . .)
形薄めた、希釈した
名dilution：薄めること

□ 0295
foresee
/fɔ:rsí:/
Part 5, 6

動**～を予見する**、見越す
形foreseeable：予見[予知、予測]できる
形unforeseen：予期しない、思いがけない、不測の

□ 0296
innovate
/ínəvèit/
Part 7

動❶(新しいことなど)**を導入する**、採り入れる(≒introduce) ❷刷新[革新]する
名innovation：刷新、革新、斬新な考え
形innovative：革新[刷新]的な、創意に富んだ

continued ▼

見出し語の下にある「❗アクセント注意」や「❗発音注意」を見てる？ 少しの違いで相手に伝わらないこともあるので要チェック！

□ 聞くだけモード Check 1
□ しっかりモード Check 1 ▸ 2
□ かんぺきモード Check 1 ▸ 2 ▸ 3

Check 2 Phrase		Check 3 Sentence 》MP3-038
□ transact business with ～(～と取引をする) □ transact with suppliers(供給業者と取引を行う)	▸	□ There are a lot of reasons to open a website to transact business on the Internet.(インターネット上で取引をするためにウェブサイトを開く多くの理由がある)
□ unveil a secret(秘密を明かす) □ unveil a statue of ～(～の像の除幕式をする)	▸	□ Honda's new hybrid was unveiled at a press conference.(ホンダの新しいハイブリッド車が記者会見で公表された)
□ appraise employees' performance(従業員の実績を評価する) □ appraise the house at $200,000(その家を20万ドルと評価する)	▸	□ The building was appraised at $25 million.(そのビルは2500万ドルと評価された)
□ arouse her interest [suspicion](彼女の興味[疑念]をかき立てる)	▸	□ The science fiction novel aroused his interest in astronomy.(そのSF小説は天文学への彼の興味をかき立てた)
□ a stamp commemorating the landing on the moon(月面着陸を記念した切手)	▸	□ We commemorated the 50th anniversary of our school yesterday.(昨日、私たちは学校の50周年を祝った)
□ dilute soy sauce with water(しょうゆを水で薄める)	▸	□ Dilute condensed milk with hot water.(コンデンスミルクを熱湯で薄めてください)
□ foresee what will happen in the future(将来何が起こるか予見する)	▸	□ Few analysts foresaw the financial crisis.(金融危機を予見したアナリストはほとんどいなかった)
□ innovate a new method(新しい手法を導入する) □ one's ability to innovate(革新する能力)	▸	□ We must constantly innovate new ideas.(私たちは新しいアイデアを絶えず導入しなければならない)

continued
▼

Check 1 Chants 》MP3-037

□ 0297
liquidate
/líkwidèit/
Part 7

動❶(倒産会社など)**を解散**[整理]**する** ❷(負債など)を清算[弁済]する
名liquidation：❶(会社などの)破産 ❷(負債などの)清算、弁済

□ 0298
circulate
/sə́ːrkjulèit/
Part 2, 3

動❶**〜を配布する**(≒distribute)、〜を流通させる ❷(うわさなど)を広める(≒spread) ❸(うわさなどが)広がる、広まる ❹(空気などが)循環する
名circulation：❶発行部数 ❷(貨幣の)流通 ❸(血液の)循環

□ 0299
commend
/kəménd/
Part 4

動❶**〜を**(…のことで)**褒める**、称賛する(for . . .)(≒praise) ❷〜を(…に)推薦する(to . . .)(≒recommend)
名commendation：❶称賛、推奨 ❷推薦
形commendable：称賛に値する

□ 0300
necessitate
/nəsésətèit/
Part 5, 6

動❶**〜を必要とする** ❷(necessitate doingで)〜することを必要とする
形necessary：(〜のために)必要な、なくてはならない(for 〜)
副necessarily：(否定文で)必ずしも〜ない

□ 0301
weave
/wíːv/
Part 1

動**〜を編む**、織る
名織り方、編み方

□ 0302
equalize
/íːkwəlàiz/
Part 5, 6

動**〜を等しくする**、均一にする
名equality：等しいこと、平等
動equal：〜と等しい
形equal：❶同量の、同等の ❷(be equal toで)〜と等しい、〜に匹敵する ❸平等な

□ 0303
vend
/vénd/
Part 1

動**〜を売る**
名vendor：❶露天商人、行商人 ❷販売(業)者

□ 0304
surpass
/sərpǽs/
Part 7

動(技量・能力などで)**〜より勝る**、〜をしのぐ(in [at] . . .)(≒excel)

Day 18 》MP3-035
Quick Review
答えは右ページ下

□ 〜を緩和する	□ 〜を伴う	□ 生じる	□ 〜を補強する
□ 〜を最小にする	□ 〜を修正する	□ 〜の要点を述べる	□ 〜を和らげる
□ 〜を刈り込む	□ ざっと目を通す	□ 〜を与えずにおく	□ 〜を合併する
□ 〜を派遣する	□ 〜を送る	□ 〜を混乱させる	□ 〜を早める

Check 2 Phrase

Check 3 Sentence 》MP3-038

Phrase	Sentence
□ liquidate a bankrupt company(破産した会社を解散する) □ liquidate a debt(負債を弁済する)	□ A unanimous vote was taken to liquidate the firm.(その会社を解散するため満場一致の採決がなされた)
□ circulate dollars(ドルを流通させる) □ circulate the rumor(そのうわさを広める)	□ The magazine is circulated free of charge.(その雑誌は無料で配布されている)
□ commend him for his hard work(彼の勤勉ぶりを褒める) □ commend the book to her(その本を彼女に推薦する)	□ I would like to commend her for her commitment to the company.(会社に対する彼女の貢献を称賛したいと思います)
□ necessitate further investigation(さらなる調査を必要とする) □ necessitate closing the road([工事などが]道路の閉鎖を必要とする)	□ An economic downturn necessitates budget cuts.(景気の低迷で予算の削減が必要になっている)
□ weave a basket(かごを編む) □ weave a rug(じゅうたんを織る)	□ The woman is weaving cloth.(女性は布を織っている)
□ equalize pay between men and women(男女間の賃金を等しくする)	□ We should equalize educational opportunity for children.(私たちは子どもたちの教育の機会を均等にすべきだ)
□ a vending machine(自動販売機)	□ The man is vending newspapers.(男性は新聞を売っている)
□ surpass one's colleagues in ability(能力で同僚より勝る) □ surpass expectations(期待を上回る)	□ China surpassed Japan in GDP in 2010.(中国は2010年にGDPで日本を超えた)

Day 18 》MP3-035
Quick Review
答えは左ページ下

□ ease	□ entail	□ arise	□ reinforce
□ minimize	□ amend	□ outline	□ relieve
□ trim	□ browse	□ withhold	□ consolidate
□ dispatch	□ remit	□ disrupt	□ expedite

Check 1 Chants 》MP3-039

□ 0305 **deduct** /didʌ́kt/ Part 5, 6	動 **～を(…から)差し引く**、控除する(from . . .)(≒subtract)(⇔add：～を加える) 名deduction：❶(～からの)控除(from ～) ❷(～という)推論(that節 ～) 形deductible：控除可能の
□ 0306 **alleviate** /əlíːvièit/ Part 7	動(苦痛など)**を緩和**[軽減]**する**(≒relieve) 名alleviation：緩和、軽減
□ 0307 **collaborate** /kəlǽbərèit/ Part 7	動❶(～を／…と)**共同で行う**、共同制作[研究]する(on [in] ～/with . . .)(≒work together) ❷(collaborate to doで)共同で～する 名collaboration：協力、共同制作[研究] 名collaborator：協力者、共同制作[研究]者
□ 0308 **demolish** /dimɑ́liʃ/ Part 1	動(建物)**を取り壊す**、破壊する(≒destroy) 名demolition：取り壊し、破壊
□ 0309 **fluctuate** /flʌ́ktʃuèit/ Part 5, 6	動**変動する**(≒change) 名fluctuation：(～の)変動(in [of] ～)
□ 0310 **mature** /mətjúər/ ❗定義注意 Part 7	動❶(保険などが)**満期になる** ❷成熟する 形❶(人が)分別のある(⇔immature) ❷(生物が)十分に成長した ❸熟した 名maturity：❶成熟(期) ❷満期(日)
□ 0311 **proofread** /prúːfrìːd/ Part 2, 3	動**～を校正する** 名proofreading：校正 名proofreader：校正係
□ 0312 **scrub** /skrʌ́b/ Part 1	動**～をごしごし磨く**[洗う]

continued ▼

勉強する気分になれないときは、音声を「聞き流す」だけでもOK。家で、車内で、いつでもどこでも語彙に「触れる」時間を作ってみよう。

□ 聞くだけモード　Check 1
□ しっかりモード　Check 1 ▸ 2
□ かんぺきモード　Check 1 ▸ 2 ▸ 3

Check 2 Phrase		Check 3 Sentence 》MP3-040
□ deduct income tax from employee salaries(従業員の給料から所得税を差し引く)	▸	□ Self-employed business owners can deduct health insurance costs from gross income.(自営業者は総収入から健康保険料を控除することができる)
□ alleviate her sorrow(彼女の悲しみを和らげる)	▸	□ The medicine will alleviate your pain if you take it every day.(毎日服用すれば、その薬であなたの痛みは和らぐだろう)
□ collaborate on a book with ～(～と本を共同執筆する) □ collaborate to produce a film(映画を共同製作する)	▸	□ The two companies are collaborating on the development of electric cars.(その2社は電気自動車の開発を共同で行っている)
□ demolish an old school(古い学校を取り壊す)	▸	□ The house is being demolished.(その家は解体中だ)
□ fluctuate between ～(～の間で変動する) □ fluctuate widely [greatly, wildly](大きく変動する)	▸	□ Tax revenues fluctuate with the economy.(税収は経済状態とともに変動する)
□ mature in 20 years(20年で満期になる) □ mature mentally(精神的に成熟する)	▸	□ The bond matures in 10 years.(その社債は10年で満期になる)
□ proofread a manuscript(原稿を校正する)	▸	□ You should proofread the report before submitting it.(提出する前にその報告書を校正したほうがいい)
□ scrub the car(車をごしごし洗う)	▸	□ The man is scrubbing the floor.(男性は床をごしごし磨いている)

continued
▼

Check 1 Chants 》MP3-039

□ 0313 **streamline** /strí:mlàin/ Part 4	動❶(仕事など)**を合理化**[能率化、簡素化]**する** ❷～を流線形にする 名 流線形
□ 0314 **convene** /kənví:n/ Part 7	動❶**～を招集する**(≒summon) ❷招集される
□ 0315 **disregard** /dìsrigá:rd/ Part 5, 6	動 **～を無視**[軽視]**する**(≒ignore) 名(～の)無視(for [of] ～)
□ 0316 **bother** /báðər/ Part 2, 3	動❶**～に**(…で)**迷惑**[面倒]**をかける**(with . . .)(≒annoy) ❷(bother to do [doing]で)(通例否定文で)わざわざ～する 名 悩みの種、厄介(者)
□ 0317 **misplace** /mispléis/ Part 2, 3	動 **～を置き間違える**、～を置き忘れる
□ 0318 **mow** /móu/ Part 1	動(草など)**を刈る**、刈り取る 名mower:草刈り機、芝刈り機
□ 0319 **oversee** /òuvərsí:/ Part 5, 6	動(仕事・作業員など)**を監督**[監視]**する**(≒watch over, supervise)
□ 0320 **publicize** /pʌ́bləsàiz/ Part 5, 6	動 **～を公表**[広告、宣伝]**する**、公にする(≒announce, advertise) 名publicity:❶(世間の)注目、評判、知名度 ❷宣伝、広報

Day 19 》MP3-037
Quick Review
答えは右ページ下

□ ～を行う	□ ～を祝う	□ ～を解散する	□ ～を編む
□ ～を明らかにする	□ ～を薄める	□ ～を配布する	□ ～を等しくする
□ ～を評価する	□ ～を予見する	□ ～を褒める	□ ～を売る
□ ～をかき立てる	□ ～を導入する	□ ～を必要とする	□ ～より勝る

Check 2 Phrase		Check 3 Sentence 》MP3-040
□ streamline management(経営を合理化する) □ streamline a car(車を流線形にする)	▶	□ We need to streamline operations and maximize productivity.(私たちは業務を合理化して生産性を最大限にする必要がある)
□ convene a board(委員会を招集する) □ convene once a month([委員会などが]月に1度招集される)	▶	□ The meeting was convened to discuss the current economic crisis.(現在の経済危機について話し合うために会議が招集された)
□ disregard school rules(校則を無視する)	▶	□ He was fired for disregarding the rules and regulations of the company.(彼は会社の規則を無視したため解雇された)
□ bother her with trivial matters(ささいなことで彼女に迷惑をかける) □ bother to visit him(わざわざ彼を訪ねる)	▶	□ I'm sorry to bother you, but could you give me a hand?(ご面倒ですが、手伝っていただけますか?)
□ misplace one's keys(鍵を置き間違える[置き忘れる])	▶	□ I have misplaced my cellphone somewhere in my house.(私は家のどこかに携帯電話を置き忘れてしまった)
□ mow weeds(雑草を刈る)	▶	□ The man is mowing the lawn.(男性は芝生を刈っている)
□ oversee the construction site(建築現場を監督する)	▶	□ As a sales manager, he oversees more than 100 employees.(営業部長として、彼は100人を超える従業員を監督している)
□ publicize the results of ~(~の結果を公表する) □ highly [widely, well] publicized(広く知られた)	▶	□ Private information should not be publicized without permission.(個人情報は許可なく公表されてはならない)

Day 19 》MP3-037
Quick Review
答えは左ページ下

□ transact	□ commemorate	□ liquidate	□ weave
□ unveil	□ dilute	□ circulate	□ equalize
□ appraise	□ foresee	□ commend	□ vend
□ arouse	□ innovate	□ necessitate	□ surpass

Day 21 動詞6

Check 1 Chants 》MP3-041

□ 0321
withstand
/wiðstǽnd/
Part 5, 6

動 **〜によく耐える**、持ちこたえる、抵抗する(≒bear)

□ 0322
accelerate
/æksélərèit/
Part 5, 6

動❶**〜を加速**[促進]**する**(≒hasten, facilitate, expedite) ❷加速する(⇔decelerate)
名acceleration：加速、促進
名accelerator：アクセル、加速装置

□ 0323
distract
/distrǽkt/
Part 5, 6

動(人)**の気を**(…から)**散らす**、(注意など)を(…から)散らす、そらす(from . . .)(⇔attract)
名distraction：❶気を散らす[散らされる]こと ❷気晴らし、娯楽
形distracting：気が散る、集中できない

□ 0324
shred
/ʃréd/
Part 7

動 **〜を細かく切る**[刻む]、シュレッダーにかける
名❶切れ端、断片 ❷(a shred of 〜で)わずかな〜

□ 0325
solicit
/səlísit/
Part 7

動❶(援助・金銭など)**を**(…に)**求める**、懇願する(from . . .)(≒ask for) ❷〜を訪問販売する
形unsolicited：❶(電子メール・電話などが)勝手に送られて[かかって]くる ❷(アドバイスなどが)求められていない、押しつけがましい

□ 0326
cater
/kéitər/
Part 7

動❶(宴会などの)**仕出しをする**、料理を賄う(for 〜) ❷(cater to [for]で)〜に必要な物を提供する、〜の要求を満たす
名catering：仕出し
名caterer：(宴会などの)仕出し屋、配膳業者

□ 0327
detach
/ditǽtʃ/
Part 7

動 **〜を**(…から)**引き**[切り]**離す**、取り外す(from . . .)(⇔attach)
名detachment：❶(〜からの)分離(from 〜) ❷超然、無関心
形detached：❶分離した ❷(人が)超然とした

□ 0328
revitalize
/rìváitəlaiz/
Part 7

動 **〜に再び活気を与える**
動vitalize：〜に活気[活力]を与える

continued ▼

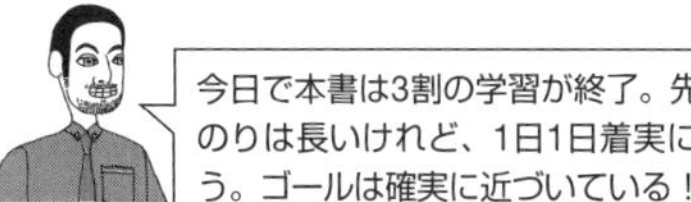

今日で本書は3割の学習が終了。先を見ると道のりは長いけれど、1日1日着実に進めていこう。ゴールは確実に近づいている！

□ 聞くだけモード　Check 1
□ しっかりモード　Check 1 ▸ 2
□ かんぺきモード　Check 1 ▸ 2 ▸ 3

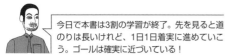

Check 2 Phrase	Check 3 Sentence))) MP3-042
□ withstand storms（暴風に耐える） □ withstand the test of time（時の試練に耐える、長く記憶にとどまる）	□ The bridge is designed to withstand an earthquake of magnitude 8.（その橋はマグニチュード8の地震に耐えるように設計されている）
□ accelerate economic growth（経済成長を加速させる） □ accelerate from 0 to 60 mph in less than four seconds（時速0マイルから60マイルまで4秒未満で加速する）	□ The automaker is accelerating its restructuring plans.（その自動車メーカーはリストラ計画を加速させている）
□ Don't distract me.（私の気を散らさないでください） □ distract attention from ～（～から注意をそらす）	□ Don't distract him while he's studying.（勉強中は彼の気を散らさないでください）
□ shredded carrot（ニンジンのみじん切り） □ shred the document（その書類をシュレッダーにかける）	□ Shred the cheese and sprinkle it over the potatoes.（チーズを細かく刻んで、ジャガイモの上に振りかける）➕レシピの表現
□ solicit donations（寄付を求める） □ solicit customers（顧客を訪問販売する）	□ It is illegal for legislators to solicit gifts from lobbyists.（国会議員がロビイストに贈与を求めることは違法だ）
□ cater for up to 100 people（最大100人までの仕出しをする） □ cater to young people（若者の要求を満たす）	□ We mainly cater for weddings and private events.（当社は主に結婚式や個人的なイベントの仕出しをしている）
□ detach the cable from the phone（ケーブルを電話から取り外す）	□ Detach the lower portion of this form and return it to the above address.（この申込用紙の下の部分を切り離して、上記の住所へ返送してください）
□ revitalize the economy（経済を再活性化する）	□ The project will revitalize the local business district.（そのプロジェクトは地元の商業地域を再活性化するだろう）

continued ▼

Check 1　Chants 》MP3-041

☐ 0329
showcase
/ʃóukèis/
Part 5, 6
▸
動 **～を展示**[陳列、披露、紹介]**する**(≒exhibit, display)
名❶披露の場　❷陳列用ガラスケース
▸

☐ 0330
sip
/síp/
Part 1
▸
動❶**～をちびちび飲む**　❷(～を)ちびちび飲む(on [at] ～)
名(飲み物の)一口(の量)
▸

☐ 0331
stroll
/stróul/
Part 1
▸
動 **散歩**[散策]**する**、ぶらつく
名 散歩
名stroller：❶散歩する人　❷ベビーカー
▸

☐ 0332
invigorate
/invígərèit/
Part 5, 6
▸
動 **～を活性化させる**(≒revitalize, energize)
名vigor：活力
▸

☐ 0333
outweigh
/àutwéi/
Part 5, 6
▸
動(重要性などで)**～より大きい**、～を上回る、～に勝る
▸

☐ 0334
redeem
/ridí:m/
Part 7
▸
動❶(名誉など)**を**(苦労して)**回復**[挽回]**する**、取り[買い]戻す　❷(引換券など)を現金[商品]に換える
名redemption：❶買い[取り]戻し　❷償い、あがない
▸

☐ 0335
evacuate
/ivǽkjuèit/
Part 4
▸
動❶**～を**(…から)**避難させる**(from . . .)　❷避難する
名evacuation：避難
▸

☐ 0336
diversify
/divə́:rsəfài/　イ/daivə́:rsəfài/
❶発音注意
Part 5, 6
▸
動❶(～に)**事業**[投資]**を広げる**(into ～)　❷(投資)を多角的にする　❸～を多様化する
名diversity：多様性、相違
形diverse：多様な、さまざまの
▸

Day 20 》MP3-039
Quick Review
答えは右ページ下

☐ ～を差し引く
☐ ～を緩和する
☐ 共同で行う
☐ ～を取り壊す
☐ 変動する
☐ 満期になる
☐ ～を校正する
☐ ～をごしごし磨く
☐ ～を合理化する
☐ ～を招集する
☐ ～を無視する
☐ ～に迷惑をかける
☐ ～を置き間違える
☐ ～を刈る
☐ ～を監督する
☐ ～を公表する

Check 2 Phrase

Check 3 Sentence MP3-042

Check 2 Phrase	Check 3 Sentence
□ showcase a new product(新製品を展示する)	□ This exhibition showcases textiles of high quality.(この展覧会は高品質の織物を展示している)
□ sip (on [at]) wine(ワインをちびちび飲む)	□ The woman is sipping a beverage.(女性は飲み物に口をつけている)
□ stroll in a park(公園内を散歩する)	□ People are strolling along the beach.(人々は海岸沿いを散歩している)
□ invigorate an organization(組織を活性化させる)	□ The city has been looking for ways to invigorate the local economy.(その市は地元経済を活性化させる方策を探している)
□ far outweigh the risks([利益などが]リスクをはるかに上回る)	□ I believe the advantages outweigh the disadvantages.(利点のほうが欠点より大きいと私は信じている)
□ redeem oneself(名誉を挽回する) □ redeem a voucher(商品引換券を商品に換える)	□ He redeemed his watch from the pawnshop.(彼はその質屋から彼の時計を買い戻した)
□ evacuate refugees from the fighting zone(難民たちを戦闘地帯から避難させる)	□ About 1,000 people were evacuated from their homes due to the threat of flooding.(洪水の恐れがあるため、約1000人が自宅から避難させられた)
□ diversify into the real estate business(不動産業に事業を広げる) □ diversify investments(投資を多角的にする)	□ The company is planning to diversify into the entertainment business.(その会社は娯楽産業に事業を広げることを計画している)

Day 20 MP3-039
Quick Review
答えは左ページ下

□ deduct	□ fluctuate	□ streamline	□ misplace
□ alleviate	□ mature	□ convene	□ mow
□ collaborate	□ proofread	□ disregard	□ oversee
□ demolish	□ scrub	□ bother	□ publicize

Day 22 動詞7

Check 1 Chants 》MP3-043

□ 0337 **certify** /sə́ːrtəfài/ Part 7	動❶**～を証明**[保証]**する** ❷～に免許状[証明書]を与える 名certificate：❶証明書 ❷(課程の)修了証、免許状 動certificate：～に証明書[免許状]を与える 形certified：❶公認の、有資格の ❷保証された
□ 0338 **conserve** /kənsə́ːrv/ Part 5, 6	動❶**～を保護**[保存]**する**(≒preserve) ❷(エネルギーなど)を節約して使う 名conservation：(自然環境などの)保護、保存
□ 0339 **downsize** /dáunsàiz/ Part 7	動(人員など)**を削減**[縮小]**する**(≒reduce, decrease, lower, curtail) 名downsizing：人員削減、リストラ
□ 0340 **constitute** /kánstətjùːt/ ❶アクセント注意 Part 5, 6	動**～を構成する**、～の一部を成す(≒make up, comprise) 名constitution：❶憲法 ❷体質 ❸構造、構成、組織 形constitutional：❶憲法(上)の、合憲の ❷体質の ❸構成上の
□ 0341 **enforce** /infɔ́ːrs/ Part 5, 6	動❶(法律など)**を守らせる**、施行[実施]する ❷(行為など)を(…に)強要する(on . . .) 名enforcement：(法律などの)施行、実施
□ 0342 **vary** /vɛ́əri/ Part 5, 6	動❶(～の点で)**異なる**、さまざまである(in ～) ❷変わる ❸～を変える(≒change) 名variation：変化、変動 形various：さまざまな、いろいろな 形variable：❶変わりやすい ❷変えられる
□ 0343 **cease** /síːs/ ❶発音注意 Part 5, 6	動❶**～を中止する**、やめる(≒stop) ❷(cease to do [doing]で)～しなくなる、～することをやめる ❸終わる 名終止 ➕通例、without cease(絶え間なく)の形で使われる
□ 0344 **dine** /dáin/ Part 5, 6	動(～と)**食事をする**(with ～) 名dinner：ディナー、食事 名diner：❶食事客 ❷簡易食堂、小食堂

continued ▼

今日でChapter 2は最後！ 時間に余裕があったら、章末のReviewにも挑戦しておこう。忘れてしまった単語も結構あるのでは?!

□ 聞くだけモード Check 1
□ しっかりモード Check 1 ▸ 2
□ かんぺきモード Check 1 ▸ 2 ▸ 3

Check 2 Phrase		Check 3 Sentence 》MP3-044
□ certify the quality of products(製品の品質を保証する) □ be certified as a teacher(教員免許を与えられる)	▸	□ New vehicles must be certified to meet low-emission standards.(新車は低排気ガス基準を満たしていることを証明されていなければならない)
□ conserve the habitat of rare animals(希少動物の生息地を保護する) □ conserve electricity [water](電気[水]を節約して使う)	▸	□ We must conserve the environment.(私たちは自然環境を保護しなければならない)
□ downsize the work force(人員を削減する)	▸	□ The company downsized its operations in Europe and the US.(その会社はヨーロッパとアメリカでの事業を縮小した)
□ constitute 30 percent of the population([人種などが]人口の30パーセントを構成している)	▸	□ Muslims constitute about 10 percent of the country's population.(イスラム教徒はその国の人口の約10パーセントを構成している)
□ enforce speed limits(制限速度を守らせる) □ enforce obedience(服従を強いる)	▸	□ Management has a responsibility to all employees to enforce safety rules.(経営陣は全従業員に対して安全規則を守らせる責任がある)
□ vary in size(大きさが異なる) □ vary according to ~(~に従って変わる)	▸	□ DVD players vary in price from $50 to over $1,000.(DVDプレーヤーの価格は50ドルから1000ドルを超えるものまでさまざまである)
□ cease production(生産を中止する) □ cease to exist(なくなる、廃止される)	▸	□ The company decided to cease the publication of its product catalog.(その会社は製品カタログの発行を中止することを決めた)
□ dine with her at the restaurant(そのレストランで彼女と食事をする) □ dine out(外食する)	▸	□ She hates dining alone.(彼女は1人で食事をするのが嫌いだ)

continued ▼

Check 1　Chants 》MP3-043

□ 0345 **presume** /prizjú:m/ Part 5, 6	動❶(恐らく)**～だと考える**、思う(≒suppose, assume)　❷(be presumed to doで)～すると考えられている　➕resume(～を再開する)と混同しないように注意 名presumption：推定、推測、仮定 副presumably：恐らく、多分
□ 0346 **broaden** /brɔ́:dn/ Part 5, 6	動❶(視野・範囲など)**を広げる**[深める]　❷広がる 形broad：❶(範囲などが)広い、広範囲な　❷幅の広い 名breadth：❶幅、横幅　❷(知識などの)広さ
□ 0347 **maximize** /mǽksəmàiz/ Part 5, 6	動**～を最大にする**(⇔minimize) 名maximum：最大限、最高 形maximum：最大限の、最高の 形maximal：最大限の、最高の
□ 0348 **regulate** /régjulèit/ Part 7	動❶**～を規制**[統制、管理]**する**(≒control)　❷～を調節[調整]する(≒adjust) 名regulation：❶(～に関しての)規則、条例(on [about] ～)　❷規制 動deregulate：～の規制を緩和[撤廃]する
□ 0349 **restrain** /ristréin/ Part 5, 6	動❶**～を抑制する**、抑える(≒curb, limit)　❷(restrain oneself from doingで)～するのを我慢[自制]する 名restraint：❶自制、慎み　❷(～への)抑制(力)(on ～) 形restrained：❶控えめな、節度のある　❷抑制された、抑えた
□ 0350 **safeguard** /séifgà:rd/ Part 5, 6	動**～を**(…から)**保護する**、守る(against [from] . . .)(≒protect) 名(～に対する)予防手段[措置](against ～)(≒precaution)
□ 0351 **soar** /sɔ́:r/ Part 4	動❶(物価・温度などが)**急上昇する**、急騰する　❷(空高く)舞い上がる
□ 0352 **speculate** /spékjulèit/ Part 5, 6	動❶**～だと推測する**　❷(speculate on [about]で)～について推測する　❸(speculate inで)(株など)に投機する、～を思惑買い[売り]する 名speculation：❶推測、推量　❷投機、思惑買い 名speculator：投機[投資]家

Day 21 》MP3-041 Quick Review
答えは右ページ下

□ ～によく耐える	□ ～を求める	□ ～を展示する	□ ～より大きい
□ ～を加速する	□ 仕出しをする	□ ～をちびちび飲む	□ ～を回復する
□ ～の気を散らす	□ ～を引き離す	□ 散歩する	□ ～を避難させる
□ ～を細かく切る	□ ～に再び活気を与える	□ ～を活性化させる	□ 事業を広げる

Check 2 Phrase

□ presume that he is innocent(彼は無実だと考える)

□ be presumed to have fled(逃亡したと考えられている)

□ broaden one's experience [horizons](経験[視野]を広げる)

□ broaden one's understanding(理解を深める)

□ maximize profits(利益を最大にする)

□ regulate working conditions(労働条件を規制する)

□ regulate the temperature(温度を調節する)

□ restrain inflation(インフレを抑制する)

□ restrain oneself from buying new clothes(新しい服を買うのを我慢する)

□ safeguard the interests of ~(~の利益を守る)

□ safeguard endangered species against extinction(絶滅危惧種を絶滅から守る)

□ soar to 40 degrees Celsius([気温が]セ氏40度に急上昇する)

□ a plane soaring in the sky(空高く舞い上がる飛行機)

□ speculate that the company will go bankrupt(その会社は破産するだろうと推測する)

□ speculate on the meaning of ~(~の意味を推測する)

Check 3 Sentence 》MP3-044

□ I presume she is coming to the party.(彼女はパーティーに来ると思う)

□ My trip to Europe broadened my cultural horizons.(ヨーロッパ旅行は私の文化的な視野を広げた)

□ Our key objective is to maximize productivity.(私たちの重要な目標は生産性を最大にすることだ)

□ Emissions of carbon dioxide should be regulated.(二酸化炭素の排出は規制されるべきだ)

□ Higher oil prices will restrain economic growth.(原油価格が高くなると経済成長は抑制されるだろう)

□ All necessary steps must be taken to safeguard the interests of domestic industry.(国内産業の利益を守るために、すべての必要な策が講じられなければならない)

□ Stock prices soared nearly 8 percent today.(株価は今日、8パーセント近く急騰した)

□ Some scientists speculate that global warming may lead to droughts, forest fires, and famines.(地球温暖化は干ばつ、森林火災、そして飢饉につながるだろうと推測する科学者もいる)

Day 21 》MP3-041
Quick Review
答えは左ページ下

□ withstand	□ solicit	□ showcase	□ outweigh
□ accelerate	□ cater	□ sip	□ redeem
□ distract	□ detach	□ stroll	□ evacuate
□ shred	□ revitalize	□ invigorate	□ diversify

Chapter 2 Review

左ページの(1)～(20)の動詞の同意・類義語［熟語］（≒）を右ページのA～Tから選び、カッコの中に答えを書き込もう。意味が分からないときは、見出し番号を参照して復習しておこう（答えは右ページ下）。

- □ (1) curb (0249) ≒は? (　　)
- □ (2) emphasize (0256) ≒は? (　　)
- □ (3) supervise (0258) ≒は? (　　)
- □ (4) deteriorate (0260) ≒は? (　　)
- □ (5) summarize (0261) ≒は? (　　)
- □ (6) reinforce (0285) ≒は? (　　)
- □ (7) relieve (0286) ≒は? (　　)
- □ (8) expedite (0288) ≒は? (　　)
- □ (9) unveil (0290) ≒は? (　　)
- □ (10) appraise (0291) ≒は? (　　)
- □ (11) commemorate (0293) ≒は? (　　)
- □ (12) commend (0299) ≒は? (　　)
- □ (13) deduct (0305) ≒は? (　　)
- □ (14) convene (0314) ≒は? (　　)
- □ (15) disregard (0315) ≒は? (　　)
- □ (16) solicit (0325) ≒は? (　　)
- □ (17) showcase (0329) ≒は? (　　)
- □ (18) invigorate (0332) ≒は? (　　)
- □ (19) conserve (0338) ≒は? (　　)
- □ (20) constitute (0340) ≒は? (　　)

A. assess
B. reveal
C. stress
D. preserve
E. alleviate
F. ask for
G. worsen
H. ignore
I. sum up
J. revitalize
K. accelerate
L. restrain
M. summon
N. exhibit
O. subtract
P. oversee
Q. celebrate
R. make up
S. strengthen
T. praise

【解答】(1) L (2) C (3) P (4) G (5) I (6) S (7) E (8) K (9) B (10) A
(11) Q (12) T (13) O (14) M (15) H (16) F (17) N (18) J (19) D (20) R

CHAPTER 3
形容詞：超必修112

Chapter 3では、TOEIC「超必修」の形容詞112を押さえていきます。このChapterが終われば、本書も4割が終了。そして、「超必修」の名詞・動詞・形容詞464が身についたことになります。

TOEIC的格言

It is better to have too much than too little.

大は小を兼ねる。
[直訳] 少な過ぎるより多過ぎるほうがいい。

Day 23 形容詞1

Check 1 Chants 》MP3-045

□ 0353 **complimentary** /kàmpləméntəri/ Part 4	形❶**無料の**(≒free) ❷好意的な、称賛[敬意]を表す ➕complementary(補足的な)と混同しないように注意 名compliment:(～についての)褒め言葉、賛辞、お世辞(on ～) 動compliment:～に賛辞を述べる、～の(…を)褒める(on . . .)
□ 0354 **consecutive** /kənsékjutiv/ Part 5, 6	形**連続した**(≒straight, successive) 副consecutively:連続して
□ 0355 **intensive** /inténsiv/ Part 5, 6	形❶**集中的な**、徹底的な ❷(農業が)集約的な 名intensity:激しさ、強烈さ 動intensify:❶強まる ❷～を強める 形intense:激しい、強烈[猛烈]な 副intensively:集中的に
□ 0356 **adjacent** /ədʒéisnt/ Part 5, 6	形(～に)**隣接した**(to ～)(≒next)、近隣の(≒nearby, neighboring)
□ 0357 **confidential** /kànfədénʃəl/ Part 5, 6	形**秘密**[内密]**の** 名confidence:❶信頼、信用 ❷自信 ❸秘密 名confidentiality:機密[秘密]性[保持] 副confidentially:内密に
□ 0358 **prestigious** /prestídʒəs/ Part 7	形**名声のある**、一流の 名prestige:(地位・業績などによる)名声、威信
□ 0359 **comprehensive** /kàmprihénsiv/ Part 5, 6	形**包括的な**(≒inclusive)、広範囲な ➕comprehensible(分かりやすい)と混同しないように注意
□ 0360 **prospective** /prəspéktiv/ Part 5, 6	形❶**見込みのある**、期待される ❷予想される、将来の 名prospect:(通例～s)(成功などの)見込み、可能性(of [for] ～)

continued ▼

Chapter 3では、7日をかけて「超必修」の形容詞112をチェック。まずはチャンツを聞いて、単語を「耳」からインプット！

□ 聞くだけモード　Check 1
□ しっかりモード　Check 1 ▸ 2
□ かんぺきモード　Check 1 ▸ 2 ▸ 3

Check 2 Phrase	Check 3 Sentence 》MP3-046
□ a complimentary ticket（無料招待券） □ a complimentary remark（褒め言葉、賛辞）	□ Following the meeting, a complimentary dinner will be served at 6 p.m.（会議の後に、無料の夕食が午後6時に出される）
□ for three consecutive days（3日間連続して） □ win [lose] five consecutive games（5連勝［連敗］する）	□ It has been raining for five consecutive days.（5日間連続して雨が降っている）
□ intensive care（集中治療） □ intensive agriculture [farming]（集約農業）	□ I took a three-week intensive course in English.（私は3週間の英語集中コースを受講した）
□ a library adjacent to a school（学校に隣接した図書館） □ adjacent countries（近隣諸国）	□ A parking lot is adjacent to the hotel.（駐車場はそのホテルの隣にある）
□ strictly confidential（極秘の） □ keep ～ confidential（～を秘密にしておく）	□ Confidential documents were stolen from headquarters.（機密文書が本社ビルから盗まれた）
□ a prestigious hotel（一流ホテル） □ a prestigious award（名誉ある賞）	□ Oxford University is one of the most prestigious universities in the world.（オックスフォード大学は世界で最も名声のある大学の1つだ）
□ a comprehensive report（包括的な報告書） □ comprehensive insurance（総合保険）	□ The two countries have entered into comprehensive peace talks.（両国は包括的な和平会談を開始した）
□ a prospective customer（見込み客） □ prospective costs（予想される経費）	□ The high school held an open house for prospective students and their families.（その高校は入学希望者とその家族のために一般公開を開催した）

continued
▼

Check 1　Chants 》MP3-045

□ 0361
spacious
/spéiʃəs/
Part 7

形(家・部屋などが)**広々とした**、広い
名space：❶空間　❷場所　❸間隔　❹宇宙
動space：❶～を間隔を置いて配置する　❷(文字・行など)の間を空ける

□ 0362
tentative
/téntətiv/
❶発音注意
Part 5, 6

形**仮の**、暫定的な
副tentatively：仮に、暫定的に

□ 0363
qualified
/kwάləfàid/
Part 7

形(～の／…する)**資格**[免許]**のある**(for ～/to do)
名qualification：❶(～する)資格(to do)　❷(～の)適性、資質(for ～)
動qualify：(qualify as [for]で)～の資格を取る

□ 0364
alternate
/ɔ́:ltərnət/　イ/ɔ:ltə́rnət/
❶アクセント注意
Part 1

形❶**交互の**　❷1つおきの　❸代わりの(≒alternative)
名代理人(≒substitute)
動(/ɔ́ltərnèit/)❶(～の間を)行きつ戻りつする(between ～)　❷(alternate A with Bで)AをBと交互にする

□ 0365
defective
/diféktiv/
Part 5, 6

形**欠陥**[欠点]**のある**(≒faulty)
名defect：(～の)欠陥、欠点(in ～)

□ 0366
durable
/djúərəbl/
Part 5, 6

形**耐久性**[力]**のある**、永続性のある(≒lasting)
名durability：耐久性[力]、永続性

□ 0367
upcoming
/ʌ́pkʌ̀miŋ/
Part 2, 3

形**今度の**、間近に迫った、近づく

□ 0368
round-trip
/ráundtríp/
Part 4

形(切符が)**往復の**(⇔one-way：片道の)

Day 22 》MP3-043
Quick Review
答えは右ページ下

□ ～を証明する
□ ～を保護する
□ ～を削減する
□ ～を構成する
□ ～を守らせる
□ 異なる
□ ～を中止する
□ 食事をする
□ ～だと考える
□ ～を広げる
□ ～を最大にする
□ ～を規制する
□ ～を抑制する
□ ～を保護する
□ 急上昇する
□ ～だと推測する

Check 2 Phrase

Check 3 Sentence 》MP3-046

Check 2 Phrase	Check 3 Sentence
□ a spacious living room(広々とした居間)	□ This 3-bedroom, 2-bathroom condominium is spacious and bright with mountain views.(寝室3部屋、バスルーム2つのこの分譲マンションは広々としていて、山が見渡せて明るい)
□ reach a tentative agreement with ~(~と仮合意に達する) □ a tentative plan(試案)	□ Both countries have agreed to a tentative cease-fire.(両国は暫定休戦に合意した)
□ a qualified architect(資格を持った建築士) □ be qualified to teach mathematics(数学を教える資格を持っている)	□ A sufficient number of qualified applicants have applied for the position.(資格を持った十分な数の志願者がその職に応募してきた)
□ alternate stripes of red and white(赤と白の交互のしま模様) □ work (on) alternate days(1日おきに働く)	□ The men and women are sitting in alternate seats.(男性と女性は交互に席に座っている)
□ a defective car(欠陥車)	□ Defective merchandise will be replaced free of charge within 30 days of purchase.(購入後30日以内であれば、欠陥商品は無料で取り換えられる)
□ durable goods(耐久消費財) □ a durable peace(永続的平和)	□ Toys must be made of durable materials.(玩具は耐久性のある材料で作られていなければならない)
□ preparations for the upcoming exams(間近に迫った試験への準備)	□ The politician has decided not to run in the upcoming general election.(その政治家は次の総選挙に立候補しないことを決めた)
□ a round-trip ticket(往復切符)	□ A round-trip air ticket between Paris and London costs about $500.(パリ・ロンドン間の往復航空券の値段は約500ドルだ)

Day 22 》MP3-043
Quick Review
答えは左ページ下

□ certify	□ enforce	□ presume	□ restrain
□ conserve	□ vary	□ broaden	□ safeguard
□ downsize	□ cease	□ maximize	□ soar
□ constitute	□ dine	□ regulate	□ speculate

Day 24 形容詞2

Check 1 Chants 》MP3-047

□ 0369 **congested** /kəndʒéstid/ Part 1	形❶**混雑した**、密集した ❷鼻が詰まった 名congestion：❶(交通などの)混雑 ❷うっ血
□ 0370 **municipal** /mju:nísəpəl/ ❗アクセント注意 Part 7	形**市**[町]**の**、市営[町営]の、地方自治の 名municipality：地方自治体
□ 0371 **mandatory** /mǽndətɔ̀:ri/ Part 5, 6	形**義務**[強制]**的な**(≒compulsory, obligatory)(⇔voluntary：自発的な) 名mandate：❶権限 ❷(公式の)命令、指令 動mandate：❶～に(…するように)命令する(to do) ❷～に(…する)権限を与える(to do)
□ 0372 **mutual** /mjú:tʃuəl/ Part 5, 6	形❶**相互の**、互いの ❷共通の(≒common) 副mutually：互いに、相互に
□ 0373 **unprecedented** /ʌnprésədəntid/ Part 7	形**前例**[先例]**のない**、空前の 名precedent：(～に対する)前例、先例(for ～) 動precede：～に先立つ、～より先に起こる 形preceding：(通例the ～)前の、先の
□ 0374 **concise** /kənsáis/ ❗アクセント注意 Part 5, 6	形(説明などが)**簡潔な**(≒brief, succinct) 副concisely：簡潔に
□ 0375 **distinct** /distíŋkt/ Part 5, 6	形❶**はっきりした**、明瞭な(≒clear) ❷(～と)(まるで)異なった、別個の(from ～)(≒different) 動distinguish：(distinguish A from Bで)AをBと区別する 名distinction：(～の間の)区別、差別(between ～) 形distinctive：独特な、特有な、特徴的な
□ 0376 **memorable** /mémərəbl/ Part 4	形(～で)**記憶**[注目]**すべき**、忘れられない(for ～) 名memory：記憶 動memorize：～を暗記[記憶]する

continued ▼

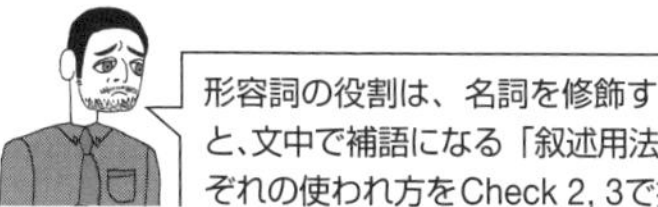

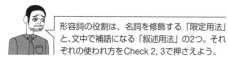

形容詞の役割は、名詞を修飾する「限定用法」と、文中で補語になる「叙述用法」の2つ。それぞれの使われ方をCheck 2, 3で押さえよう。

□ 聞くだけモード Check 1
□ しっかりモード Check 1 ▸ 2
□ かんぺきモード Check 1 ▸ 2 ▸ 3

Check 2 Phrase		Check 3 Sentence 》MP3-048
□ a congested area（[人口などの]密集地域） □ a congested nose（鼻詰まり）	▸	□ The street is congested with pedestrians.（通りは歩行者で混雑している）
□ municipal authorities（市当局） □ a municipal zoo（市営動物園）	▸	□ The municipal election will be held on July 17.（市議会選挙が7月17日に行われる）
□ mandatory education（義務教育）	▸	□ Wearing seat belts in the front and back seats is mandatory in Japan.（日本では前部と後部座席のシートベルト着用は義務だ）
□ by mutual consent [agreement]（双方合意の上で） □ a mutual friend（共通の友人）	▸	□ Married life should be based on mutual understanding and respect.（結婚生活は相互理解と尊重に基づいていなければならない）
□ on an unprecedented scale（前例のない規模で） □ an unprecedented victory（空前の勝利）	▸	□ The country is experiencing unprecedented economic growth.（その国は前例のない経済成長を経験している）
□ a concise explanation（簡潔な説明）	▸	□ This manual is clear and concise.（この説明書は明快で簡潔だ）
□ have a distinct memory of ～（～をはっきり覚えている） □ be distinct from each other（互いに異なっている）	▸	□ There is a distinct difference between males and females in terms of muscular strength.（筋力の点では男女の間にははっきりとした違いがある）
□ a memorable event（記憶すべき出来事）	▸	□ In 1963, Martin Luther King, Jr. delivered a memorable speech known as "I have a dream."（1963年にマーチン・ルーサー・キングは「I have a dream」として知られている忘れられない演説をした）

continued ▼

Check 1 Chants 》MP3-047

□ 0377
multiple
/mʌ́ltəpl/
Part 5, 6
▸
形 **多数の**、多種多様な(≒many, various)
名(～の)倍数(of ～)
名multiplication：❶増加 ❷掛け算
動multiply：❶～を増やす ❷増える ❸(multiply A by Bで)AにBを掛ける
▸

□ 0378
notable
/nóutəbl/
Part 2, 3
▸
形(～で)**注目すべき**、有名な(for ～)(≒noteworthy, famous)
副notably：❶特に ❷著しく、明白に
動note：❶～ということに気をつける、気づく ❷～を書き留める
▸

□ 0379
automated
/ɔ́:təmèitid/
Part 4
▸
形 **自動化された**、オートメーション化された
動automate：～を自動化する、オートメーション化する
形automatic：自動(式)の
副automatically：自動的に
▸

□ 0380
given
/gívən/
Part 7
▸
形 **特定[既定]の**、定められた
名既知の事実[状況]
前～を考慮に入れると
接(しばしばgiven thatで)～と仮定すると
▸

□ 0381
nutritious
/nju:tríʃəs/
Part 7
▸
形 **栄養のある**、栄養に富んだ
名nutrition：栄養、栄養補給[摂取]
名nutrient：栄養素、栄養物
▸

□ 0382
ongoing
/ɑ́ngòuiŋ/
Part 7
▸
形 **進行[継続]中の**
動go on：(活動などが)続く
▸

□ 0383
accomplished
/əkɑ́mpliʃt/
Part 4
▸
形❶**熟達[熟練]した**(≒skilled, skillful) ❷(事実が)既成[既定]の
名accomplishment：❶業績、功績、実績 ❷完成、成就、達成
動accomplish：～を成し遂げる、完遂[成就]する
▸

□ 0384
fragile
/frǽdʒəl/ ㋑/frǽdʒail/
❗発音注意
Part 7
▸
形❶**壊れやすい**、もろい(≒delicate, frail) ❷虚弱な
▸

Day 23 》MP3-045
Quick Review
答えは右ページ下

□ 無料の
□ 連続した
□ 集中的な
□ 隣接した
□ 秘密の
□ 名声のある
□ 包括的な
□ 見込みのある
□ 広々とした
□ 仮の
□ 資格のある
□ 交互の
□ 欠陥のある
□ 耐久性のある
□ 今度の
□ 往復の

Check 2 Phrase

Check 3 Sentence MP3-048

Check 2	Check 3
□ make multiple errors（多数の間違いをする）	□ He received multiple job offers.（彼は多くの仕事の申し出を受けた）
□ a notable success（注目すべき成功） □ a notable figure（有名人）	□ She has made notable achievements in this field.（彼女はこの分野で注目すべき業績を上げてきた）
□ an automated system（自動システム） □ an automated teller machine（現金自動預け払い機）➕略語はATM	□ This assembly line is almost entirely automated.（この組み立てラインはほぼ完全に自動化されている）
□ at a given time [place]（定められた時間[場所]に）	□ Weather is the state of the atmosphere at a given time and place.（天気とは特定の時間と場所における大気の状態のことだ）
□ a nutritious diet（栄養のある食事）	□ Fruit and vegetables are highly nutritious.（果物と野菜は非常に栄養がある）
□ an ongoing project（進行中のプロジェクト）	□ The contract negotiations are still ongoing.（契約交渉はまだ継続中だ）
□ an accomplished pianist（熟達したピアニスト） □ an accomplished fact（既成事実）	□ He was an accomplished violinist and composer.（彼は名バイオリニストであり作曲家だった）
□ a fragile vase（壊れやすい花瓶） □ feel fragile（体がだるく感じる）	□ Handle fragile items with care.（壊れやすい物は注意して扱ってください）

Day 23 MP3-045
Quick Review
答えは左ページ下

□ complimentary	□ confidential	□ spacious	□ defective
□ consecutive	□ prestigious	□ tentative	□ durable
□ intensive	□ comprehensive	□ qualified	□ upcoming
□ adjacent	□ prospective	□ alternate	□ round-trip

Day 25 形容詞3

Check 1 Chants 》MP3-049

□ 0385
unanimous
/juːnǽnəməs/
❶発音注意
Part 5, 6

形❶**満場**[全員]**一致の** ❷(～で)意見が一致して(in ～) ✚anonymous(匿名の)と混同しないように注意
副unanimously：満場一致で

□ 0386
courteous
/kə́ːrtiəs/
Part 7

形(～に対して)**礼儀正しい**、親切[丁寧]な(to [with] ～)(≒polite, well-mannered)
副courteously：礼儀正しく、丁寧に
名courtesy：❶好意、優遇 ❷礼儀正しいこと、丁寧

□ 0387
dependable
/dipéndəbl/
Part 5, 6

形**信頼できる**、当てになる(≒reliable)
名dependence：❶(～への)依存(on [upon] ～) ❷(～への)信頼、信用(on [upon] ～)
動depend：(depend onで)❶～に頼る ❷～によって決まる

□ 0388
renowned
/rináund/
Part 7

形(～で／…として)**有名な**、名高い(for ～／as . . .)(≒famous, well-known, distinguished, eminent, prominent)
名renown：有名、高名

□ 0389
challenging
/tʃǽlindʒiŋ/
Part 2, 3

形(難しいが)**やりがいのある**、やる気をそそる、難しい、骨の折れる
名challenge：❶(やりがいのある)難問、課題 ❷挑戦
動challenge：～に挑戦する

□ 0390
managerial
/mæ̀nidʒíəriəl/
Part 5, 6

形**管理**[経営](者)**の**
動manage：❶～を管理[経営]する ❷(manage to doで)どうにか[何とか]～する
名manager：経営[管理、責任]者、(会社の)部長、課長
名management：❶(集合的に)経営陣 ❷管理、経営

□ 0391
predictable
/pridíktəbl/
Part 5, 6

形**予測できる**(⇔unpredictable)
名prediction：(～についての)予測、予報、予言、予想(about [of] ～)
動predict：～を予測[予言、予想]する

□ 0392
supplementary
/sʌ̀pləméntəri/
Part 5, 6

形(～の)**補足**[追加、付録]**の**(to ～)(≒extra, additional)
名supplement：❶補給剤、栄養補助食品 ❷(～の)補足、(書物などの)補遺、付録(to ～)
動supplement：(supplement A with Bで)AをBで補う

continued ▼

「声に出す」練習は続けている？　えっ、周りに人がいてできない?!　そんなときは「口パク」でもOK。「耳＋口」の練習を忘れずに！

□ 聞くだけモード　Check 1
□ しっかりモード　Check 1 ▸ 2
□ かんぺきモード　Check 1 ▸ 2 ▸ 3

Check 2 Phrase		Check 3 Sentence 》MP3-050
□ a unanimous verdict（全員一致の評決） □ be unanimous in supporting him（彼を支持することで意見が一致している）	▸	□ She was elected chairperson by a unanimous vote.（彼女は満場一致の票決で議長に選ばれた）
□ a courteous attitude（礼儀正しい態度）	▸	□ The staff at the hotel was very courteous.（そのホテルのスタッフはとても礼儀正しかった）
□ a dependable man [car]（信頼できる人[車]）	▸	□ I doubt that the information is dependable.（その情報は信頼できないと思う）
□ a renowned scientist（有名な科学者） □ a city renowned for its cultural heritage（文化遺産で有名な都市）	▸	□ Paris is renowned as the fashion capital of the world.（パリは世界のファッションの中心地として有名だ）
□ a challenging job（やりがいのある仕事）	▸	□ The music was complex and difficult, but challenging and fun to play.（その音楽は複雑で難しかったが、演奏するやる気をそそって楽しかった）
□ managerial skills（管理能力） □ a managerial decision（経営判断）	▸	□ My wife is in a managerial position.（私の妻は管理職に就いている）
□ a predictable effect（予測できる結果[影響]） □ It is predictable that ~.（～ということが予測できる）	▸	□ The ending of the novel was pretty predictable.（その小説の結末は簡単に予想がついた）
□ a supplementary explanation（補足説明） □ a supplementary income（副収入）	▸	□ Supplementary information was provided at the meeting.（補足情報がその会議で出された）

continued
▼

Check 1　Chants 》MP3-049

□ 0393
diagnostic
/dàiəgnástik/
Part 2, 3

形 **診断(上)の**
動diagnose：(diagnose A with [as] Bで)AをBと診断する
名diagnosis：診断

□ 0394
impending
/impéndiŋ/
Part 5, 6

形 **差し迫った**、今にも起こりそうな(≒imminent)

□ 0395
occupied
/ákjupàid/
Part 1

形❶**使用中の**(⇔unoccupied)　❷占領された
名occupancy：居住、占有、(ホテルの部屋の)使用
名occupant：(土地・家屋などの)占有者、居住者
動occupy：❶(場所など)を占める、占有する　❷(be occupied withで)〜に従事している、〜で忙しい

□ 0396
endangered
/indéindʒərd/
Part 7

形(動植物が)**絶滅寸前の**、絶滅の危機に瀕した
➕extinctは「絶滅した」
動endanger：〜を危険にさらす

□ 0397
lucrative
/lú:krətiv/
❗発音注意
Part 5, 6

形 **もうかる**、利益の上がる(≒profitable)

□ 0398
inclement
/inklémənt/
❗アクセント注意
Part 4

形(天候が)**荒れ模様の**　➕increment(増加)と混同しないように注意

□ 0399
overdue
/òuvərdjú:/
Part 7

形(支払いなどが)**未払いの**、期限の過ぎた
形due：支払期日の来た、満期の

□ 0400
upright
/ʌ́pràit/
Part 4

形❶**真っすぐな**、垂直の、直立した(≒vertical)(⇔horizontal)　❷正直[高潔]な(≒honest)
副まっすぐに、直立して

Day 24 》MP3-047
Quick Review
答えは右ページ下

□ 混雑した
□ 市の
□ 義務的な
□ 相互の
□ 前例のない
□ 簡潔な
□ はっきりした
□ 記憶すべき
□ 多数の
□ 注目すべき
□ 自動化された
□ 特定の
□ 栄養のある
□ 進行中の
□ 熟達した
□ 壊れやすい

Check 2 Phrase

Check 3 Sentence 》MP3-050

Check 2 Phrase	Check 3 Sentence
□ a diagnostic tool（診断ツール）	□ The patient underwent several diagnostic tests.（その患者はいくかの診断検査を受けた）
□ impending doom（差し迫った破滅） □ one's impending retirement（間近に迫った退職［引退］）	□ He has announced his impending retirement from politics.（彼は近々政界から引退することを発表した）
□ "occupied"（「使用中」）➕浴室・トイレの掲示 □ an occupied land（占領地）	□ All the seats are occupied.（席はすべてふさがっている）
□ endangered species（絶滅危惧種）	□ The giant panda is an endangered animal.（ジャイアント・パンダは絶滅の危機に瀕している動物だ）
□ a lucrative business（もうかる商売）	□ This partnership will be very lucrative for both companies.（この提携は両社にとって非常に利益が高いだろう）
□ inclement weather（悪天候）	□ The flight was canceled due to inclement weather.（悪天候のため、その便は欠航になった）
□ overdue mortgage payments（住宅ローンの未払い分）	□ The fine for an overdue library book is 10 cents per book, per day.（返却期限が過ぎた図書館の本に対する罰金は1冊につき1日10セントだ）
□ stand in an upright position（真っすぐな姿勢で立つ） □ an upright citizen（高潔な市民）	□ Please return your seat to an upright position and fasten your seat belt.（座席を真っすぐに戻し、シートベルトを着用してください）➕機内アナウンス

Day 24 》MP3-047
Quick Review
答えは左ページ下

□ congested	□ unprecedented	□ multiple	□ nutritious
□ municipal	□ concise	□ notable	□ ongoing
□ mandatory	□ distinct	□ automated	□ accomplished
□ mutual	□ memorable	□ given	□ fragile

Day 26 形容詞4

Check 1 Chants 》MP3-051

□ 0401
authentic
/ɔːθéntik/
Part 7
▸
形 **本物の**、本当の(≒real, genuine)(⇔fake：偽の)
名authenticity：本物であること
動authenticate：～が本物であることを証明する
▸

□ 0402
subsequent
/sʌ́bsikwənt/
Part 5, 6
▸
形(～の)**後[次]の**、後に起こる(to ～)(≒following)(⇔preceding)
副subsequently：その後、後になって
▸

□ 0403
scenic
/síːnik/
Part 4
▸
形❶**景色のよい**、眺めのよい ❷景色の、風景の
名scenery：(集合的に)(通例美しい)景色、風景
▸

□ 0404
certified
/sə́ːrtəfàid/
Part 7
▸
形❶**公認の**、有資格の ❷保証された
動certify：❶～を証明[保証]する ❷～に免許状[証明書]を与える
名certificate：❶証明書 ❷(課程の)修了証、免許状
動certificate：～に証明書[免許状]を与える
▸

□ 0405
nationwide
/néiʃənwáid/
Part 7
▸
形 **全国的な**、全国的規模の ➕「世界的な」はworldwide
副 全国的に、全国的規模で
▸

□ 0406
profound
/prəfáund/
Part 5, 6
▸
形❶(影響などが)**重大[重要]な**、意味深い ❷(悲しみなどが)深い(≒deep)
副profoundly：深く、大いに
▸

□ 0407
restricted
/ristríktid/
Part 5, 6
▸
形(～に)**制限された**、限られた(to ～)(≒limited)
動restrict：～を(…に)制限[限定]する(to . . .)
名restriction：(～に対する)制限、限定(on ～)
形restrictive：制限[限定]的な
▸

□ 0408
resourceful
/risɔ́ːrsfəl/ イ/rizɔ́ːrsfəl/
❗発音注意
Part 5, 6
▸
形 **臨機の才のある**、機知[工夫]に富んだ
名resource：(通例～s)資源、資産
▸

continued ▾

「分散学習」も効果的。朝起きたらCheck 1、昼食後にCheck 2、寝る前にCheck 3といった具合に、学習時間を作る工夫をしてみよう。

□ 聞くだけモード Check 1
□ しっかりモード Check 1 ▸ 2
□ かんぺきモード Check 1 ▸ 2 ▸ 3

Check 2 Phrase	Check 3 Sentence 》MP3-052
□ an authentic signature（本物のサイン） □ authentic Italian food（本格的なイタリア料理）	□ The store offers authentic antiques from 100 to 400 years old.（その店は100年から400年前の本物の骨董品を売っている）
□ a subsequent chapter（次の章） □ subsequent to ～（～の後［次］に）	□ Subsequent to Mr. Brown's resignation, Mr. Harrison was appointed to the position of CEO.（ブラウン氏の辞職の後に、ハリソン氏がCEOの職に任命された）
□ a scenic route（景色のよい路線） □ scenic beauty（景色の美しさ）	□ The hotel offers scenic views of the Rocky Mountains.（そのホテルからはロッキー山脈の素晴らしい眺めが望める）
□ a certified teacher（有資格の教師） □ a certified check（支払保証小切手）	□ My father is a certified financial planner.（私の父は公認ファイナンシャル・プランナーだ）
□ a nationwide network（全国放送、全国放送網） □ get nationwide attention（全国的な注目を集める）	□ The company runs a nationwide supermarket chain.（その会社は全国的なスーパーマーケットチェーンを経営している）
□ have a profound effect [influence, impact] on ～（～に重大な影響を与える） □ profound sadness（深い悲しみ）	□ The experience of war had a profound effect on him.（戦争の経験は彼に重大な影響を与えた）
□ a restricted space（限られたスペース） □ be restricted to authorized employees only（［情報などが］権限を与えられた従業員だけに制限されている）	□ Admission is restricted to those aged 18 and over.（入場は18歳以上に制限されている）
□ a resourceful employee（臨機の才のある従業員）	□ He is a shrewd and resourceful manager.（彼は敏腕で臨機の才がある部長だ）

continued ▼

Check 1　Chants 》MP3-051

□ 0409 **interpersonal** /ìntərpə́:rsənəl/ Part 7	形 **対人[人間]関係の**、個人間の
□ 0410 **understaffed** /ʌ̀ndərstǽft/ Part 5, 6	形 **人員[人手、職員]不足の**(⇔overstaffed)
□ 0411 **fiscal** /fískəl/ Part 7	形 **会計の**、財政上の
□ 0412 **luxurious** /lʌgʒúəriəs, lʌkʃúəriəs/ ❶発音注意 Part 4	形 **豪華な**、ぜいたくな 名luxury：❶ぜいたくさ、豪華さ、快適さ、(形容詞的に)ぜいたく[豪華]な　❷ぜいたく品
□ 0413 **clerical** /klérikəl/ Part 7	形 **事務(員)の** 名clerk：❶(会社・ホテルなどの)事務員　❷店員
□ 0414 **pharmaceutical** /fɑ̀:rməsú:tikəl/ Part 7	形 **製薬の**、薬学の、薬剤の 名(～s)❶(集合的に)医薬　❷製薬会社 名pharmacist：薬剤師 名pharmacy：薬局
□ 0415 **feasible** /fí:zəbl/ Part 5, 6	形 **実現可能な**、実行できる(≒viable) 名feasibility：実現可能性
□ 0416 **informative** /infɔ́:rmətiv/ Part 2, 3	形 **有益な**、教えられるところの大きい、教育的な 名information：(～に関する)情報(about [on] ～) 名informant：情報提供者 動inform：(inform A of Bで)AにBについて知らせる、通知する

Day 25 》MP3-049
Quick Review
答えは右ページ下

□ 満場一致の	□ やりがいのある	□ 診断の	□ もうかる
□ 礼儀正しい	□ 管理の	□ 差し迫った	□ 荒れ模様の
□ 信頼できる	□ 予測できる	□ 使用中の	□ 未払いの
□ 有名な	□ 補足の	□ 絶滅寸前の	□ 真っすぐな

Check 2 Phrase

Check 3 Sentence 》MP3-052

☐ interpersonal communication(対人コミュニケーション)
▸ ☐ Interpersonal skills are essential for this position.(対人スキルはこの職には不可欠だ)

☐ an understaffed hospital(職員不足の病院)
▸ ☐ The healthcare industry is severely understaffed.(医療産業は深刻な人手不足だ)

☐ the fiscal year(会計年度)
☐ a fiscal policy(財政政策)
▸ ☐ Most companies' fiscal year starts in April in Japan.(日本ではほとんどの企業の会計年度は4月に始まる)

☐ a luxurious hotel(豪華なホテル)
▸ ☐ All the rooms are equipped with luxurious furniture and air conditioning.(すべての部屋には豪華な家具とエアコンが備えつけられている)

☐ a clerical job(事務職)
▸ ☐ The company cut costs by reducing the number of clerical staff.(その会社は事務職員の数を減らすことで経費を削減した)

☐ the pharmaceutical industry(製薬産業)
☐ pharmaceutical education(薬学教育)
▸ ☐ She works for a pharmaceutical company as a researcher.(彼女は製薬会社に研究員として勤務している)

☐ a feasible plan(実現可能な計画)
▸ ☐ New technology will make electric cars economically feasible.(新しい技術が電気自動車を経済的に実現可能にするだろう)

☐ an informative book(有益な本)
▸ ☐ The program was entertaining and informative.(その番組は面白くて有益だった)

Day 25 》MP3-049
Quick Review
答えは左ページ下

☐ unanimous	☐ challenging	☐ diagnostic	☐ lucrative
☐ courteous	☐ managerial	☐ impending	☐ inclement
☐ dependable	☐ predictable	☐ occupied	☐ overdue
☐ renowned	☐ supplementary	☐ endangered	☐ upright

Day 27 形容詞5

Check 1 Chants 》MP3-053

□ 0417
nominal
/nάmənl/
Part 7

形❶（価格などが）**ごくわずかの** ❷名ばかりの、名目上の

□ 0418
prior
/práiər/
Part 5, 6

形❶**前の**、先の（≒earlier, previous）、（prior toで）（前置詞的に）〜より前に ❷（〜に）優先する、（〜より）重要な（to 〜）
名priority：❶優先事項 ❷優先（権）

□ 0419
indispensable
/ìndispénsəbl/
Part 5, 6

形（〜に）**不可欠**［絶対必要］**な**、必須の（to [for] 〜）（≒essential）

□ 0420
intact
/intǽkt/
Part 5, 6

形**無傷の**、損なわれていない ➕叙述用法のみ

□ 0421
approximate
/əprάksəmət/
❗発音注意
Part 7

形**おおよその**
動（/əprάksəmèit/）おおよそ〜になる、〜に近い
副approximately：おおよそ、約

□ 0422
hands-on
/hǽndzάn/
Part 4

形**実地の**、実践の、現場での（≒on-the-job）

□ 0423
in-house
/ínhàus/
Part 4

形**社内の**
副社内で

□ 0424
interactive
/ìntərǽktiv/
Part 7

形**双方向の**、対話式の、インタラクティブな（≒two-way）
動interact：（interact withで）〜と交流する、触れ合う、情報を伝え合う
名interaction：（〜との）交流（with [between, among] 〜）

continued ▼

定義が分かっていても、その単語を「使える」とは限らない。Check 2と3の和訳を見て、英語がすぐに出てくれば「使える」レベルは目前！

□ 聞くだけモード　Check 1
□ しっかりモード　Check 1 ▶ 2
□ かんぺきモード　Check 1 ▶ 2 ▶ 3

Check 2 Phrase	Check 3 Sentence 》MP3-054
□ a nominal amount of money（ごくわずかな金） □ a nominal leader（名ばかりの指導者）	□ We can deliver your order for a nominal fee.（当店ではごくわずかな料金でご注文品をお届けできます）
□ a prior engagement（先約） □ have a prior claim on ～（～に優先権がある）	□ Applicants must have prior experience in system development.（応募者は以前にシステム開発の経験がなければならない）➕求人広告の表現
□ an indispensable item（必須アイテム） □ elements indispensable to success（成功に不可欠な要素）	□ Smartphones have become an indispensable part of our lives.（スマートフォンは私たちの生活に不可欠になっている）
□ remain intact（無傷のままでいる） □ keep [leave] ～ intact（～に手をつけないでおく、～をそのままにしておく）	□ The order arrived intact and on time.（注文品は無傷で時間通りに届いた）
□ approximate time of arrival（おおよその到着時間）	□ The approximate cost of the project is $300 million.（そのプロジェクトのおおよその費用は3億ドルだ）
□ hands-on training（実地訓練） □ hands-on experience（現場での経験）	□ Nothing is more valuable than hands-on experience.（現場での経験ほど価値のあるものはない）
□ in-house research（社内調査）	□ Most companies understand the importance of in-house training.（ほとんどの企業は社内教育の重要性を理解している）
□ an interactive video game（双方向型のテレビゲーム） □ interactive teaching methods（対話式の授業方法）	□ Interactive communication is key to consumer satisfaction.（双方向のコミュニケーションが顧客満足にとって重要だ）

continued ▼

Check 1 Chants ≫ MP3-053

□ 0425
repetitive
/ripétətiv/
Part 2, 3

形 **繰り返しの多い**、反復的な(≒monotonous)
名repetition：繰り返し、反復
動repeat：❶～を繰り返して言う ❷～を繰り返す
形repeated：繰り返された、度々の
副repeatedly：繰り返して、再三再四

□ 0426
strategic
/strətí:dʒik/
Part 7

形 **戦略(上)の**、戦略的な
名strategy：(～の／…するための)戦略、戦術(for ～/to do)
名strategist：戦略家、策士
副strategically：戦略上

□ 0427
versatile
/və́:rsətl/ ㋑/və́:rsətàil/
❶発音注意
Part 5, 6

形❶**多才な** ❷用途[使い道]の多い
名versatility：❶多才、器用さ ❷用途の広さ、多機能性

□ 0428
irrelevant
/iréləvənt/
Part 5, 6

形(～と)**無関係の**(to ～)(≒unrelated)、不適切な、見当違いの(⇔relevant)

□ 0429
superb
/supə́:rb/
Part 2, 3

形 **素晴らしい**、見事な(≒excellent)

□ 0430
unavailable
/ʌ̀nəvéiləbl/
Part 4

形❶(人が)**会うことができない**、要求に応じられない ❷利用[入手]できない(⇔available)

□ 0431
unoccupied
/ʌ̀nɑ́kjupàid/
Part 1

形 **空いている**、占有されていない(≒vacant, empty)(⇔occupied：使用中の)

□ 0432
varied
/vɛ́ərid/
Part 5, 6

形 **さまざまな**、多様な、変化に富む
動vary：❶(～の点で)異なる、さまざまである(in ～) ❷変わる ❸～を変える
形variable：❶変わりやすい ❷変えられる
名variable：❶変化するもの ❷変数

Day 26 ≫ MP3-051
Quick Review
答えは右ページ下

□ 本物の
□ 後の
□ 景色のよい
□ 公認の
□ 全国的な
□ 重大な
□ 制限された
□ 臨機の才のある
□ 対人関係の
□ 人員不足の
□ 会計の
□ 豪華な
□ 事務の
□ 製薬の
□ 実現可能な
□ 有益な

Check 2 Phrase

Check 3 Sentence ›› MP3-054

□ a repetitive task（反復作業）
▸ □ My job is boring and repetitive.（私の仕事は退屈で繰り返しが多い）

□ a strategic plan（戦略計画）
□ a strategic alliance（戦略的提携）
▸ □ The CEO announced a strategic plan to streamline operations.（そのCEOは事業を合理化するための戦略計画を発表した）

□ a versatile actor（多才な俳優）
□ a versatile food（用途の多い食品）
▸ □ The singer is quite versatile.（その歌手は非常に多才だ）

□ irrelevant information（無関係の情報）
□ ask an irrelevant question（見当違いの質問をする）
▸ □ Young people tend to view politics as irrelevant to their lives.（若者は政治を自分たちの生活と無関係だと見なしがちだ）

□ a superb performance（見事な演奏）
▸ □ Dinner at the restaurant was superb.（そのレストランでの夕食は素晴らしかった）

□ be unavailable for comment（コメントに応じない）
□ unavailable information（入手不可能な情報）
▸ □ I am unavailable at the moment, so please leave a message after the beep.（ただ今留守にしていますので、発信音の後にメッセージを残してください）✚留守番電話の表現

□ an unoccupied seat（空席）
▸ □ The table is unoccupied.（そのテーブルは空いている）

□ varied hobbies（さまざまな趣味）
□ a varied selection of ～（～の豊富な品ぞろえ）
▸ □ She has gained varied experience in the field of accounting over 20 years.（彼女は20年にわたって会計分野での豊富な経験を身につけた）

Day 26 ›› MP3-051
Quick Review
答えは左ページ下

□ authentic	□ nationwide	□ interpersonal	□ clerical
□ subsequent	□ profound	□ understaffed	□ pharmaceutical
□ scenic	□ restricted	□ fiscal	□ feasible
□ certified	□ resourceful	□ luxurious	□ informative

Day 28 形容詞6

Check 1 Chants 》MP3-055

□ 0433
advisable
/ædváizəbl/
Part 7

形**望ましい**、賢明な(≒desirable)
動advise：(advise A to doで)Aに～するように助言する
名advice：(～についての)助言(on [about] ～)
名advisor：助言者、相談役、顧問
形advisory：忠告[勧告]の

□ 0434
integral
/íntigrəl/
Part 5, 6

形(～に)**不可欠な**、なくてはならない(to ～)(≒necessary, indispensable, essential)

□ 0435
latter
/lǽtər/
Part 5, 6

形❶(the ～)**後者の**、(代名詞的に)後者(⇔former) ❷(the ～)後の、後半の

□ 0436
noticeable
/nóutisəbl/
Part 5, 6

形**目立つ**、人目を引く、著しい
名notice：❶通知、通達 ❷掲示、告示 ❸注目
動notice：～に気がつく、～に注意[注目]する
副noticeably：目立って、著しく

□ 0437
stringent
/stríndʒənt/
Part 5, 6

形❶(規則などが)(非常に)**厳しい**、厳格な(≒strict, rigid, rigorous) ❷(経済状態などが)緊縮の、ひっ迫した
副stringently：厳しく、厳格に

□ 0438
sweeping
/swíːpiŋ/
Part 7

形❶**全面的な**、広範な ❷大ざっぱな
動sweep：～を掃除する、掃く

□ 0439
designated
/dézignèitid/
Part 5, 6

形**指定**[指名]**された**
動designate：(designate A as [for] Bで)AをBに指名[任命、指定]する
名designation：指名、任命、指定

□ 0440
functional
/fʌ́ŋkʃənl/
Part 5, 6

形❶**実用的な**(≒practical)、便利な(≒useful) ❷機能の
名function：❶(～の)機能、働き(of ～) ❷(社会的)行事
動function：(～の)機能[役割]を果たす(as ～)

continued ▼

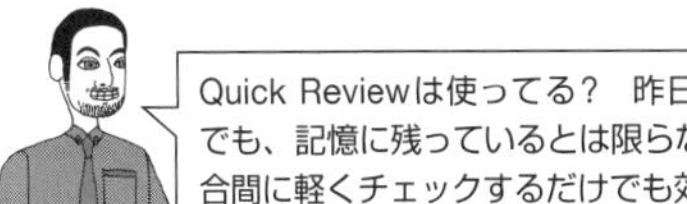

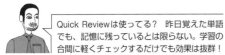

Quick Reviewは使ってる？　昨日覚えた単語でも、記憶に残っているとは限らない。学習の合間に軽くチェックするだけでも効果は抜群！

□ 聞くだけモード　Check 1
□ しっかりモード　Check 1 ▸ 2
□ かんぺきモード　Check 1 ▸ 2 ▸ 3

Check 2　Phrase		Check 3　Sentence 》MP3-056
□ It is advisable to do ～.（～することが望ましい）	▸	□ It is advisable to reserve your seats as early as possible.（できるだけ早く席を予約するのが望ましい）
□ an integral part of ～（～に不可欠な部分）	▸	□ Collaboration is integral to the success of the project.（そのプロジェクトの成功には協力が不可欠だ）
□ the latter plan（［2つ提示されたうちの］後者の計画） □ the latter half of the previous year（前年の後半）	▸	□ Of the two methods, I prefer the latter.（その2つの方法のうち、私は後者のほうが気に入っている）
□ a noticeable stain（目立つ染み） □ a noticeable difference（顕著な違い）	▸	□ There has been a noticeable improvement in productivity over the past few months.（ここ数カ月で生産性の目立った改善があった）
□ stringent regulations（厳しい規則） □ a stringent budget（緊縮予算）	▸	□ The government introduced more stringent security measures.（政府はより厳しい安全対策を導入した）
□ make sweeping changes（全面的な変更を行う） □ a sweeping generalization（大ざっぱな［十把ひとからげの］一般論）	▸	□ The governor announced sweeping cuts to the state's budget.（その知事は州予算の全面的な削減を発表した）
□ a designated date（指定日） □ a designated hitter（［野球の］指名打者）➕略語はDH	▸	□ Smoking is allowed in designated areas only.（喫煙は指定場所のみで許可されている）
□ functional clothing（実用的な服） □ a functional disorder（機能障害）	▸	□ "Being" functional is better than "looking" functional.（実用的で「あること」は実用的に「見えること」よりも優れている）

continued
▼

Check 1　Chants 》MP3-055

□ 0441 **hourly** /áuərli/ Part 7	形 **1時間単位**[当たり、ごと]**の** 副 1時間単位で、1時間ごとに 名 hour：1時間
□ 0442 **paved** /péivd/ Part 1	形 **舗装された** 動 pave：(道路など)を(…で)舗装する(with . . .) 名 pavement、舗装道路
□ 0443 **renewable** /rinjú:əbl/ Part 7	形 ❶**再生**[回復、復活]**できる**　❷更新[継続、延長]できる 名 renewal：❶更新　❷再開、再生、再建 動 renew：❶(契約など)を更新する　❷～を再開する
□ 0444 **hazardous** /hǽzərdəs/ Part 7	形 (～にとって)**危険な**(≒dangerous)、有害な(to ～) 名 hazard：危険、(～への)危険要素(to ～) 動 hazard：～を危険にさらす
□ 0445 **chronic** /kránik/ Part 5, 6	形 ❶(病気が)**慢性の**(⇔acute：急性の)　❷(悪い状態が)長期にわたる
□ 0446 **quarterly** /kwɔ́:rtərli/ Part 5, 6	形 **年4回の**、四半期ごとの 副 年4回、四半期ごとに 名 季刊誌 名 quarter：❶四半期　❷15分　❸4分の1
□ 0447 **toll-free** /tóulfrí:/ Part 4	形 **フリーダイヤルの** 副 フリーダイヤルで 名 toll：❶使用料、長距離通話料　❷死傷者数
□ 0448 **affluent** /ǽfluənt/ Part 5, 6	形 **裕福な**、豊かな(≒rich, wealthy)(⇔poor) 名 affluence：豊かさ、裕福

Day 27 》MP3-053
Quick Review
答えは右ページ下

□ ごくわずかの	□ おおよその	□ 繰り返しの多い	□ 素晴らしい
□ 前の	□ 実地の	□ 戦略の	□ 会うことができない
□ 不可欠な	□ 社内の	□ 多才な	□ 空いている
□ 無傷の	□ 双方向の	□ 無関係の	□ さまざまな

Check 2 Phrase		Check 3 Sentence 》MP3-056
□ an hourly worker [employee](時間給労働者) □ an hourly bus service(1時間に1本のバスの運行)	▸	□ His hourly wage is about $10.(彼の時給は約10ドルだ)
□ a street paved with bricks(れんがが敷かれた道)	▸	□ A cat is walking on the paved road.(ネコが舗装道路を歩いている)
□ renewable energy(再生可能エネルギー) □ a renewable contract(更新可能な契約)	▸	□ Paper is a renewable natural resource.(紙は再生可能な天然資源だ)
□ a hazardous occupation(危険な職業) □ hazardous waste(有害廃棄物)	▸	□ Smoking is hazardous to your health.(喫煙は健康を害する)
□ a chronic disease(慢性病) □ a chronic shortage of ~(長期にわたる~の不足)	▸	□ He has been suffering from chronic asthma.(彼は慢性ぜん息を患っている)
□ a quarterly magazine(季刊誌) □ a quarterly fiscal report(四半期ごとの会計報告書)	▸	□ The newsletter is issued on a quarterly basis.(その会報誌は年に4回発行される)
□ a toll-free line(フリーダイヤル回線)	▸	□ For further details call our toll-free number.(詳細については、当社のフリーダイヤル番号にお電話ください)
□ an affluent neighborhood(裕福な地域)	▸	□ Switzerland is one of the most affluent countries in the world.(スイスは世界で最も豊かな国の1つだ)

Day 27 》MP3-053
Quick Review
答えは左ページ下

□ nominal	□ approximate	□ repetitive	□ superb
□ prior	□ hands-on	□ strategic	□ unavailable
□ indispensable	□ in-house	□ versatile	□ unoccupied
□ intact	□ interactive	□ irrelevant	□ varied

Day 29 形容詞7

Check 1 Chants 》 MP3-057

□ 0449
adverse
/ædvə́ːrs, ǽdvəːrs/
❶アクセント注意
Part 5, 6

形❶**不都合**[不利]**な**、(効果などが)マイナスの ❷敵意に満ちた
名adversary：敵、(試合などの)相手、ライバル

□ 0450
brand-new
/brǽndnjúː/
Part 4

形**新品の**、真新しい

□ 0451
considerate
/kənsídərət/
Part 5, 6

形**思いやりがある**、理解がある(⇔inconsiderate)
➕considerable(かなりの)と混同しないように注意
名consideration：❶考慮、考察 ❷思いやり
動consider：❶～をよく考える、熟慮[熟考]する ❷(consider doingで)～することを検討[熟慮、熟考]する

□ 0452
inexpensive
/ìnikspénsiv/
Part 2, 3

形**安い**、割安の、費用のかからない(≒cheap)(⇔expensive) ➕質の割には「安い」というニュアンス

□ 0453
obsolete
/ɑ̀bsəlíːt/
Part 5, 6

形**時代遅れの**、廃れた(≒outdated, out of date, old-fashioned)

□ 0454
exquisite
/ikskwízit/
Part 5, 6

形**極めて美しい**、実に見事な(≒beautiful, elegant)

□ 0455
ultimate
/ʌ́ltəmət/
Part 5, 6

形❶**究極の**、最終[最後]の ❷最高の
名(the ～)(～において)究極のもの(in ～)
副ultimately：最終的に、結局、最後に

□ 0456
binding
/báindiŋ/
Part 7

形(契約などが)**拘束力のある**
名❶表紙 ❷縛る物、ひも
名bind：困難な状況[事態]
動bind：❶～を縛る、結ぶ ❷(bind A to doで)Aに～することを義務づける

continued ▼

今日でChapter 3は最後！　時間に余裕があったら、章末のReviewにも挑戦しておこう。忘れてしまった単語も結構あるのでは?!

□ 聞くだけモード　Check 1
□ しっかりモード　Check 1 ▸ 2
□ かんぺきモード　Check 1 ▸ 2 ▸ 3

Check 2 Phrase		Check 3 Sentence 》MP3-058
□ adverse conditions（不利な条件） □ adverse criticism（酷評）	▸	□ The game was called off due to adverse weather conditions.（その試合は悪天候のため中止になった）
□ a brand-new car（新車）	▸	□ I bought a brand-new computer yesterday.（私は昨日、新品のコンピューターを買った）
□ considerate words（思いやりのある言葉） □ It is considerate of ~ to do . . .（…するとは～は思いやりがある）	▸	□ Be courteous and considerate to others.（人には礼儀正しく思いやりを持ちなさい）
□ inexpensive medicine（安い薬）	▸	□ The food at the restaurant was excellent and inexpensive.（そのレストランの料理は素晴らしくて安かった）
□ an obsolete hairstyle（時代遅れのヘアスタイル） □ become obsolete（時代遅れになる、廃れる）	▸	□ Smartphones have made many things obsolete.（スマートフォンは多くの物を時代遅れにした）
□ an exquisite painting（極めて美しい絵）	▸	□ This antique glass is exquisite.（このアンティークのグラスは極めて美しい）
□ the ultimate goal [aim, objective]（究極の目標） □ the ultimate power（最高権力）	▸	□ The ultimate goal for companies is to increase profits.（企業にとって究極の目標は利益を増やすことだ）
□ a binding contract（拘束力のある契約） □ be legally binding（法的に拘束力がある）	▸	□ The agreement is legally binding.（その協定は法的に拘束力がある）

continued ▼

Check 1　Chants 》MP3-057

□ 0457 **culinary** /kʌ́linəri/ Part 7	形 **料理の**
□ 0458 **drastic** /drǽstik/ Part 4	形 (措置などが) **抜本[徹底]的な**、思い切った 副 drastically：抜本[徹底]的に、思い切って
□ 0459 **imperative** /impérətiv/ Part 5, 6	形 **絶対必要な**、重要な 名 緊急になすべきこと
□ 0460 **incoming** /ínkʌ̀miŋ/ Part 4	形 ❶**新入りの**、新任の　❷(電話などが)入ってくる
□ 0461 **preventive** /privéntiv/ Part 5, 6	形 **予防の** 名 prevention：(～の)予防、防止(of ～) 動 prevent：❶(事故など)を防ぐ　❷(prevent A from doingで)Aが～するのを妨げる
□ 0462 **redundant** /ridʌ́ndənt/ Part 5, 6	形 ❶**解雇された**、余剰人員の　❷余分[不要]な 名 redundancy：❶解雇、余剰人員　❷余分
□ 0463 **conclusive** /kənklúːsiv/ Part 7	形 (事実・証拠などが) **決定的な** (≒decisive) (⇔inconclusive) 名 conclusion：❶(～という)結論(that節 ～)　❷結末 動 conclude：❶～と結論する　❷～を(…で)終了させる(with . . .)
□ 0464 **conspicuous** /kənspíkjuəs/ Part 5, 6	形 **目立つ**、人目を引く、顕著な (≒noticeable) (⇔inconspicuous) 副 conspicuously：目立って、著しく

Day 28 》MP3-055 Quick Review
答えは右ページ下

□ 望ましい	□ 厳しい	□ 1時間単位の	□ 慢性の
□ 不可欠な	□ 全面的な	□ 舗装された	□ 年4回の
□ 後者の	□ 指定された	□ 再生できる	□ フリーダイヤルの
□ 目立つ	□ 実用的な	□ 危険な	□ 裕福な

Check 2 Phrase

Check 3 Sentence 》MP3-058

Phrase	Sentence
□ a culinary expert(料理の専門家) □ culinary delights(とてもおいしい料理)	□ His culinary skills are amazing.(彼の料理の腕前は見事だ)
□ a drastic change(抜本的な改革) □ take drastic action(思い切った行動を取る)	□ We need to take drastic measures to improve the situation.(状況を改善させるため私たちは抜本的な対策を取る必要がある)
□ It is imperative that ~.(~ということが絶対に必要だ)➕通例、that節の動詞は仮定法現在(=原形)になる	□ It is imperative that everyone attend the next meeting.(全員が次の会議に出席することが絶対に必要である)
□ incoming freshmen(新入生) □ an incoming call(かかってくる電話)	□ The incoming president will face a number of difficult challenges.(新大統領は多くの困難な課題に直面するだろう)
□ preventive medicine(予防薬、予防医学)	□ The government is taking preventive measures against influenza.(政府はインフルエンザに対する予防策を講じている)
□ redundant employees(余剰従業員) □ a redundant word(余分な語、冗長語)	□ About 200 workers were made redundant.(約200人の労働者が解雇された)
□ conclusive evidence [proof](決定的な証拠、確証) □ win a conclusive victory(決定的な勝利を収める)	□ A series of inspections failed to find conclusive evidence that Iraq possessed weapons of mass destruction.(一連の査察ではイラクが大量破壊兵器を保有しているとの確証は得られなかった)
□ look conspicuous(人目を引く) □ a conspicuous success(顕著な成功)	□ She was conspicuous by her absence.(彼女はいないことでかえって目立っていた)

Day 28 》MP3-055
Quick Review
答えは左ページ下

□ advisable	□ stringent	□ hourly	□ chronic
□ integral	□ sweeping	□ paved	□ quarterly
□ latter	□ designated	□ renewable	□ toll-free
□ noticeable	□ functional	□ hazardous	□ affluent

Chapter 3 Review

左ページの(1)～(20)の形容詞の同意・類義語（≒）を右ページのA～Tから選び、カッコの中に答えを書き込もう。意味が分からないときは、見出し番号を参照して復習しておこう（答えは右ページ下）。

□ (1) complimentary (0353) ≒は? (　　)
□ (2) consecutive (0354) ≒は? (　　)
□ (3) defective (0365) ≒は? (　　)
□ (4) mandatory (0371) ≒は? (　　)
□ (5) concise (0374) ≒は? (　　)
□ (6) notable (0378) ≒は? (　　)
□ (7) courteous (0386) ≒は? (　　)
□ (8) impending (0394) ≒は? (　　)
□ (9) lucrative (0397) ≒は? (　　)
□ (10) authentic (0401) ≒は? (　　)
□ (11) subsequent (0402) ≒は? (　　)
□ (12) feasible (0415) ≒は? (　　)
□ (13) prior (0418) ≒は? (　　)
□ (14) indispensable (0419) ≒は? (　　)
□ (15) superb (0429) ≒は? (　　)
□ (16) advisable (0433) ≒は? (　　)
□ (17) stringent (0437) ≒は? (　　)
□ (18) functional (0440) ≒は? (　　)
□ (19) inexpensive (0452) ≒は? (　　)
□ (20) obsolete (0453) ≒は? (　　)

A. faulty
B. profitable
C. strict
D. successive
E. essential
F. viable
G. noteworthy
H. imminent
I. desirable
J. following
K. free
L. excellent
M. polite
N. outdated
O. compulsory
P. previous
Q. genuine
R. cheap
S. succinct
T. practical

【解答】(1) K (2) D (3) A (4) O (5) S (6) G (7) M (8) H (9) B (10) Q (11) J (12) F (13) P (14) E (15) L (16) I (17) C (18) T (19) R (20) N

CHAPTER 4
名詞：必修240

Chapter 4では、TOEIC「必修」の名詞240をマスターします。「超」が抜けても、どれも重要な単語ばかり。本テストで慌てることがないよう、1語1語を着実に身につけていきましょう。

TOEIC的格言

One of these days is none of these days.

思い立つ日が吉日。
[直訳] いずれそのうちという日はない。

Day 30 名詞16

Check 1 Chants 》MP3-059

□ 0465
intake
/íntèik/
Part 7
▸
名❶**摂取量**、吸い込み量 ❷(空気・ガスなどの)取り入れ口、吸い込み口(⇔outlet)
▸

□ 0466
logistics
/loudʒístiks/
Part 7
▸
名**物流**
形logistic/logistical：物流の
▸

□ 0467
prerequisite
/prìːrékwəzit/
Part 7
▸
名(～の)**必要**[前提]**条件**(for [to, of] ～)(≒requirement, requisite)
形前もって必要な、不可欠な
▸

□ 0468
surge
/sə́ːrdʒ/
Part 4
▸
名❶(価格などの)**急上昇**、高騰(in ～) ❷(感情などの)高まり(of ～)
動❶(群衆などが)押し寄せる ❷(物価などが)急騰する
▸

□ 0469
tag
/tǽg/
Part 1
▸
名(つけ・下げ)**札**
動～に札をつける
▸

□ 0470
telecommunication
/tèləkəmjuːnəkéiʃən/
Part 7
▸
名(電話・ラジオ・テレビなどによる)**長距離通信**、電気通信
▸

□ 0471
testimony
/téstəmòuni/ ㋑/téstəməni/
❶発音注意
Part 5, 6
▸
名(法廷などでの)**証言**、陳述(≒statement)
動testify：❶(～に有利に／…に不利に)証言する(for ～ against . . .) ❷～だと証言する
▸

□ 0472
tribute
/tríbjuːt/
Part 4
▸
名(～への)**尊敬**[感謝、称賛]**の印**、賛辞(to ～)
▸

continued
▼

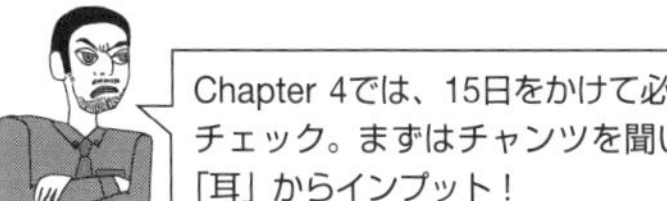

Chapter 4では、15日をかけて必修名詞240をチェック。まずはチャンツを聞いて、単語を「耳」からインプット！

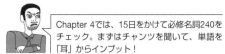

□ 聞くだけモード Check 1
□ しっかりモード Check 1 ▶ 2
□ かんぺきモード Check 1 ▶ 2 ▶ 3

Check 2 Phrase	Check 3 Sentence 》MP3-060
□ an adequate intake of calcium(カルシウムの適量摂取) □ an air intake(空気取り入れ口)	□ The recommended daily intake of water is approximately two liters.(1日の水分の推奨摂取量は約2リットルだ)
□ a logistics center(物流センター)	□ Logistics costs account for 13 to 15 percent of the country's GDP.(物流費はその国のGDPの13～15パーセントを占めている)
□ prerequisites for economic recovery(景気回復の必要条件)	□ A Ph.D. degree in economics is a prerequisite for a career in economic research.(経済学の博士号は経済調査職の必要条件だ)
□ a surge in oil prices(原油価格の高騰) □ a surge of anger(こみ上げてくる怒り)	□ There has been a surge in food prices over the past few years.(ここ数年で食品価格が急上昇している)
□ a name tag(名札)	□ The price tags are on the store's shelves.(店の棚に値札がついている)
□ a telecommunication company(電気通信会社)	□ Developments in telecommunications have changed our society.(長距離通信の進歩は私たちの社会を変えてきた)
□ a sworn testimony(宣誓証言)	□ He refused to give testimony on the matter.(彼はその件に関する証言を拒んだ)
□ pay tribute to ～(～に敬意を表す、～に賛辞を贈る) □ as a tribute to ～(～への感謝の印として)	□ I would like to pay tribute to his remarkable contribution to the project.(プロジェクトへの彼の顕著な貢献に敬意を表したいと思います)

continued ▼

Check 1　Chants 》MP3-059

□ 0473
applause
/əplɔ́:z/
Part 5, 6

名❶**拍手**(≒clapping, ovation)　❷称賛(≒praise, acclaim)
動applaud：❶〜に拍手を送る　❷拍手する　❸〜を称賛する

□ 0474
breadth
/brédθ/
Part 5, 6

名❶**幅**、横幅(≒width)　➕「長さ」はlength、「奥行き」はdepth　❷(知識などの)広さ
形broad：❶(範囲などが)広い、広範囲な　❷幅の広い
動broaden：❶(視野・範囲など)を広げる、深める　❷広がる

□ 0475
closure
/klóuʒər/
Part 4

名**閉鎖**、閉店
動close：❶〜を閉める　❷閉まる　❸〜を終える　❹終わる
形closed：閉鎖した
形closing：終わり[結び]の、締めくくりの

□ 0476
consolidation
/kənsɑ̀lədéiʃən/
Part 7

名❶(会社などの)**合併**、整理統合　❷強化
動consolidate：❶(会社など)を合併する、整理統合する　❷合併する　❸〜を強化する

□ 0477
copyright
/kɑ́piràit/
Part 5, 6

名(〜の)**著作権**、版権(on [to, for] 〜)　➕記号は©
動 〜の著作権を取る
形 著作権のある

□ 0478
diplomat
/dípləmæ̀t/
Part 4

名❶**外交官**　❷外交家
名diplomacy：❶外交　❷外交的手腕
形diplomatic：❶外交(上)の　❷外交的手腕のある

□ 0479
distributor
/distríbjutər/
Part 4

名**販売代理店**、卸売業者、配給[流通]業者(≒supplier, wholesaler)
動distribute：〜を(…に)配給[分配]する(to . . .)
名distribution：❶分配、配給、(商品の)流通　❷(動植物などの)分布

□ 0480
fluency
/flú:ənsi/
Part 7

名(言葉の)**流ちょうさ**(in 〜)
形fluent：❶(be fluent inで)(言葉)を流ちょうに話せる、(言葉)に堪能である　❷(言葉が)流ちょうな
副fluently：流ちょうに、すらすらと

Day 29 》MP3-057
Quick Review
答えは右ページ下

□ 不都合な	□ 時代遅れの	□ 料理の	□ 予防の
□ 新品の	□ 極めて美しい	□ 抜本的な	□ 解雇された
□ 思いやりがある	□ 究極の	□ 絶対必要な	□ 決定的な
□ 安い	□ 拘束力のある	□ 新入りの	□ 目立つ

Check 2 Phrase

Check 3 Sentence))) MP3-060

Check 2 Phrase	Check 3 Sentence
□ give ~ a big round of applause(~に盛大な拍手を送る) □ win applause(称賛を得る)	□ Her speech received thunderous applause from the attendees.(彼女の演説は出席者から万雷の拍手を浴びた)
□ the breadth of the table(そのテーブルの幅) □ the breadth of his knowledge(彼の知識の広さ)	□ The length of the rectangle is twice its breadth.(その長方形の長さは幅の2倍だ)
□ the closure of the supermarket(そのスーパーマーケットの閉店)	□ The closure of the factory will result in the loss of 500 jobs.(その工場の閉鎖で500人が仕事を失うことになるだろう)
□ the consolidation of two insurance companies(2つの保険会社の合併) □ the consolidation of the domestic industry(国内産業の強化)	□ The automaker announced the consolidation of its three factories into one.(その自動車メーカーは3つの工場を1つに統合することを発表した)
□ own [hold] the copyright on ~(~の著作権を持っている) □ a violation of copyright laws(著作権法違反)	□ Copyright lasts 70 years after the author's death.(著者の死後、著作権は70年間継続する)
□ a diplomat posted in France(フランス駐在の外交官)	□ My dream was to be a diplomat.(私の夢は外交官になることだった)
□ a software distributor(ソフトウエアの販売代理店) □ a film distributor(映画配給会社)	□ The company is the exclusive distributor of this product.(その会社はこの製品の独占販売代理店だ)
□ fluency in French(フランス語の流ちょうさ)	□ For this position, fluency in English is essential.(この職には英語の流ちょうさが必須だ)

Day 29))) MP3-057
Quick Review
答えは左ページ下

□ adverse	□ obsolete	□ culinary	□ preventive
□ brand-new	□ exquisite	□ drastic	□ redundant
□ considerate	□ ultimate	□ imperative	□ conclusive
□ inexpensive	□ binding	□ incoming	□ conspicuous

Day 31 名詞17

Check 1 Chants 》MP3-061

□ 0481 **inception** /insépʃən/ Part 5, 6	名（事業などの）**発足**、開始（≒beginning）
□ 0482 **layout** /léiàut/ Part 4	名❶**配置**、設計 ❷（雑誌などの）割りつけ、レイアウト 動lay out：❶（建物など）を設計する ❷（ページなど）を割りつける ❸～を広げる、並べる
□ 0483 **observatory** /əbzə́ːrvətɔ̀ːri/ Part 5, 6	名**観測所**、気象台 動observe：❶～を観察［観測］する ❷（法律など）を守る ❸～に気がつく 名observation：観察、観察力 名observance：❶（法律などの）順守（of ～） ❷祝うこと
□ 0484 **proximity** /prɑksíməti/ Part 5, 6	名（～に）**近いこと**（to ～）、近接（≒nearness）
□ 0485 **retention** /riténʃən/ Part 5, 6	名**保持**、維持、保有 動retain：❶～を保持［維持］する、～を持ち続ける ❷～を記憶しておく
□ 0486 **transcript** /trǽnskript/ Part 7	名❶（手書き・タイプによる）（～の）**写し**、コピー（of ～）（≒transcription） ❷成績証明書 動transcribe：～を書き写す
□ 0487 **annex** /ǽneks/ Part 4	名**別館**
□ 0488 **artisan** /ɑ́ːrtəzən/ Part 7	名**職人**（≒craftsman）

continued ▼

英字紙・英字雑誌などを使って、語彙との出合いを増やそう。学習した語彙ともきっと遭遇するはず。出合いの数と定着度は正比例する！

□ 聞くだけモード　Check 1
□ しっかりモード　Check 1 ▸ 2
□ かんぺきモード　Check 1 ▸ 2 ▸ 3

Check 2　Phrase	Check 3　Sentence 》MP3-062
□ since one's inception（発足以来） □ at the inception of ～（～の開始に当たり）	□ Since its inception in 2002, the company has been engaged in over 100 projects.（2002年の発足以来、その会社は100を超えるプロジェクトに携わってきた）
□ the layout of a city（都市計画） □ change the layout of a page（ページのレイアウトを変える）	□ I like the layout of my house.（私は自宅の間取りを気に入っている）
□ an astronomical observatory（天体観測所、天文台）	□ There used to be an observatory on the top of that mountain.（あの山の頂上にはかつて観測所があった）
□ in close proximity to ～（～のすぐ近くに[で]）	□ The best thing about the house is its proximity to the station.（その家の最もいいところは駅に近いことだ）
□ retention of existing customers（既存顧客の維持）	□ We need to strengthen retention of good human resources.（私たちは優秀な人材の保持を強化する必要がある）
□ the transcript of the witness's testimony（目撃者の証言の写し） □ a high school transcript（高校の成績証明書）	□ The jury was given a transcript of recorded telephone calls between the kidnappers and the victim's family.（陪審員団は誘拐犯と犠牲者の家族間の通話録音の写しを与えられた）
□ build a new annex（新しい別館を建てる）	□ There are 50 guest rooms in the annex.（別館には50の客室がある）
□ a skilled artisan（熟練した職人、熟練工）	□ Small manufacturers are faced with an acute shortage of skilled artisans.（小規模メーカーは深刻な熟練工不足に直面している）

continued ▼

Check 1 Chants 》MP3-061

□ 0489
bookkeeping
/búkkìːpiŋ/
Part 7

名**簿記**
名bookkeeper：簿記係

□ 0490
briefing
/bríːfiŋ/
Part 2, 3

名**打ち合わせ会合**、状況[事情]説明会(≒meeting)
形brief：❶短時間の ❷(話などが)簡潔な
名brief：簡潔な説明
動brief：(brief A on Bで)AにBの概要を伝える
形briefly：❶少しの間、しばらく ❷手短に

□ 0491
deliberation
/dilìbəréiʃən/
Part 5, 6

名❶**熟慮**、熟考 ❷(通例～s)審議、協議
動deliberate：❶～を熟考する ❷(deliberate about [on, over]で)～について熟考する
形deliberate：❶意図[計画]的な、故意の ❷慎重な
副deliberately：❶故意に、わざと ❷慎重に

□ 0492
depot
/díːpou/ イ/dépou/
❶発音注意
Part 5, 6

名❶**倉庫**、貯蔵所(≒warehouse, storehouse) ❷(鉄道の)駅、(バスなどの)発着所(≒station)

□ 0493
dormitory
/dɔ́ːrmətɔ̀ːri/
Part 7

名(大学などの)**寮**、寄宿舎

□ 0494
drowsiness
/dráuzinis/
Part 7

名**眠気**(≒sleepiness)
形drowsy：眠い、眠そうな

□ 0495
funding
/fʌ́ndiŋ/
Part 7

名(～のための)**財政的支援**、資金提供、財源(for ～)
名fund：(しばしば～s)(～のための)資金、基金(for ～)
動fund：～に資金を提供する

□ 0496
lapse
/lǽps/
Part 7

名❶**ちょっとした誤り**、過失 ❷(時の)経過(of ～)
動❶(契約などが)失効する、無効になる ❷終わる

Day 30 》MP3-059
Quick Review
答えは右ページ下

□ 摂取量
□ 物流
□ 必要条件
□ 急上昇
□ 札
□ 長距離通信
□ 証言
□ 尊敬の印
□ 拍手
□ 幅
□ 閉鎖
□ 合併
□ 著作権
□ 外交官
□ 販売代理店
□ 流ちょうさ

Check 2 Phrase

□ do bookkeeping(帳簿をつける)
□ be good at bookkeeping(簿記が得意である)

□ a press briefing(記者に対する状況説明会、記者会見)

□ after long deliberation(長い熟考の末)
□ after 12 hours of deliberations(12時間にわたる審議の後に)

□ a weapons depot(兵器庫)
□ a bus depot(バス発着所)

□ a student [company] dormitory(学生[社員]寮)

□ slight drowsiness(軽い眠気)

□ funding for the project(そのプロジェクトのための財政的支援)
□ get [give] funding for ~(~のための財政的支援を得る[与える])

□ a lapse of judgment(判断の誤り)
□ the lapse of time(時の経過)

Check 3 Sentence 》MP3-062

□ At least five years' experience in bookkeeping is required.(少なくとも5年間の簿記の経験が必須である)➕求人広告の表現

□ Don't forget to attend the briefing.(その打ち合わせ会合に出席するのを忘れないでください)

□ After much deliberation, she decided to quit her job.(いろいろと熟慮した末、彼女は仕事を辞めることを決断した)

□ There was an explosion at the fuel depot yesterday.(昨日、その燃料貯蔵所で爆発があった)

□ The university has both men's and women's dormitories.(その大学には男性寮と女性寮の両方がある)

□ This medication may cause drowsiness.(この薬は眠気を催すことがある)➕薬の使用上の注意の表現

□ The bank received emergency funding from the government.(その銀行は政府から緊急財政支援を受けた)

□ Anyone can have a lapse of memory.(誰でも度忘れをすることがある)

Day 30 》MP3-059
Quick Review
答えは左ページ下

□ intake	□ tag	□ applause	□ copyright
□ logistics	□ telecommunication	□ breadth	□ diplomat
□ prerequisite	□ testimony	□ closure	□ distributor
□ surge	□ tribute	□ consolidation	□ fluency

Day 32 名詞18

Check 1 Chants 》MP3-063

□ 0497
nutrient
/njú:triənt/
Part 4

名 **栄養素**、栄養物
名nutrition：栄養、栄養補給[摂取]
形nutritious：栄養のある、栄養に富んだ

□ 0498
proprietor
/prəpráiətər/
Part 5, 6

名（企業などの）**経営者**、所有者（≒owner）

□ 0499
reviewer
/rivjú:ər/
Part 7

名 **評論**[批評]**家**（≒critic, pundit）
名review：❶再調査　❷復習　❸批評
動review：❶～を再調査[検討]する　❷～を復習する　❸～を批評する

□ 0500
shortcoming
/ʃɔ́:rtkʌ̀miŋ/
Part 7

名（通例～s）（～の）**欠点**、欠陥、短所（in [of] ～）（≒fault, defect, weakness）

□ 0501
shortcut
/ʃɔ́:rtkʌ̀t/
Part 2, 3

名（～への）**近道**（to ～）（⇔detour：迂回路）　➕比喩的な意味でも用いられる

□ 0502
demeanor
/dimí:nər/
Part 5, 6

名 **態度**、物腰、立ち居振る舞い（≒manner, attitude, behavior）

□ 0503
lighthouse
/láithàus/
Part 1

名 **灯台**

□ 0504
liquidation
/lìkwidéiʃən/
Part 7

名❶（会社などの）**破産**（≒bankruptcy）　❷（負債などの）清算、弁済
動liquidate：❶（倒産会社など）を解散[整理]する　❷（負債など）を清算[弁済]する

continued ▼

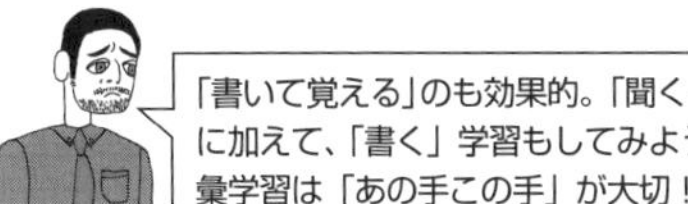

「書いて覚える」のも効果的。「聞く＋音読する」に加えて、「書く」学習もしてみよう。そう、語彙学習は「あの手この手」が大切！

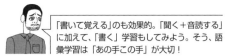

□ 聞くだけモード　Check 1
□ しっかりモード　Check 1 ▸ 2
□ かんぺきモード　Check 1 ▸ 2 ▸ 3

Check 2 Phrase	Check 3 Sentence 》MP3-064
□ essential nutrients（必須栄養素） □ nutrient deficiency（栄養不足）	□ This fruit is rich in nutrients.（この果物は栄養素が豊富だ）
□ a hotel proprietor（ホテル経営者）	□ He is the proprietor of a real estate company.（彼は不動産会社の経営者だ）
□ a book reviewer（書評家）	□ The film was received favorably by many reviewers.（その映画は多くの評論家から好評を得た）
□ admit one's shortcomings（自分の欠点を認める） □ shortcomings in the political system（政治制度の欠陥）	□ Everyone has shortcomings and makes mistakes.（誰もが欠点があり、間違いを犯す）
□ take a shortcut（近道をする）	□ There is no shortcut to success.（成功への近道はない）
□ a gentle demeanor（優しい態度）	□ He managed to maintain his calm demeanor.（彼は落ち着いた態度を何とか保った）
□ the beam from the lighthouse（灯台からの光線）	□ There is a lighthouse on a cliff.（がけの上に灯台がある）
□ go into liquidation（破産する） □ liquidation of debts（借金の清算）	□ The insurance company went into liquidation with debts of $2 billion.（その保険会社は20億ドルの負債を抱えて破産した）

continued ▼

Check 1　Chants 》MP3-063

□ 0505 **reorganization** /rìːɔːrgənizéiʃən/　㋑/rìːɔːrgənaizéiʃən/ ❗発音注意 Part 7	▸	名❶**再編成**[組織]（≒restructuring）　❷（企業の）再建 動reorganize：～を再編成[組織]する
□ 0506 **timepiece** /táimpìːs/ Part 7	▸	名**時計**　➕watch（腕[懐中]時計）、clock（置き[掛け]時計）の両方を指す
□ 0507 **acknowledgment** /æknálidʒmənt/ Part 5, 6	▸	名❶（～を）**認めること**、（～の）自白、白状、承認（of ～）　❷感謝　❸（～s）謝辞　❹受取通知書 動acknowledge：❶（過失など）を認める　❷（手紙など）を受け取ったことを知らせる
□ 0508 **affiliate** /əfíliət/ ❗発音注意 Part 5, 6	▸	名**系列**[関連]**会社**、付属機関 動（/əfílièit/）（be affiliated with [to]で）～の系列下である、～に付属している 名affiliation：❶（～との）提携、合併（with ～）　❷所属、加入
□ 0509 **bias** /báiəs/ Part 5, 6	▸	名（～に対する）**偏見**、先入観（against ～）（≒prejudice） 動～に偏見[先入観]を抱かせる 形biased：（意見などが）（～に）偏った、偏見を持った（against [toward, in favor of] ～） 形unbiased：偏見[先入観]のない、公平な
□ 0510 **reimbursement** /rìːimbə́ːrsmənt/ Part 7	▸	名**払い戻し**、返済（≒refund） 動reimburse：（reimburse A for Bで）AにB（経費など）を返済する
□ 0511 **reminder** /rimáindər/ Part 5, 6	▸	名（～を）**思い出させるもの**、（～の）思い出（of ～）、督促状　➕remainder（残り）と混同しないように注意 動remind：（remind A of [about] Bで）AにBを思い出させる、気づかせる
□ 0512 **bribery** /bráibəri/ Part 7	▸	名**賄賂行為**、贈賄、収賄（≒payoff） 名bribe：賄賂 動bribe：～に賄賂を贈る

Day 31 》MP3-061
Quick Review
答えは右ページ下

□ 発足　□ 配置　□ 観測所　□ 近いこと
□ 保持　□ 写し　□ 別館　□ 職人
□ 簿記　□ 打ち合わせ会合　□ 熟慮　□ 倉庫
□ 寮　□ 眠気　□ 財政的支援　□ ちょっとした誤り

Check 2 Phrase		Check 3 Sentence 》MP3-064
□ major reorganization（大規模な再編成） □ corporate reorganization（会社の再建）	▸	□ The firm announced the reorganization of its management.（その会社は経営陣の再編成を発表した）
□ a digital timepiece（デジタル時計）	▸	□ This timepiece is powered by the sun.（この時計は太陽を動力源にしている）
□ acknowledgment of an error（誤りを認めること） □ in acknowledgment of ～（～に感謝して）	▸	□ Acknowledgment of wrongdoing is the first step toward reconciliation.（罪を認めることが和解への第一歩だ）
□ a foreign affiliate（海外の関連会社）	▸	□ He was transferred to an affiliate of the company.（彼はその会社の系列会社に転勤となった）
□ bias against women（女性に対する偏見）	▸	□ Racial bias still exists in our society.（人種的偏見は私たちの社会にいまだに存在している）
□ reimbursement for travel expenses（交通費の払い戻し）	▸	□ Employees can receive reimbursement for work-related expenses.（従業員は仕事に関連した経費の払い戻しを受けることができる）
□ serve as a reminder that ～（[主語が]～ということを思い出させる） □ a reminder of childhood（子どものころの思い出）	▸	□ A mark on the calendar served as a reminder that it was my husband's birthday.（その日が夫の誕生日であることをカレンダーの印を見て思い出した）
□ be vulnerable to bribery（賄賂に弱い） □ a bribery scandal（贈収賄事件）	▸	□ The CEO has denied the bribery accusations.（そのCEOは贈収賄の罪状を否認している）

Day 31 》MP3-061
Quick Review
答えは左ページ下

□ inception	□ retention	□ bookkeeping	□ dormitory
□ layout	□ transcript	□ briefing	□ drowsiness
□ observatory	□ annex	□ deliberation	□ funding
□ proximity	□ artisan	□ depot	□ lapse

Day 33 名詞19

Check 1 Chants 》MP3-065

□ 0513 **condominium** /kὰndəmíniəm/ Part 5, 6	名 **分譲マンション** ➕短縮形のcondoもよく使われる。mansionは「大邸宅」
□ 0514 **epidemic** /èpədémik/ Part 5, 6	名❶(病気などの) **流行**、蔓延 ❷伝染病(≒plague) ➕endemicは「風土病」、pandemicは「全国[世界]的流行病」 形(病気が)流行[伝染]性の
□ 0515 **humidity** /hjuːmídəti/ Part 5, 6	名 **湿度**、湿気 形humid：湿気の多い、蒸し蒸しする
□ 0516 **inhabitant** /inhǽbətənt/ Part 5, 6	名 **住民**、居住者(≒resident) 動inhabit：～に住む、生息する
□ 0517 **integrity** /intégrəti/ ❗アクセント注意 Part 4	名❶**誠実**、正直(≒honesty) ❷無傷の[完全な]状態
□ 0518 **outfit** /áutfit/ Part 1	名 **服装**[衣装](一そろい)(≒clothes, clothing, attire, apparel) 動～に(…を)装備させる(with . . .)
□ 0519 **tendency** /téndənsi/ Part 5, 6	名(～への／…する) **傾向**、性向(to [toward] ～/to do)(≒trend, inclination) 動tend：(tend to doで)～しがちである、～する傾向がある
□ 0520 **accountability** /əkὰuntəbíləti/ Part 5, 6	名(説明) **責任**(≒responsibility) 動account：(account forで)❶(ある割合)を占める ❷～(の理由・原因)を説明する

continued ▼

本を持ち歩かなくても、語彙学習はできる！特に復習は音声を「聞き流す」だけでもOK。通勤・通学時などの「細切れ時間」を活用しよう。

- □ 聞くだけモード　Check 1
- □ しっかりモード　Check 1 ▸ 2
- □ かんぺきモード　Check 1 ▸ 2 ▸ 3

Check 2 Phrase	Check 3 Sentence 》MP3-066
□ a resort condominium（リゾートマンション）	□ A 30-story condominium is being built near the station.（30階建てのマンションが駅の近くで建設中だ）
□ a cholera epidemic（コレラの流行） □ prevent epidemics（伝染病を防ぐ）	□ The school has been closed due to a flu epidemic.（その学校はインフルエンザが流行しているため閉鎖されている）
□ high [low] humidity（高い[低い]湿度）	□ The summer humidity in Japan is very high.（日本の夏の湿度は非常に高い）
□ a city of 100,000 inhabitants（住民数10万の街）	□ Oslo is the capital city of Norway, and has about 500,000 inhabitants.（オスロはノルウェーの首都で、約50万人の住民がいる）
□ with integrity（誠実に、正直に） □ territorial integrity（領土の保全）	□ He is a man of high integrity.（彼は非常に誠実な人物だ）
□ a bride's outfit（花嫁衣装）	□ The man is in a cowboy outfit.（男性はカウボーイの装いをしている）
□ have a tendency to do ～（～する傾向がある） □ the downward [upward] tendency of prices（物価下降[上昇]の傾向）	□ There is a tendency for the economy to slow down.（景気は減速傾向にある）
□ accountability for results（結果に対する説明責任） □ assume accountability for ～（～に対する責任を負う）	□ The registered nurse assumes accountability for the nursing care of a patient.（正看護師は患者の看護に対する責任を負っている）

continued ▼

Check 1　Chants 》MP3-065

☐ 0521
ally
/ǽlai/
❶アクセント注意
Part 7

名❶**協力者**、味方　❷同盟国
動(/əlái/)(ally oneself to [with]で)～と同盟[提携]している
名alliance：(～との／…の間の)提携、同盟(with ～/between . . .)
形allied：❶同盟した　❷(～と)関連した(to [with] ～)

☐ 0522
attachment
/ətǽtʃmənt/
Part 5, 6

名❶(電子メールの)**添付ファイル**　❷(～への)愛着、愛情(to [for] ～)(≒love)　❸付属品
動attach：(attach A to Bで)AをBに添付する、貼りつける

☐ 0523
dedication
/dèdikéiʃən/
Part 4

名(～への)**献身**(to ～)(≒devotion)
動dedicate：❶(dedicate A to Bで)AをBにささげる　❷(be dedicated toで)～に専念[熱中]している
形dedicated：❶熱心な、献身的な、ひたむきな　❷(装置などが)ある特定の目的用の、専用の

☐ 0524
disclosure
/disklóuʒər/
Part 5, 6

名(～の)**発覚**、暴露、発表(of ～)
動disclose：(秘密など)を明らかにする、暴露する、暴く

☐ 0525
discrepancy
/diskrépənsi/
Part 5, 6

名(～の間の)**相違**、不一致(between ～)(≒difference)

☐ 0526
endorsement
/indɔ́ːrsmənt/
Part 5, 6

名❶**承認**、是認　❷(小切手などの)裏書き
動endorse：❶～を承認[是認、支持]する　❷(小切手など)に裏書きする

☐ 0527
get-together
/géttəgèðər/
Part 4

名(非公式の)**集まり**、パーティー、会合、親睦[懇親]会(≒meeting, gathering)
動get together：集まる、(～と)会う(with ～)

☐ 0528
petition
/pətíʃən/
Part 7

名(～を求める／…に反対する)**請願**(書)、嘆願(書)(for ～/against . . .)(≒request)
動(～を求めて／…するよう)請願する(for ～/to do)

Day 32 》MP3-063
Quick Review
答えは右ページ下

☐ 栄養素
☐ 経営者
☐ 評論家
☐ 欠点
☐ 近道
☐ 態度
☐ 灯台
☐ 破産
☐ 再編成
☐ 時計
☐ 認めること
☐ 系列会社
☐ 偏見
☐ 払い戻し
☐ 思い出させるもの
☐ 賄賂行為

Check 2 Phrase		Check 3 Sentence ») MP3-066
□ one's closest ally (緊密な協力者) □ an ally of the US (アメリカの同盟国)	▸	□ The industry has strong allies in Congress. (その業界には国会に力強い協力者がいる)
□ send ~ as an attachment (~を添付ファイルで送る) □ form an attachment to [for] ~ (~が好きになる)	▸	□ Don't open any suspicious e-mails or attachments. (怪しい電子メールや添付ファイルは開かないでください)
□ her dedication to volunteer work (ボランティア活動への彼女の献身)	▸	□ I would like to thank you all for your dedication to the project. (プロジェクトへの皆さんの献身に感謝いたします)
□ the disclosure of the truth (事実の発覚)	▸	□ Companies must prevent the disclosure of personal information. (企業は個人情報の発覚を防がなくてはならない)
□ a discrepancy between the two accounts (2つの計算の食い違い) □ a discrepancy of opinions (意見の不一致)	▸	□ There was a significant discrepancy between simulation results and measured data. (シミュレーションの結果と測定データの間にはかなりの違いがあった)
□ the endorsement of a project (プロジェクトの承認) □ an endorsement of a check (小切手の裏書き)	▸	□ The project implementation requires government endorsement. (そのプロジェクトの実施には政府の承認が必要だ)
□ a family get-together (家族の集まり[団らん])	▸	□ The annual Christmas get-together will be held on December 17 at the Village Club at 6 p.m. (毎年恒例のクリスマス会が12月17日の午後6時からヴィレッジクラブで開催される)
□ a petition for healthcare reform (医療改革を求める請願) □ draw up a petition (請願書を作成する)	▸	□ Over 50 percent of the residents signed a petition against the closure of the local hospital. (50パーセントを超える住民が地元の病院の閉鎖に反対する請願書に署名した)

Day 32 ») MP3-063
Quick Review
答えは左ページ下

□ nutrient	□ shortcut	□ reorganization	□ bias
□ proprietor	□ demeanor	□ timepiece	□ reimbursement
□ reviewer	□ lighthouse	□ acknowledgment	□ reminder
□ shortcoming	□ liquidation	□ affiliate	□ bribery

Day 34 名詞20

Check 1　Chants 》MP3-067

□ 0529
petroleum
/pətróuliəm/
❗アクセント注意
Part 7
▸
名**石油**(≒oil)
▸

□ 0530
sanction
/sǽŋkʃən/
Part 5, 6
▸
名❶(~s)(~に対する)**制裁**(措置)(against [on] ~)　❷認可(≒permission, approval, acceptance)
動❶~を認可[公認]する　❷~に対して制裁措置を取る
▸

□ 0531
adoption
/ədɑ́ptʃən/
Part 5, 6
▸
名❶(~の)**採用**、採択(of ~)　❷養子縁組
動adopt：❶(技術など)を採用[採択]する　❷~を可決する　❸~を養子にする
▸

□ 0532
allergy
/ǽlərdʒi/
❗発音注意
Part 2, 3
▸
名(~に対する)**アレルギー**(to ~)
形allergic：(be allergic toで)❶~に対してアレルギーがある　❷~が大嫌いである
▸

□ 0533
awning
/ɔ́:niŋ/
Part 1
▸
名(店先などの)**日よけ**、雨よけ
▸

□ 0534
benchmark
/béntʃmɑ̀:rk/
Part 7
▸
名(価値判断などの)**基準**、尺度(≒standard)
▸

□ 0535
dismissal
/dismísəl/
Part 7
▸
名(~からの)**解雇**、免職(from ~)
動dismiss：❶~を解雇する　❷(dismiss A as Bで)A(提案など)をBだとして退ける、忘れてしまう
▸

□ 0536
disturbance
/distə́:rbəns/
Part 7
▸
名❶**妨害**[邪魔](物)(≒interruption)　❷(社会の)騒動、混乱
動disturb：❶(平静など)を乱す、妨げる　❷~に迷惑をかける
形disturbing：憂慮すべき、平静を乱す、不安にさせる
▸

continued
▾

1日の「サボり」が挫折につながる。語彙習得論的にも、2日(=32語)を1日で覚えるのは難しい。1日1日の「積み重ね」を大切に！

□ 聞くだけモード　Check 1
□ しっかりモード　Check 1 ▸ 2
□ かんぺきモード　Check 1 ▸ 2 ▸ 3

Check 2　Phrase　/　Check 3　Sentence 》MP3-068

□ crude [raw] petroleum（原油）
□ a petroleum company（石油会社）
▸
□ It is said that petroleum will be exhausted in about 40 years.（石油は約40年で枯渇すると言われている）

□ impose [lift] sanctions on ~（~に対して制裁措置を取る[~に対する制裁措置を解除する]）
□ give sanction to ~（~を認可する）
▸
□ Economic sanctions against the country will be lifted as soon as a peace accord is implemented.（和平合意が実施され次第、その国への経済制裁は解除される予定だ）

□ the adoption of the plan（その計画の採用）
□ an adoption agency（養子縁組あっせん所）
▸
□ Adoption of new technology is often delayed because of cost considerations.（新しい技術の採用は経費を考慮して遅らされることが多い）

□ an allergy to eggs = an egg allergy（卵アレルギー）
▸
□ I have an allergy to cedar pollen.（私はスギ花粉アレルギーだ）

□ a striped awning（しま模様の日よけ）
▸
□ The awning covers the entrance of the store.（日よけが店の入り口を覆っている）

□ a benchmark of evaluation（評価の基準）
▸
□ The prime rate is a benchmark for setting interest rates on many types of loans.（プライムレートとは多くの種類のローンの利率を設定する際に基準となるものだ）

□ unfair [wrongful] dismissal（不当解雇）
□ dismissal from the post of ~（~の地位からの解雇）
▸
□ The factory employees were notified of their dismissal.（その工場の従業員は解雇の通知を受けた）

□ disturbance of law and order（治安の妨害）
□ cause [create] a disturbance（騒動を起こす）
▸
□ Residents have complained about the disturbances caused by aircraft.（住民たちは飛行機の騒音について苦情を述べている）

continued
▼

Check 1 Chants 》MP3-067

□ 0537
implication
/ìmplikéiʃən/
Part 7

名❶**言外の意味**、含み ❷(通例～s)(予想される)(～の)影響、結果(of ～)
動imply：～をほのめかす、暗示する

□ 0538
insurer
/inʃúərər/
Part 5, 6

名**保険会社**[業者]
名insurance：保険
動insure：～に(…に備えて)保険をかける(against . . .)

□ 0539
mentor
/méntɔːr/
Part 2, 3

名(信頼のおける)**助言**[指導]**者**、教育役[係]

□ 0540
trainee
/treiníː/
Part 7

名**研修**[実習、訓練]**生**(≒intern)
名training：(～の)訓練、教育、養成(in ～)
動train：❶～を(…するように)訓練[教育]する(to do) ❷訓練[教育]を受ける

□ 0541
brokerage
/bróukəridʒ/
Part 7

名❶**証券会社**(≒brokerage house [firm]) ❷仲買手数料

□ 0542
competence
/kámpətəns/
Part 5, 6

名(～の)**能力**、適性(in [for] ～)(⇔incompetence)
形competent：❶(仕事などに)有能な(at [in] ～)、(～する)能力のある(to do)、(～するのに)適格な(to do) ❷(仕事が)満足のいく

□ 0543
craft
/kræft/
Part 7

名❶(小型)**船舶**(≒boat, ship)、飛行機(≒aircraft, airplane, plane) ➕この意味では単複同形 ❷技術(≒skill)
動～を精巧[念入り]に作る
名craftsman：職人
名craftsmanship：職人の技能

□ 0544
disorder
/disɔ́ːrdər/
Part 7

名❶**病気**、疾患(≒disease, illness) ❷(社会的)無秩序、混乱(≒unrest) ❸乱雑(≒confusion)
形disordered：❶乱雑な、乱れた ❷病気の、不調な
形disorderly：❶無法な、乱暴な ❷無秩序の、混乱した

Day 33 》MP3-065
Quick Review
答えは右ページ下

□ 分譲マンション □ 誠実 □ 協力者 □ 相違
□ 流行 □ 服装 □ 添付ファイル □ 承認
□ 湿度 □ 傾向 □ 献身 □ 集まり
□ 住民 □ 責任 □ 発覚 □ 請願

Check 2 Phrase

Check 3 Sentence MP3-068

☐ by implication（暗に、それとなく）
☐ have implications for ～（～に影響を及ぼす）
▸
☐ I considered the implications of what he had said.（私は彼が言ったことの言外の意味を考えてみた）

☐ the second-biggest insurer in the world（世界第2位の保険会社）
▸
☐ If you need to make an insurance claim, please contact your insurer directly.（保険金を請求する必要がある場合は、保険会社に直接連絡してください）

☐ the ideal mentor（理想的な助言者）
▸
☐ My current boss is my best mentor.（私の現在の上司は私の最良の助言者だ）

☐ a trainee nurse（看護師研修生）
▸
☐ She was employed as a legal trainee with the law firm.（彼女はその法律事務所に司法修習生として採用された）

☐ a mid-sized brokerage（中堅の証券会社）
▸
☐ Most brokerages suffered huge losses last year.（ほとんどの証券会社は昨年、大きな損失を被った）

☐ competence in English（英語の能力）
☐ competence as a teacher（教師としての適性）
▸
☐ Applicants must demonstrate competence in programming using a program language.（志願者はプログラム言語を使ったプログラミングの能力を証明しなければならない）➕求人広告の表現

☐ a fishing craft（漁船）
☐ the craft of knitting（編み物の技術）
▸
☐ Several rescue craft were sent to the scene of the crash.（数隻の救助艇が衝突現場へと送られた）

☐ a stomach disorder（胃病）
☐ be in a state of disorder（混乱状態にある）
▸
☐ The patient suffers from a serious heart disorder.（その患者は重い心臓病を患っている）

Day 33 MP3-065
Quick Review
答えは左ページ下

☐ condominium ☐ epidemic ☐ humidity ☐ inhabitant
☐ integrity ☐ outfit ☐ tendency ☐ accountability
☐ ally ☐ attachment ☐ dedication ☐ disclosure
☐ discrepancy ☐ endorsement ☐ get-together ☐ petition

Day 35 名詞21

Check 1 Chants 》MP3-069

□ 0545 **gala** /géilə/ ㋑/gɑ́:lə/ ❶発音注意 Part 4	名 **祝祭**、お祭り
□ 0546 **intern** /íntə:rn/ Part 4	名 **研修**[実習]**生**(≒trainee) 名internship：実習訓練期間
□ 0547 **investigator** /invéstigèitər/ Part 4	名 **調査員**、(犯罪の)調査官、捜査官 名investigation：(～の)調査、捜査(into [of] ～) 動investigate：～を(詳細に)調査する、取り調べる
□ 0548 **lumber** /lʌ́mbər/ Part 1	名 **材木**、木材(≒timber) 動 材木を切り出す
□ 0549 **occurrence** /əkə́:rəns/ Part 5, 6	名 ❶**出来事**、事件(≒event, incident, accident) ❷発生、出現(≒incidence) 動occur：❶(事件などが)起こる、生じる ❷(occur toで)(考えなどが)～の心に(ふと)浮かぶ
□ 0550 **photocopier** /fóutoukɑ̀piər/ Part 1	名 **コピー機**、写真複写機(≒copier) 名photocopy：コピー 動photocopy：～をコピーする
□ 0551 **seniority** /si:njɔ́:rəti/ ㋑/sì:niɔ́rəti/ ❶発音注意 Part 4	名 **年功**(序列) 名senior：❶(大学・高校の)最上級生 ❷年長者 形senior：❶(役職・地位が)(～より)上位[上級、先任]の(to ～) ❷(～より)年上[年長]の(to ～)
□ 0552 **allocation** /æ̀ləkéiʃən/ Part 7	名 **割り当て**、配分、割当量[額] 動allocate：❶(allocate A for Bで)AをBのために取っておく、充てる、計上する ❷(allocate A to Bで)AをBに割り当てる、配分する

continued ▼

今日で『キクタンTOEIC L&Rテスト SCORE 990』は前半戦が終了！　一緒に学習を続けてくれてありがとう！　あと半分、頑張ろう！

□ 聞くだけモード　Check 1
□ しっかりモード　Check 1 ▸ 2
□ かんぺきモード　Check 1 ▸ 2 ▸ 3

Check 2　Phrase		Check 3　Sentence 》MP3-070
□ a gala day（祝日、祭日） □ a gala dress（晴れ着）	▸	□ Nearly 400 guests enjoyed a gala dinner at the hotel.（400人近い来賓がそのホテルでの祝賀ディナーを楽しんだ）
□ work in ~ as an intern（～で研修生として働く）	▸	□ The company hires 10 interns every summer and about a quarter of its employees are former interns.（その会社は毎年夏に10名の研修生を雇っており、従業員の約4分の1は元研修生だ）
□ an accident investigator（事故調査員） □ a private investigator（私立探偵）	▸	□ Investigators are looking into the cause of the accident.（調査員たちはその事故の原因を調べている）
□ cut lumber from a log（丸太から材木を切り出す） □ a lumber mill（製材所）	▸	□ The lumber is stacked in layers.（材木が何層にも積み重ねられている）
□ a rare [an unexpected] occurrence（まれな［思いがけない］出来事） □ the occurrence of an earthquake（地震の発生）	▸	□ Sports injuries are a common occurrence among children.（スポーツでのけがは子どもたちの間ではよくあることだ）
□ a color photocopier（カラーコピー機）	▸	□ The man is fixing a photocopier.（男性はコピー機を修理している）
□ a seniority system（年功序列制度）	▸	□ Promotion should be based on merit, not seniority.（昇進は年功ではなく、功績に基づくべきだ）
□ the allocation of funds（資金の割り当て）	▸	□ A fairer allocation of wealth is crucial to reducing the gap between the rich and poor.（より公平な富の配分は貧富の格差を減らすために極めて重要だ）

continued
▼

Check 1 Chants 》MP3-069

□ 0553 **blizzard** /blízərd/ Part 4	名**猛吹雪** ➕「吹雪」はsnowstorm
□ 0554 **boarding** /bɔ́ːrdiŋ/ Part 4	名**搭乗**、乗車、乗船 動board：(飛行機など)に乗り込む
□ 0555 **boundary** /báundəri/ Part 5, 6	名❶(～の間の)**境界線**(between ～)(≒border) ❷(通例～ies)限界(≒limitation)
□ 0556 **census** /sénsəs/ Part 7	名**国勢調査**、人口調査
□ 0557 **distraction** /distrǽkʃən/ Part 2, 3	名❶**気を散らす**[散らされる]**こと** ❷気晴らし、娯楽 動distract：(人)の気を(…から)散らす、(注意など)を(…から)散らす、そらす(from . . .) 形distracting：気が散る、集中できない
□ 0558 **gathering** /gǽðəriŋ/ Part 5, 6	名**集会**、集まり、会合(≒meeting, get-together) 動gather：❶集まる ❷～を集める ❸～だと推測する
□ 0559 **gear** /gíər/ Part 2, 3	名❶(集合的に)**道具**、用具一式 ❷(車の)ギア、歯車 動～を(…に)適合させる(to . . .)
□ 0560 **implementation** /ìmpləməntéiʃən/ Part 5, 6	名**実行**、実施、履行 名implement：道具、用具 動implement：(計画・約束など)を実行[履行]する

Day 34 》MP3-067
Quick Review
答えは右ページ下

□ 石油	□ 日よけ	□ 言外の意味	□ 証券会社
□ 制裁	□ 基準	□ 保険会社	□ 能力
□ 採用	□ 解雇	□ 助言者	□ 船舶
□ アレルギー	□ 妨害	□ 研修生	□ 病気

Check 2 Phrase		Check 3 Sentence 》MP3-070
□ be stuck in a blizzard（猛吹雪の中で立ち往生する）	▶	□ The airport was closed due to a blizzard.（猛吹雪のため空港は閉鎖された）
□ a boarding pass（搭乗券）	▶	□ Ladies and gentlemen, boarding will start in 10 minutes.（皆さま、搭乗は10分後に始まります）➕空港のアナウンス
□ the boundary between the US and Mexico（アメリカとメキシコ間の境界線） □ beyond the boundaries of ～（～の限界を超えて）	▶	□ The Andes mountains form the boundary between Chile and Argentina.（アンデス山脈はチリとアルゼンチン間の境界線を形成している）
□ take a census（国勢調査をする）	▶	□ A census is taken every five years in Japan.（日本では国勢調査は5年ごとに行われる）
□ reduce driver distraction（運転手の注意散漫を低減させる） □ a pleasant distraction（楽しい気晴らし）	▶	□ Talking on a cellphone can be a distraction from driving.（携帯電話での通話で運転から気が散ることもある）
□ a social gathering（懇親会、親睦会）	▶	□ There was a gathering of business leaders in Tokyo.（財界首脳らの会合が東京であった）
□ fishing [rain] gear（釣り［雨］具） □ a car with five gears（5段ギアの車）	▶	□ I loaded camping gear into my car.（私は車にキャンプ用具一式を積み込んだ）
□ implementation of a plan（計画の実行）	▶	□ The implementation of the project was delayed due to a lack of funds.（そのプロジェクトの実施は資金不足のため延期された）

Day 34 》MP3-067
Quick Review
答えは左ページ下

□ petroleum	□ awning	□ implication	□ brokerage
□ sanction	□ benchmark	□ insurer	□ competence
□ adoption	□ dismissal	□ mentor	□ craft
□ allergy	□ disturbance	□ trainee	□ disorder

Day 36 名詞22

Check 1 Chants 》MP3-071

□ 0561
limitation
/lìmətéiʃən/
Part 5, 6

名❶**制限** ❷(〜s)(能力などの)限界
名limit：❶限度、制限 ❷(通例〜s)範囲、区域
動limit：〜を(…に)制限する(to . . .)
形limited：限られた

□ 0562
repetition
/rèpətíʃən/
Part 5, 6

名**繰り返し**、反復
動repeat：❶〜を繰り返して言う ❷〜を繰り返す
形repeated：繰り返された、度々の
形repetitive：繰り返しの多い、反復的な
副repeatedly：繰り返して、再三再四

□ 0563
stimulation
/stìmjuléiʃən/
Part 5, 6

名**刺激**、興奮
名stimulus：刺激(するもの)
動stimulate：〜を刺激する、活気づける

□ 0564
usher
/ʌ́ʃər/
Part 4

名(劇場などの)**案内係**
動〜を(…へ)案内する(to [into] . . .)

□ 0565
validation
/vælədéiʃən/
Part 7

名**検証**、実証、確証
名validity：妥当[有効、正当]性
動validate：〜が正しいことを証明する
形valid：❶(契約などが)(法的に)有効な ❷(理由などが)妥当な

□ 0566
viewpoint
/vjú:pɔ̀int/
Part 5, 6

名**観点**、立場、見地(≒point of view, perspective, standpoint)
動view：〜を考察[考慮]する
名view：❶風景、眺め ❷見方 ❸(〜に関する)考え(on [about] 〜)

□ 0567
vocation
/voukéiʃən/
Part 7

名❶**天職** ❷職業(≒job, occupation, profession, career)
形vocational：職業(上)の

□ 0568
abbreviation
/əbrì:viéiʃən/
Part 2, 3

名(〜の)**省略形**、略語(of [for] 〜)
動abbreviate：(abbreviate A as [to] Bで)AをBに短縮[省略]する

continued ▼

つらくて挫折しそうになったら、Check 1の「聞くだけモード」だけでもOK。少しずつでもいいので、「継続する」ことを大切にしよう！

□ 聞くだけモード　Check 1
□ しっかりモード　Check 1 ▸ 2
□ かんぺきモード　Check 1 ▸ 2 ▸ 3

Check 2　Phrase		Check 3　Sentence 》MP3-072
□ the limitation of nuclear weapons（核兵器の制限） □ have one's limitations（限界がある）	▸	□ The ordinance raised the height limitation from 30 to 35 feet in all residential districts.（その条例によって全住宅区域の高さ制限が30フィートから35フィートに引き上げられた）
□ avoid a repetition of ～（～の繰り返しを避ける）	▸	□ Constant repetition is the best way to learn something.（何度も繰り返すことが何かを覚えるための最善の方法だ）
□ intellectual stimulation（知的刺激）	▸	□ Children need stimulation in order for the brain to develop.（脳が発達するために子どもには刺激が必要だ）
□ a theater usher（劇場の案内係）	▸	□ If you arrive late, an usher will lead you to your seat.（遅れて到着した場合は、案内係があなたを席へ案内する）
□ a validation method（検証方法）	▸	□ The validation process is essential for gaining scientific credibility.（検証プロセスは科学的信頼性を得るために不可欠だ）
□ from a historical [religious] viewpoint（歴史的［宗教的］観点から見ると）	▸	□ From an environmental viewpoint, human activities change the global climate.（環境的観点から見ると、人間の活動は地球環境に変化をもたらしている）
□ regard one's profession as a vocation（自分の職業を天職と考える） □ one's vocation as a teacher（教師としての仕事）	▸	□ He found his vocation as a composer after some years spent as a pianist.（彼は何年かピアニストとして過ごした後、作曲家としての天職を見つけた）
□ the abbreviation of "unidentified flying object"（「未確認飛行物体」の省略形）➕UFO	▸	□ IOC is an abbreviation for the International Olympic Committee.（IOCは国際オリンピック委員会の省略形だ）

continued ▼

Check 1　Chants 》MP3-071

□ 0569 **hygiene** /háidʒiːn/ Part 5, 6	名**衛生**(状態)、衛生学 形hygienic：衛生(上)の、衛生的な
□ 0570 **incidence** /ínsədəns/ Part 5, 6	名(病気・事件などの)**発生**(率)(≒occurrence) 名incident：出来事、事件、事故 形incident：(～に)ありがちな、起こりがちな(to ～) 形incidental：(～に)付随して起こる(to ～)
□ 0571 **influx** /ínflʌ̀ks/ Part 7	名(～の)**流入**、殺到、到来(of ～)
□ 0572 **infringement** /infríndʒmənt/ Part 7	名❶(権利などの)**侵害**(of [on] ～)　❷(法律などの)違反(of ～) 動infringe：❶(権利など)を侵害する、(法律など)に違反する　❷(infringe on [upon]で)～を侵害する
□ 0573 **jargon** /dʒɑ́ːrgən/ Part 7	名**専門**[業界]**用語**(≒terminology)
□ 0574 **medium** /míːdiəm/ Part 5, 6	名❶(伝達などの)**手段**(≒means)　❷媒体[媒介](物) ➕複数形はmediaとmediumsの2つある 形❶中間の、中位の　❷(ステーキが)ミディアムの
□ 0575 **norm** /nɔ́ːrm/ Part 5, 6	名❶**普通**[当たり前]**のこと**(≒rule)　❷(通例～s)規範(≒convention) 形normal：❶普通[通常]の　❷(心身ともに)正常な 副normally：❶普通[通常]は　❷普通[正常]に
□ 0576 **novice** /nɑ́vis/ Part 7	名(～の)**初心者**、素人(at ～)(≒beginner)

Day 35 》MP3-069
Quick Review
答えは右ページ下

□ 祝祭	□ 出来事	□ 猛吹雪	□ 気を散らすこと
□ 研修生	□ コピー機	□ 搭乗	□ 集会
□ 調査員	□ 年功	□ 境界線	□ 道具
□ 材木	□ 割り当て	□ 国勢調査	□ 実行

Check 2 Phrase		Check 3 Sentence ») MP3-072
□ public hygiene(公衆衛生) □ good [bad] hygiene(よい[悪い]衛生状態)	▸	□ Tooth decay is caused by poor dental hygiene.(虫歯は歯の不衛生によって起こる)
□ the incidence of traffic accidents(交通事故の発生率)	▸	□ Residents in the area are concerned about the increasing incidence of crime.(その地域の住民は犯罪の発生の増加を心配している)
□ an influx of foreign capital(外国資本の流入)	▸	□ The country is faced with an influx of refugees.(その国は難民の流入に直面している)
□ infringement of a patent(特許権の侵害) □ infringement of traffic regulations(交通規則の違反)	▸	□ Copyright infringement is severely punished.(著作権の侵害は厳しく処罰される)
□ computer jargon(コンピューター用語)	▸	□ This book is written with minimal jargon.(この本は最少限の専門用語で書かれている)
□ a medium of transportation(交通手段) □ the medium of television(テレビ媒体)	▸	□ E-mail has become a primary medium of communication in business.(電子メールはビジネスでの主要な伝達の手段となった)
□ become the norm(普通のことになる) □ social norms(社会的規範)	▸	□ Non-smoking is already the norm at work.(禁煙は職場では既に普通のことだ)
□ a novice at golf＝a novice golfer(ゴルフの初心者)	▸	□ This motorcycle is too powerful for a novice to control.(このオートバイはパワーがあり過ぎて初心者には制御できない)

Day 35 ») MP3-069
Quick Review
答えは左ページ下

□ gala	□ occurrence	□ blizzard	□ distraction
□ intern	□ photocopier	□ boarding	□ gathering
□ investigator	□ seniority	□ boundary	□ gear
□ lumber	□ allocation	□ census	□ implementation

Check 1 Chants 》MP3-073

□ 0577 **persistence** /pərsístəns/ Part 5, 6	名 **粘り強さ**、不屈の精神(≒perseverance) 動persist:(persist inで)〜を辛抱強く続ける、貫く 形persistent:粘り強い、不屈の 副persistently:粘り強く
□ 0578 **specimen** /spésəmən/ Part 1	名❶**標本** ❷見本
□ 0579 **speculator** /spékjulèitər/ Part 5, 6	名 **投機**[投資]**家**(≒investor) 名speculation:❶推測、推量 ❷投機、思惑買い 動speculate:❶〜だと推測する ❷(speculate on [about]で)〜について推測する ❸(speculate inで)(株など)に投機する、〜を思惑買い[売り]する
□ 0580 **standstill** /stǽndstìl/ Part 7	名(a 〜)**停止**、休止、行き詰まり
□ 0581 **stool** /stú:l/ Part 1	名❶**腰掛け**、スツール ➕ひじ掛けや背もたれのないいすを指す ❷踏み台
□ 0582 **affiliation** /əfìliéiʃən/ Part 5, 6	名❶(〜との)**提携**、合併(with 〜)(≒association, connection) ❷所属、加入 動affiliate:(be affiliated with [to]で)〜の系列下である、〜に付属している 名affiliate:系列[関連]会社、付属機関
□ 0583 **assortment** /əsɔ́:rtmənt/ Part 4	名(各種の)**詰め**[取り]**合わせ**、寄せ集め(of 〜)(≒mixture, variety) 形assorted:詰め合わせの
□ 0584 **drapery** /dréipəri/ Part 7	名(通例〜ies)(長い厚手の)**カーテン**(≒drape, curtain)

continued ▼

毎日繰り返し音声を聞いていれば、リスニング力もアップしているはず。英語ニュースなどを聞いて、効果を確認してみては?

□ 聞くだけモード Check 1
□ しっかりモード Check 1 ▶ 2
□ かんぺきモード Check 1 ▶ 2 ▶ 3

Check 2 Phrase	Check 3 Sentence ») MP3-074
□ persistence and enthusiasm(粘り強さと熱意)	□ Persistence is one of the keys to success.(粘り強さは成功の秘けつの1つだ)
□ a fossil specimen(化石の標本) □ a fine specimen of ~(~の好見本)	□ The man is examining a specimen.(男性は標本を調べている)
□ foreign speculators(海外投機家)	□ The government should prevent speculators from manipulating stock prices.(政府は投機家たちが株価を操作するのを防ぐべきだ)
□ come [grind] to a standstill(停止する、行き詰まる) □ be at a standstill(行き詰まっている)	□ Heavy snow brought traffic to a standstill.(大雪で交通は麻痺した)
□ a piano stool(ピアノ用のいす) □ a three-legged stool(脚が3ついている腰掛け)	□ The woman is sitting on a stool.(女性は腰掛けに座っている)
□ form affiliations with ~(~と提携を結ぶ) □ one's political affiliation(所属政党)	□ The hospital has affiliations with many other hospitals.(その病院はほかの多くの病院と提携している)
□ an assortment of fruits(果物の詰め合わせ)	□ I sent her an assortment of sweets.(私は彼女に菓子の詰め合わせを送った)
□ gorgeous draperies(豪華なカーテン)	□ Our draperies are all custom-made.(当社のカーテンはすべてオーダーメードだ)

continued ▼

Check 1　Chants 》MP3-073

□ 0585 **feat** /fíːt/ Part 7	名 **偉業**、功績、離れ技、妙技
□ 0586 **philanthropy** /filǽnθrəpi/ Part 7	名 **慈善活動**［事業］（≒charity）
□ 0587 **proofreading** /prúːfrìːdiŋ/ Part 2, 3	名 **校正** 動 proofread：～を校正する 名 proofreader：校正係
□ 0588 **purveyor** /pərvéiər/ Part 7	名 **供給業者**、提供者（≒supplier, provider, distributor） 動 purvey：～を供給［提供］する
□ 0589 **redundancy** /ridʌ́ndənsi/ Part 5, 6	名 ❶**解雇**（≒layoff）、余剰人員　❷余分 形 redundant：❶解雇された、余剰人員の　❷余分［不要］な
□ 0590 **ripple** /rípl/ Part 1	名 **さざ波**
□ 0591 **upside** /ʌ́psàid/ Part 2, 3	名（通例悪い状況の中での）**よい面**、利点（⇔downside）
□ 0592 **morale** /mərǽl/ ❶発音注意 Part 5, 6	名（集団などの）**士気**、意気込み　➕moral（道徳の）と混同しないように注意

Day 36 》MP3-071
Quick Review
答えは右ページ下

□ 制限	□ 検証	□ 衛生	□ 専門用語
□ 繰り返し	□ 観点	□ 発生	□ 手段
□ 刺激	□ 天職	□ 流入	□ 普通のこと
□ 案内係	□ 省略形	□ 侵害	□ 初心者

Check 2 Phrase	Check 3 Sentence))) MP3-074
□ accomplish [achieve] a feat (偉業を達成する) □ circus feats (サーカスの離れ技)	□ The space station is a remarkable feat of engineering. (宇宙ステーションは工学技術の目覚ましい偉業だ)
□ corporate philanthropy (企業による慈善活動)	□ The company has been actively involved in philanthropy. (その会社は慈善活動に積極的に参加してきている)
□ author's proofreading (著者校正)	□ Proofreading is the most important part of any paper. (校正はいかなるレポートでも最も重要な部分だ)
□ a purveyor of imported wines (輸入ワインの供給業者)	□ We are a purveyor of fine women's clothing. (当社は高級婦人服の供給業者だ)
□ voluntary redundancy (希望退職) □ labor redundancy (過剰雇用)	□ The automaker announced the redundancies of 3,000 staff. (その自動車メーカーは3000人の社員の解雇を発表した)
□ ripples of the lake's surface (湖面のさざ波)	□ There are some ripples on the water surface. (水面にさざ波が立っている)
□ have upsides and downsides (よい面も悪い面もある)	□ Is there any upside in starting a new business when the economy is shrinking? (経済が縮小しているのに新しい事業を始める利点などあるだろうか?)
□ boost [improve] the morale of ~ (~の士気を高める)	□ The management is concerned about low employee morale. (経営陣は従業員の士気の低さを心配している)

Day 36))) MP3-071
Quick Review
答えは左ページ下

□ limitation	□ validation	□ hygiene	□ jargon
□ repetition	□ viewpoint	□ incidence	□ medium
□ stimulation	□ vocation	□ influx	□ norm
□ usher	□ abbreviation	□ infringement	□ novice

Day 38 名詞24

Check 1 Chants 》MP3-075

□ 0593 **diploma** /diplóumə/ Part 7	名 **卒業[修了]証書**(≒certificate)
□ 0594 **flaw** /flɔ́:/ Part 2, 3	名 ❶(～の)**欠陥**、欠点(in ～)(≒defect, fault) ❷(手続き・議論などの)不備、欠陥(in ～) 形 flawed：欠点[欠陥]のある 形 flawless：欠点のない、非の打ちどころがない
□ 0595 **mileage** /máilidʒ/ Part 7	名 ❶**燃費** ❷総マイル数
□ 0596 **vaccination** /væksənéiʃən/ Part 7	名 (病気に対する)**予防**[ワクチン]**接種**(against [for] ～) 名 vaccine：ワクチン
□ 0597 **aptitude** /ǽptətjù:d/ Part 5, 6	名 (～の)**才能**、能力、素質(for [in] ～)(≒talent)、適性 ➕attitude(態度)と混同しないように注意
□ 0598 **collision** /kəlíʒən/ Part 4	名 (～との／…の間の)**衝突**(with ～/between . . .) ➕比喩的な意味でも用いられる 動 collide：(collide withで)～と衝突する、ぶつかる
□ 0599 **conglomerate** /kənglάmərət/ Part 7	名 **複合企業**(体)、コングロマリット
□ 0600 **cubicle** /kjú:bikl/ Part 1	名 (オフィスなどの仕切られた)**小部屋**

continued ▼

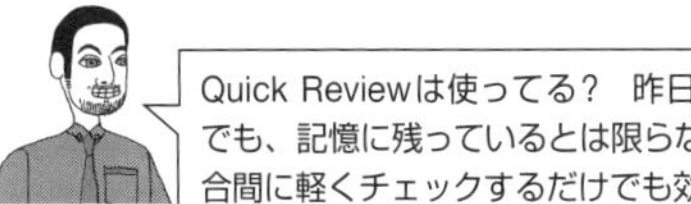

Quick Reviewは使ってる？　昨日覚えた単語でも、記憶に残っているとは限らない。学習の合間に軽くチェックするだけでも効果は抜群！

□ 聞くだけモード　Check 1
□ しっかりモード　Check 1 ▸ 2
□ かんぺきモード　Check 1 ▸ 2 ▸ 3

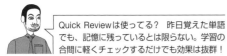

Check 2　Phrase	Check 3　Sentence ⟫ MP3-076
□ a high school diploma（高校の卒業証書）	□ He holds an MBA diploma from Harvard University.（彼はハーバード大学のMBAの卒業証書を持っている）
□ a character flaw（性格上の欠点） □ a fatal flaw（致命的な欠陥）	□ The home inspector found serious flaws in the house.（家屋調査士はその家に深刻な欠陥があるのを見つけた）
□ get good [poor] mileage（燃費がいい［悪い］） □ a car with low mileage（走行マイル数が少ない車）	□ Hybrid cars get good mileage.（ハイブリッドカーは燃費がいい）
□ vaccination against measles（はしかの予防接種）	□ Children are recommended to receive vaccinations against flu.（子どもたちはインフルエンザの予防接種を受けることを勧められている）
□ have an aptitude for ～（～の才能がある） □ an aptitude test（適性検査）	□ She has a wonderful aptitude for music.（彼女には素晴らしい音楽の才能がある）
□ a head-on collision（正面衝突） □ a collision of opinions（意見の衝突）	□ Four cars were involved in the collision.（4台の車がその衝突事故に巻き込まれた）
□ a financial conglomerate（金融複合企業） □ a multinational conglomerate（多国籍複合企業）	□ The company is the largest media conglomerate in the world.（その会社は世界最大のメディア複合企業だ）
□ cubicles separated by partitions（仕切り壁で分けられた小部屋） □ a shower cubicle（シャワー室）	□ The man is working in a cubicle.（男性は小部屋で仕事をしている）

continued ▼

Check 1　Chants 》MP3-075

□ 0601 **downturn** /dáuntə:rn/ Part 4	名（景気・物価などの）**下落**、沈滞（in ～）（≒downswing）（⇔upturn：好転）
□ 0602 **immigration** /ìməgréiʃən/ Part 5, 6	名❶（外国からの）**移住**、移民　❷入国管理［審査］ 名immigrant：（外国からの）移民、移住者 動immigrate：（～から／…へ）移住する（from ～/to . . .）
□ 0603 **segment** /ségmənt/ ❗発音注意 Part 5, 6	名**部分**、区分（≒part） 動（/ségment/）～を（…に）分割［区分］する（into . . .）
□ 0604 **setback** /sétbæ̀k/ Part 7	名（進歩などの）**後退**、妨げ、挫折 動set back：（計画など）を妨げる、遅らせる
□ 0605 **tariff** /tǽrif/ Part 4	名（～にかかる）**関税**（率）（on ～）
□ 0606 **aviation** /èiviéiʃən/ Part 7	名❶**航空**（学）、飛行（術）　❷航空機産業
□ 0607 **vicinity** /visínəti/ Part 5, 6	名（～の）**付近**、周辺（of ～）（≒neighborhood）
□ 0608 **archive** /ɑ́:rkaiv/ Part 5, 6	名❶**公文書**［記録］**保管所**　❷（コンピューターの）アーカイブ 動～を（公文書保管所などに）保管する

Day 37 》MP3-073
Quick Review
答えは右ページ下

□ 粘り強さ	□ 腰掛け	□ 偉業	□ 解雇
□ 標本	□ 提携	□ 慈善活動	□ さざ波
□ 投機家	□ 詰め合わせ	□ 校正	□ よい面
□ 停止	□ カーテン	□ 供給業者	□ 士気

Check 2 Phrase

Check 3 Sentence 》MP3-076

□ the economic downturn（経済の沈滞）
□ a downturn in the housing market（住宅市場の低迷）
▸ □ There has been a downturn in the stock market.（株式市場の下落が続いている）

□ illegal immigration（不法移住）
□ an immigration officer（入国審査官）
▸ □ Japan has strict controls on immigration.（日本には移住に対する厳しい規制がある）

□ a large segment of the population（人口の大部分）
▸ □ People over the age of 60 are the fastest growing segment of the world population.（60歳以上の人々は世界の人口で最も急速に増えている部分だ）

□ suffer [experience] a setback（妨げに遭う、挫折する、［病気が］ぶり返す）
▸ □ The world is facing a serious economic setback.（世界は深刻な景気後退に直面している）

□ tariffs on imported goods（輸入品にかかる関税）
▸ □ The United States lowered tariffs on Australian beef.（アメリカはオーストラリア産牛肉にかかる関税を下げた）

□ civil aviation（民間航空）
□ an aviation company（航空会社）
▸ □ The aviation industry is facing a shortage of pilots.（航空業界はパイロット不足に直面している）

□ in the vicinity of ～（～の近くに［で］）
▸ □ There was a fire in the immediate vicinity of my house.（私の家のすぐ近くで火事があった）

□ archive material（公文書保管所の資料）
▸ □ Archives are useful in obtaining information about the past.（公文書保管所は過去に関する情報を得るのに役立つ）

Day 37 》MP3-073
Quick Review
答えは左ページ下

□ persistence	□ stool	□ feat	□ redundancy
□ specimen	□ affiliation	□ philanthropy	□ ripple
□ speculator	□ assortment	□ proofreading	□ upside
□ standstill	□ drapery	□ purveyor	□ morale

Day 39 名詞25

Check 1 Chants 》MP3-077

□ 0609
ballot
/bǽlət/
Part 7

名❶**投票**(≒voting) ❷投票用紙 ❸投票数
動❶投票する ❷～を投票で決める

□ 0610
creditor
/kréditər/
Part 7

名**債権者**、貸し主(⇔debtor：債務者)
名credit：❶信用貸し、クレジット ❷信用、信頼
動credit：❶～を信用する ❷(be credited with [for]で)～の功績を認められている

□ 0611
gauge
/géidʒ/
❶定義注意
Part 5, 6

名❶(評価などの)**基準**、尺度(of ～)(≒standard) ❷計器 ❸標準寸法、規格 ➕gageとつづることもある
動❶～を判断[評価]する ❷～を正確に計る

□ 0612
nutrition
/njuːtríʃən/
Part 5, 6

名**栄養**、栄養補給[摂取]
名nutrient：栄養素、栄養物
形nutritious：栄養のある、栄養に富んだ

□ 0613
precipitation
/prisìpətéiʃən/
Part 7

名**降水**[降雨、降雪]**量**

□ 0614
projection
/prədʒékʃən/
Part 5, 6

名(将来の)**予測**、見積もり
名project：❶(～する)計画(to do) ❷(大規模な)事業、プロジェクト
動project：❶～を予想する ❷(be projected to doで)～すると予測されている ❸～を見積もる ❹～を計画する

□ 0615
quarantine
/kwɔ́ːrəntìːn/
Part 7

名❶(伝染病予防のための)**隔離**(期間) ❷検疫
動～を隔離する

□ 0616
testimonial
/tèstəmóuniəl/
Part 7

名**感謝の印**、感謝状、表彰状

continued ▼

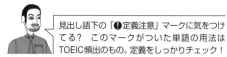

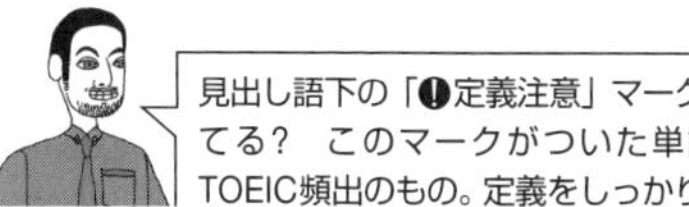

見出し語下の「❗定義注意」マークに気をつけてる？　このマークがついた単語の用法はTOEIC頻出のもの。定義をしっかりチェック！

□ 聞くだけモード　Check 1
□ しっかりモード　Check 1 ▸ 2
□ かんぺきモード　Check 1 ▸ 2 ▸ 3

Check 2　Phrase	Check 3　Sentence MP3-078
□ elect ~ by ballot（～を投票で選ぶ） □ cast a ballot（投票する）	□ All elections must be conducted by secret ballot.（すべての選挙は無記名投票で行われなければならない）
□ a creditor nation（債権国）	□ The company went bankrupt and couldn't pay its creditors.（その会社は倒産して、債権者への支払いができなかった）
□ a gauge of success（成功の基準） □ a fuel [rain] gauge（燃料[雨量]計）	□ Health is one of the most important gauges of happiness.（健康は幸福の最も重要な尺度の1つだ）
□ deficiency of nutrition（栄養不足） □ good nutrition（十分な栄養補給）	□ Good nutrition and exercise are keys to staying healthy.（十分な栄養補給と運動は健康でいることの秘けつだ）
□ mean [average] annual precipitation（平均年間降水量）	□ We had 120.2 millimeters of precipitation last month.（先月の降雨量は120.2ミリメートルだった）
□ this year's sales projections（今年の売上予測）	□ The company's revenues fell nearly 10 percent below projections.（その会社の収益は予測よりも10パーセント近く下がった）
□ put [place] ~ in [under] quarantine（～を隔離する） □ a quarantine officer（検疫官）	□ The poultry farm was placed under quarantine due to an outbreak of bird flu.（その養鶏場は鳥インフルエンザが発生したため隔離された）
□ give a testimonial to ~（～に感謝の意を伝える） □ a testimonial letter（感謝状）	□ I would like to give you a testimonial for your efforts.（あなたのご尽力に感謝申し上げます）

continued ▼

Check 1 Chants 》MP3-077

□ 0617 **conductor** /kəndʌ́ktər/ Part 1	名❶**車掌** ❷(オーケストラの)指揮者 名conduct：❶行い ❷実施、遂行 動conduct：(業務など)を行う、管理する
□ 0618 **contradiction** /kɑ̀ntrədíkʃən/ Part 7	名(～の間の)**矛盾**(between ～) 動contradict：～と矛盾する、食い違う 形contradictory：(～と)矛盾した(to ～)
□ 0619 **debris** /dəbríː/ ㋑/débriː/ ❗アクセント注意 Part 5, 6	名**残骸**、破片、がれき(≒rubble)
□ 0620 **habitat** /hǽbitæ̀t/ Part 7	名(動植物の)**生息地**[環境]
□ 0621 **literacy** /lítərəsi/ Part 7	名❶(コンピューターなどの)**使用能力**、(特定分野の)知識、能力 ❷識字能力、読み書きの能力 形literate：❶読み書きができる ❷(特定分野の)知識[技能]がある
□ 0622 **ordinance** /ɔ́ːrdənəns/ Part 7	名(地方自治体の)**条例**
□ 0623 **adversary** /ǽdvərsèri, ədvə́ːrsèri/ ❗アクセント注意 Part 7	名**敵**、(試合などの)相手、ライバル(≒enemy, opponent) 形adverse：❶不都合[不利]な、(効果などが)マイナスの ❷敵意に満ちた
□ 0624 **bachelor** /bǽtʃələr/ Part 7	名❶**学士** ➕「修士」はmaster、「博士」はdoctor ❷未婚の男子

Day 38 》MP3-075
Quick Review
答えは右ページ下

□ 卒業証書	□ 才能	□ 下落	□ 関税
□ 欠陥	□ 衝突	□ 移住	□ 航空
□ 燃費	□ 複合企業	□ 部分	□ 付近
□ 予防接種	□ 小部屋	□ 後退	□ 公文書保管所

Check 2 Phrase		Check 3 Sentence 》MP3-078
□ a bus [train] conductor(バス[列車]の車掌) □ a guest conductor(客演指揮者)	▶	□ The conductor is checking a passenger's ticket.(車掌は乗客の切符を確認している)
□ a contradiction in terms(言葉の矛盾) □ a contradiction between the two policies(その2つの政策間の矛盾)	▶	□ There is a contradiction between his words and deeds.(彼が言っていることと行っていることの間には矛盾がある)
□ the debris of the crashed airplane(墜落した飛行機の残骸)	▶	□ Four people were rescued from the debris of a collapsed building.(倒壊したビルのがれきの中から4人が救助された)
□ the natural habitat of ~(~の自然生息地)	▶	□ The natural habitat of Asian elephants has been considerably reduced.(アジアゾウの自然生息地は著しく減少してきている)
□ computer literacy(コンピューターの使用能力) □ the literacy rate(識字率)	▶	□ Computer literacy is essential for this position.(コンピューターの使用能力はこの仕事に必須である)➕求人広告の表現
□ a building ordinance(建築条例)	▶	□ The ordinance prohibits smoking in public areas.(その条例は公共の場所での喫煙を禁止している)
□ a political adversary(政敵)	▶	□ Hillary Clinton was Obama's adversary in the Democratic primaries.(ヒラリー・クリントンは民主党の予備選挙でオバマのライバルだった)
□ a Bachelor of Arts [Science](文[理]学士) □ a confirmed bachelor(独身主義の男性)	▶	□ She holds a bachelor's degree from Harvard University.(彼女はハーバード大学の学士号を持っている)

Day 38 》MP3-075
Quick Review
答えは左ページ下

□ diploma	□ aptitude	□ downturn	□ tariff
□ flaw	□ collision	□ immigration	□ aviation
□ mileage	□ conglomerate	□ segment	□ vicinity
□ vaccination	□ cubicle	□ setback	□ archive

Check 1 Chants 》MP3-079

□ 0625 **beneficiary** /bènəfíʃièri/ ❗アクセント注意 Part 7	名(遺産・年金などの)**受取人**、受給者
□ 0626 **canteen** /kæntíːn/ Part 1	名❶**水筒** ❷(工場・学校などの)食堂(≒cafeteria)
□ 0627 **consortium** /kənsɔ́ːrʃiəm, kənsɔ́ːrtiəm/ ❗発音注意 Part 7	名**共同事業**[企業]**体**、合併企業、コンソーシアム ➕複数形はconsortiaとconsortiumsの2つある
□ 0628 **cultivation** /kʌ̀ltəvéiʃən/ Part 5, 6	名❶**栽培** ❷耕作 ❸教養、修養 動cultivate：❶～を耕す ❷～を栽培する ❸(才能など)を養う 形cultivated：❶教養のある、洗練された ❷栽培された ❸耕作された
□ 0629 **hypothesis** /haipɑ́θəsis/ ❗アクセント注意 Part 5, 6	名**仮説** ➕複数形はhypotheses 形hypothetical：仮説[仮定](上)の
□ 0630 **lag** /lǽg/ Part 5, 6	名**遅れ**、遅延(≒delay) 動遅れる、(～より)進み方が遅い(behind ～)
□ 0631 **plaque** /plǽk/ ❗発音注意 Part 1	名❶**記念額**、飾り額 ❷歯垢 ➕イギリス英語では❷は/plɑ́ːk/と発音することもある
□ 0632 **usage** /júːsidʒ/ Part 4	名❶**使用**(法、量) ❷(言語の)語法、慣用法

continued ▼

疲れているときは、「聞き流す」学習だけでもOK。大切なのは途中で挫折しないこと。でもテキストを使った復習も忘れずにね！

□ 聞くだけモード　Check 1
□ しっかりモード　Check 1 ▸ 2
□ かんぺきモード　Check 1 ▸ 2 ▸ 3

Check 2　Phrase		Check 3　Sentence))) MP3-080
□ pension beneficiaries（年金受給者）	▸	□ She was the sole beneficiary of her father's inheritance.（彼女は父親の遺産の唯一の受取人だった）
□ a plastic canteen（プラスチック製の水筒） □ a school canteen（学校の食堂）	▸	□ The boy is drinking from a canteen.（少年は水筒から水を飲んでいる）
□ a consortium of three oil companies（石油会社3社の共同事業体）	▸	□ A consortium of four construction companies built the bridge.（建設会社4社の共同事業体がその橋を建設した）
□ the cultivation of rice（米の栽培） □ land under cultivation（耕作中の土地）	▸	□ The cultivation of olive trees is widespread in this region.（この地域ではオリーブの木の栽培が広まっている）
□ support [establish] a hypothesis（仮説を裏づける［証明する］）	▸	□ The widely accepted hypothesis is that birds evolved from dinosaurs.（広く受け入れられている仮説は、鳥類は恐竜から進化したということだ）
□ a time lag（時間の遅れ［ずれ］） □ jet lag（時差ぼけ）	▸	□ There is always a time lag between a financial market's crisis and its effect on the real economy.（金融市場の危機と実体経済へのその影響の間には常に時間のずれがある）
□ a bronze plaque（ブロンズの記念額） □ remove plaque（歯垢を取り除く）	▸	□ Several plaques are installed on the wall.（壁にいくつかの記念額が据えつけられている）
□ a usage rate（使用率） □ modern English usage（現代英語用法）	▸	□ Electricity usage goes up in summer and down in winter.（電気の使用量は夏は増え、冬は減る）

continued ▼

Check 1 Chants 》MP3-079

□ 0633 **boulevard** /búləvɑ̀:rd/ Part 4	名 **大通り**（≒avenue）
□ 0634 **buffet** /bəféi/ イ/bʌ́fei/ ❗発音注意 Part 4	名 **ビュッフェ**、バイキング、立食
□ 0635 **centerpiece** /séntərpì:s/ Part 7	名（the ～）（政策などの）**目玉**、最も重要なもの（of ～）
□ 0636 **start-up** /stɑ́:rtʌ̀p/ Part 7	名 **新興**［ベンチャー］**企業** 形 新進の、活動を始めたばかりの 動 start up：❶現れる、生じる ❷～を始める、起こす
□ 0637 **chore** /tʃɔ́:r/ Part 2, 3	名 **雑用**、半端仕事
□ 0638 **rebate** /rí:beit/ Part 7	名（支払金の一部の）**払い戻し** ➕refundとreimbursementは「（全額の）払い戻し」
□ 0639 **alteration** /ɔ̀:ltəréiʃən/ Part 5, 6	名 **変更**、修正、手直し 動 alter：❶～を変える、改める ❷変わる
□ 0640 **civilization** /sìvəlizéiʃən/ イ/sìvəlaizéiʃən/ ❗発音注意 Part 4	名 **文明** 動 civilize：～を文明化する 形 civilized：❶文明化した、文化の発達した ❷礼儀正しい

Day 39 》MP3-077
Quick Review
答えは右ページ下

□ 投票	□ 降水量	□ 車掌	□ 使用能力
□ 債権者	□ 予測	□ 矛盾	□ 条例
□ 基準	□ 隔離	□ 残骸	□ 敵
□ 栄養	□ 感謝の印	□ 生息地	□ 学士

Check 2 Phrase

Check 3 Sentence MP3-080

Phrase	Sentence
□ stroll along the boulevard（大通り沿いを散歩する） □ Sunset Boulevard（[ハリウッドの]サンセット大通り）	□ There are many restaurants along the boulevard.（その大通り沿いには多くのレストランがある）
□ a buffet party（立食パーティー） □ an all-you-can-eat buffet（食べ放題のバイキング）	□ The hotel offers a complimentary breakfast buffet.（そのホテルでは無料のビュッフェ式朝食を提供している）
□ the centerpiece of the economic stimulus package（経済刺激政策の目玉）	□ Tax cuts are the centerpiece of the president's plan to revive the economy.（減税が大統領の経済復興計画の目玉だ）
□ an Internet start-up（インターネット関連の新興企業）	□ Almost 60 percent of start-ups fail within their first three years.（新興企業のほぼ60パーセントは最初の3年以内に倒産する）
□ boring chores（退屈な雑用） □ household chores（家事）	□ Husbands should share household chores with their wives.（夫は妻と家事を分担すべきだ）
□ a tax [rent] rebate（税金[家賃]の払い戻し）	□ Eighty percent of those who received a tax rebate saved the money.（税金の払い戻しを受けた人の80パーセントは、その金を貯金した）
□ make alterations to ～（～に変更を加える） □ alterations to the initial plan（当初の計画の修正）	□ The house needs a lot of alterations.（その家は多くの手直しが必要だ）
□ ancient Egyptian civilization（古代エジプト文明）	□ The height of the Mayan civilization was over 1,000 years ago.（マヤ文明の絶頂期は1000年前に終わった）

Day 39 MP3-077
Quick Review
答えは左ページ下

□ ballot	□ precipitation	□ conductor	□ literacy
□ creditor	□ projection	□ contradiction	□ ordinance
□ gauge	□ quarantine	□ debris	□ adversary
□ nutrition	□ testimonial	□ habitat	□ bachelor

Day 41 名詞27

Check 1 Chants 》MP3-081

□ 0641
deduction
/didʌ́kʃən/
Part 7

名❶(～からの)**控除**(from ～)(≒exemption) ❷(～という)推論(that節 ～)
動deduct:～を(…から)差し引く、控除する(from . . .)
形deductible:控除可能の

□ 0642
friction
/fríkʃən/
Part 5, 6

名❶(～の間の)**あつれき**、いさかい、不和(between ～)
❷(～に対する)摩擦(on [against] ～)

□ 0643
gadget
/gǽdʒit/
Part 7

名**ちょっとした道具**[装置]

□ 0644
intuition
/ìntjuːíʃən/
Part 5, 6

名**直感**(力)(≒instinct)

□ 0645
partition
/pɑːrtíʃən/
Part 1

名❶(部屋などの)**仕切り壁**、間仕切り ❷分割、分配(≒division)
動❶(土地など)を分割[分配]する ❷(部屋など)を仕切る

□ 0646
reunion
/rìːjúːnjən/
Part 4

名❶**同窓会** ❷(～との)再会(with ～)

□ 0647
scrutiny
/skrúːtəni/
Part 5, 6

名**綿密**[精密]**な調査**[検査](≒examination)
動scrutinize:～を綿密に調べる、吟味する

□ 0648
subordinate
/səbɔ́ːrdənət/
Part 5, 6

名**部下**(⇔boss, superior:上司)
形(～より)下位の(to ～)

continued ▼

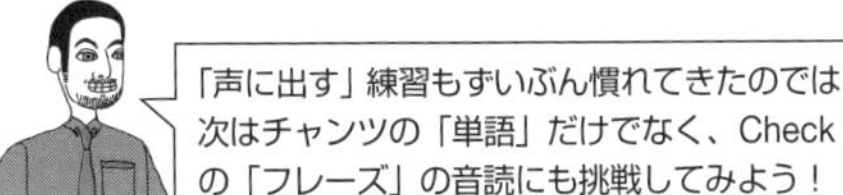

「声に出す」練習もずいぶん慣れてきたのでは？
次はチャンツの「単語」だけでなく、Check 2の「フレーズ」の音読にも挑戦してみよう！

□ 聞くだけモード　Check 1
□ しっかりモード　Check 1 ▸ 2
□ かんぺきモード　Check 1 ▸ 2 ▸ 3

Check 2 Phrase	Check 3 Sentence 》MP3-082
□ a tax deduction（税額控除） □ draw deductions from ～（～から推論する）	□ My taxable income after deductions was about $40,000.（控除後の私の課税所得は約4万ドルだった）
□ friction between labor and management（労使間のあつれき） □ minimize friction（摩擦を最小限に抑える）	□ Trade conflicts have generated friction between the two countries.（貿易摩擦が両国間のあつれきを生んでいる）
□ kitchen gadgets（台所用小道具） ➕皮むき器など	□ The store carries a wide variety of gadgets.（その店はさまざまな小道具を扱っている）
□ women's intuition（女性の直感）	□ His decision was based on intuition rather than on logic.（彼の決断は論理ではなく直感によるものだった）
□ a partition between two rooms（2つの部屋の間の仕切り壁） □ the partition of Yugoslavia（ユーゴスラビアの分割）	□ The office space is divided by partitions.（オフィススペースは仕切り壁で分けられている）
□ a class reunion（クラス会） □ have a reunion with ～（～と再会する）	□ I attended my 20-year high school reunion yesterday.（私は昨日、卒業20周年の高校の同窓会に出席した）
□ come under scrutiny（綿密な調査を受ける） □ close scrutiny（徹底的な調査[検査]）	□ The NASA budget will come under scrutiny on Capitol Hill.（NASAの予算案は米国議会で綿密な調査を受ける予定だ）
□ praise [reprimand] one's subordinate（部下を褒める[しかる]）	□ Subordinates must obey superiors.（部下は上司に従わなければならない）

continued ▼

Check 1　Chants 》MP3-081

□ 0649
arbitration
/ὰːrbətréiʃən/
Part 7

名**仲裁**、調停(≒mediation)
名arbitrator：仲裁[調停]者
動arbitrate：❶～を仲裁[調停]する　❷(～間の)仲裁[調停]をする(between ～)

□ 0650
pathway
/pǽθwèi/
Part 1

名**小道**、細道(≒path, lane)

□ 0651
predicament
/pridíkəmənt/
Part 7

名**苦境**、窮地(≒plight)

□ 0652
allegation
/æligéiʃən/
Part 7

名(特に証拠のない)**申し立て**、主張
動allege：(証拠なしに)～だと断言[主張]する
形alleged：❶申し立てられた　❷疑わしい
副allegedly：伝えられるところでは、申し立てによると

□ 0653
annuity
/ənjúːəti/
Part 7

名**年金**(≒pension)

□ 0654
carousel
/kæ̀rəsél/
❗アクセント注意
Part 1

名❶**回転式**[手荷物受け渡し]**コンベアー**　❷回転木馬(≒merry-go-round)

□ 0655
collateral
/kəlǽtərəl/
Part 5, 6

名**担保**(≒security)
形❶(～に)付随する(with ～)　❷傍系の

□ 0656
commentary
/kάməntèri/
Part 4

名(～の)(実況)**解説**、論評(on ～)
名comment：(～についての)論評、コメント(about [on] ～)
動comment：(comment onで)～について論評[コメント]する

Day 40 》MP3-079
Quick Review
答えは右ページ下

□ 受取人
□ 水筒
□ 共同事業体
□ 栽培

□ 仮説
□ 遅れ
□ 記念額
□ 使用

□ 大通り
□ ビュッフェ
□ 目玉
□ 新興企業

□ 雑用
□ 払い戻し
□ 変更
□ 文明

Check 2 Phrase		Check 3 Sentence 》MP3-082
□ go to arbitration（［争議が］仲裁に付される） □ refer a dispute to arbitration（紛争を仲裁に持ち込む）	▸	□ The two companies have agreed to refer the dispute to arbitration.（両社は紛争を仲裁してもらうことに合意した）
□ a pedestrian pathway（歩道）	▸	□ The pathway leads through the woods.（森の中に小道が通っている）
□ be placed in a predicament（苦境に置かれている）	▸	□ Many companies are in a financial predicament.（多くの企業が財政的窮地にある）
□ make allegations of ～（～の申し立てをする） □ the allegation that he stole the money（彼が金を盗んだという申し立て）	▸	□ She made allegations of sexual harassment against her supervisor.（彼女は上司を相手取ってセクハラの申し立てをした）
□ annuity insurance（年金保険） □ receive an annuity（年金を受け取る）	▸	□ Under this form of payment, you will receive an annuity of $5,000 each year for the rest of your life.（この支払い形式では、あなたは年間5000ドルの年金を生涯受け取ることになる）
□ pick up one's baggage from a carousel（回転式コンベアーから手荷物を拾い上げる） □ ride (on) a carousel（回転木馬に乗る）	▸	□ They are waiting for their baggage by the carousel.（彼らは回転式コンベアーのそばで手荷物を待っている）
□ put up ～ as collateral for . . .（～を…の担保とする）	▸	□ He put up his house as collateral for the loan.（彼は自宅をそのローンの担保とした）
□ a basketball commentary（バスケットボールの解説）	▸	□ He writes political commentary for *The Washington Post*.（彼は『ワシントンポスト』紙に政治解説を書いている）

Day 40 》MP3-079
Quick Review
答えは左ページ下

□ beneficiary	□ hypothesis	□ boulevard	□ chore
□ canteen	□ lag	□ buffet	□ rebate
□ consortium	□ plaque	□ centerpiece	□ alteration
□ cultivation	□ usage	□ start-up	□ civilization

Day 42 名詞28

Check 1 Chants 》MP3-083

□ 0657
debtor
/détər/
❶発音注意
Part 7
▶
名**債務者**、借り主(⇔creditor：債権者)
名debt：借金、負債、借金状態
▶

□ 0658
dignity
/dígnəti/
Part 5, 6
▶
名**威厳**、尊厳
動dignify：～に(…で)威厳をつける(with [by] . . .)
▶

□ 0659
drought
/dráut/
Part 7
▶
名**干ばつ**、日照り
▶

□ 0660
grain
/gréin/
Part 7
▶
名❶(集合的に)**穀物**(≒cereal) ❷(穀物の)粒
▶

□ 0661
hemisphere
/hémisfìər/
Part 7
▶
名❶(地球の)**半球** ❷脳半球
名sphere：球
▶

□ 0662
interference
/ìntərfíərəns/
Part 7
▶
名❶(～に対する)**干渉**、介入(in ～) ❷(～に対する)妨害、邪魔(with ～)
動interfere：❶(interfere withで)～を邪魔する ❷(interfere inで)～に干渉する
▶

□ 0663
optimism
/ɑ́ptəmìzm/
Part 7
▶
名**楽観**(論)、楽観[楽天]主義(⇔pessimism：悲観主義)
名optimist：楽天家、楽天主義者
形optimistic：(be optimistic aboutで)～について楽観[楽天]的である
▶

□ 0664
perk
/pə́ːrk/
Part 7
▶
名(通例～s)(地位などに伴う)**特典**、特権、役得(≒perquisite)
▶

continued
▼

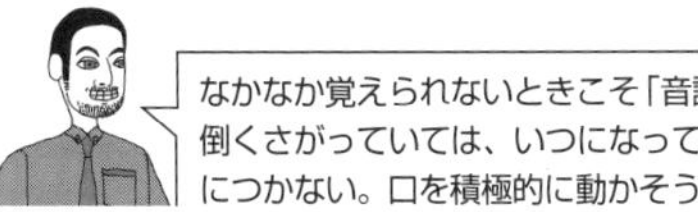

なかなか覚えられないときこそ「音読」を！ 面倒くさがっていては、いつになっても語彙は身につかない。口を積極的に動かそう！

□ 聞くだけモード Check 1
□ しっかりモード Check 1 ▸ 2
□ かんぺきモード Check 1 ▸ 2 ▸ 3

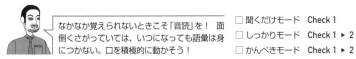

Check 2 Phrase	Check 3 Sentence MP3-084
□ a joint debtor（連帯債務者） □ a debtor nation（債務国）	□ Creditors have better memories than debtors.（貸し手は借り手よりもよく覚えている）✚ことわざ
□ a man of dignity（威厳のある人） □ human dignity（人間の尊厳）	□ She is a woman of grace and dignity.（彼女は気品と威厳のある女性だ）
□ a severe drought（深刻な干ばつ）	□ The country is suffering from prolonged drought and famine.（その国は長引く干ばつと飢饉に苦しんでいる）
□ a field of grain（穀物畑） □ a grain of wheat（小麦の粒）	□ Rice is the staple grain of northeast and southeast Asia.（米は北東アジアと東南アジアの主要な穀物だ）
□ the Northern [Southern] hemisphere（北[南]半球） □ the left [right] hemisphere（[脳の]左[右]半球）	□ About 90 percent of the world's population is concentrated in the northern hemisphere.（地球の人口の約90パーセントは北半球に集中している）
□ the government's interference in the market（市場への政府の介入） □ cause interference with ～（～を妨害する）	□ The country opposes any foreign interference in its internal affairs.（その国は国内問題に対する外国からのいかなる干渉にも抵抗している）
□ cautious optimism（慎重な楽観論）	□ There is little reason for optimism on the current US economy.（現在のアメリカ経済を楽観する理由はほとんどない）
□ give perks to ～（～に特典を与える） □ the perks of the job（その仕事の特典）	□ One of the perks of freelancing is the flexibility in your schedule.（フリーランスの特権の1つはスケジュールの柔軟性だ）

continued ▼

Check 1　Chants 》MP3-083

□ 0665
semiconductor
/sémikəndʌ̀ktər/
Part 7

名 **半導体**

□ 0666
suspension
/səspénʃən/
Part 7

名❶(活動などの)**一時停止**、中止(of ～)　❷(～の理由での)停職、停学(for ～)
動suspend：❶～を一時停止[中止]にする　❷～を(…から)停学[停職、出場停止]にする(from . . .)　❸～をつるす

□ 0667
zeal
/zí:l/
Part 5, 6

名(～に対する)**熱意**、熱中(for ～)(≒enthusiasm, eagerness)
形zealous：熱心な、熱烈的な

□ 0668
affluence
/ǽfluəns/
Part 5, 6

名 **豊かさ**、裕福(≒wealth)
形affluent：裕福な、豊かな

□ 0669
bidder
/bídər/
Part 7

名 **入札者**、競り手
名bid：❶(工事などの)入札(for ～)　❷(～のための)企て、試み(for ～)
動bid：❶(bid forで)～に入札する　❷(bid A for Bで)(競売などで)A(値)をB(物)につける

□ 0670
custody
/kʌ́stədi/
Part 5, 6

名❶(～の)**養育権**、親権(of ～)　❷拘留、監禁
名custodian：❶(公共物の)管理人　❷後見人、保護者

□ 0671
diabetes
/dàiəbí:tiz/
Part 7

名 **糖尿病**
名diabetic：糖尿病患者
形diabetic：糖尿病の

□ 0672
flagship
/flǽgʃìp/
❗定義注意
Part 4

名❶(会社の)**主力製品**、最も重要なもの　❷旗艦

Day 41 》MP3-081
Quick Review
答えは右ページ下

□ 控除　□ あつれき　□ ちょっとした道具　□ 直感
□ 仕切り壁　□ 同窓会　□ 綿密な調査　□ 部下
□ 仲裁　□ 小道　□ 苦境　□ 申し立て
□ 年金　□ 回転式コンベアー　□ 担保　□ 解説

Check 2 Phrase		Check 3 Sentence 》MP3-084
□ a semiconductor chip(半導体チップ) □ semiconductor business(半導体事業)	▸	□ Semiconductors are essential components of computers and many electrical devices.(半導体はコンピューターや多くの電子機器に欠かせない部品だ)
□ a suspension of military activities(軍事行動の一時停止) □ receive a one-month suspension(1カ月の停学[停職]を受ける)	▸	□ The president announced a suspension of US troop withdrawals from Iraq.(大統領はイラクからのアメリカ軍の撤退の一時停止を発表した)
□ show zeal for ~(~に熱意を示す) □ with zeal(熱意を込めて、熱心に)	▸	□ The prime minister showed great zeal for addressing global warming.(首相は地球温暖化に取り組む強い熱意を示した)
□ material [spiritual] affluence(物質的[精神的]な豊かさ) □ live in affluence(裕福に暮らす)	▸	□ In the country, very few enjoy affluence, while the majority of people live in poverty.(その国では、ごく少数の人々が豊かさを享受している一方で、人々の大多数は貧しい暮らしをしている)
□ the highest bidder(最高入札者) □ a rival bidder(競争入札者)	▸	□ The painting will go to the highest bidder.(その絵画は最高入札者の手に渡る予定だ)
□ have [grant] custody of ~(~の養育権を持っている[与える]) □ be in custody(拘留されている)	▸	□ She got custody of her daughter after the divorce.(離婚後、彼女は娘の養育権を得た)
□ suffer from diabetes(糖尿病を患う)	▸	□ Diabetes is one of the most common chronic diseases.(糖尿病は最も一般的な慢性病の1つだ)
□ the flagship of Apple's desktop computers(アップル社のデスクトップコンピューターの主力製品) □ the company's flagship store(その会社の旗艦店)	▸	□ Prius is one of the flagships of Toyota's range.(プリウスはトヨタ社製品の主力車種の1つだ)

Day 41 》MP3-081
Quick Review
答えは左ページ下

□ deduction	□ partition	□ arbitration	□ annuity
□ friction	□ reunion	□ pathway	□ carousel
□ gadget	□ scrutiny	□ predicament	□ collateral
□ intuition	□ subordinate	□ allegation	□ commentary

Day 43 名詞29

Check 1　Chants 》MP3-085

□ 0673 **hub** /hʌ́b/ Part 5, 6	名 **中心**(地)、中核、中枢(≒center)
□ 0674 **outlay** /áutlèi/ Part 5, 6	名(～への) **支出**、経費(on [for] ～)(≒expenditure, spending, cost, expense)
□ 0675 **proponent** /prəpóunənt/ Part 5, 6	名(～の) **支持者**、賛成者(of ～)(⇔opponent：反対者)
□ 0676 **repertoire** /répərtwɑ̀ːr/ ❶発音注意 Part 7	名 **レパートリー**、演奏曲目、上演目録
□ 0677 **upheaval** /ʌ̀phíːvəl/ Part 5, 6	名(社会状態などの) **大変動**、激変
□ 0678 **adherence** /ædhíərəns/ Part 7	名❶(規則などの) **厳守**(to ～)　❷(～に対する)固執、執着(to ～) 名adherent：(～の)支持者(of ～) 動adhere：(adhere toで)❶(規則など)を厳守する　❷(考えなど)に固執する
□ 0679 **beep** /bíːp/ Part 4	名(ビーッという) **発信音**、信号音(≒tone) 動❶ビーッという音を出す　❷(警笛など)を鳴らす
□ 0680 **citizenship** /sítəzənʃìp/ Part 5, 6	名 **市民**[公民] **権**、国籍 名citizen：❶市民　❷国民

continued ▼

語彙を見て、発音やアクセントが正確に分かる？ 自信がない人は「聞く・音読する」の練習をもっと増やしていこう。

□ 聞くだけモード Check 1
□ しっかりモード Check 1 ▸ 2
□ かんぺきモード Check 1 ▸ 2 ▸ 3

Check 2 Phrase	Check 3 Sentence 》MP3-086
□ the hub of the town（街の中心地） □ a hub airport（拠点空港、ハブ空港）➕航空ネットワークの中心になる空港	□ Wall Street is the hub of global financial markets.（ウォール街は世界の金融市場の中心だ）
□ initial outlay（当初支出、初期経費） □ outlay on [for] education（教育費）	□ With any business there is an initial outlay to get started.（いかなる事業でも、始めるには初期経費がかかる）
□ a proponent of tax cuts（減税の支持者）	□ She is one of the leading proponents of early childhood education.（彼女は早期幼児教育の主要な支持者の1人だ）
□ have a large repertoire（レパートリーが広い）	□ The ballet company has more than 50 ballets in its repertoire.（そのバレエ団は50以上のバレエのレパートリーがある）
□ economic upheaval（経済的大変動）	□ Many nations experienced political upheaval and revolution in the 19th and 20th centuries.（多くの国は19世紀と20世紀に政変と革命を経験した）
□ adherence to laws（法律の厳守） □ adherence to old ideas（古い考えに対する固執）	□ Adherence to safety regulations is of the utmost importance.（安全規則の厳守が最も大切である）
□ a warning beep（警告音）	□ Please leave your name and message after the beep.（発信音の後に、お名前とメッセージを残してください）➕留守番電話の表現
□ acquire [lose, grant] citizenship（市民権を得る［失う、与える］） □ dual citizenship（二重国籍）	□ She acquired US citizenship last year.（彼女は昨年、アメリカの市民権を得た）

continued ▼

Check 1　Chants 》MP3-085

□ 0681 **clutter** /klʌ́tər/ Part 2, 3	名**散らかり**(の山)、乱雑、混乱(≒mess) 動❶(物が)(場所)に散らかる　❷(場所)を(…で)散らかす(with . . .)
□ 0682 **confidentiality** /kɑ̀nfədenʃiǽləti/ Part 5, 6	名**機密**[秘密]**性**[保持] 名confidence：❶信頼、信用　❷自信　❸秘密 形confidential：秘密[内密]の 副confidentially：内密に
□ 0683 **contributor** /kəntríbjutər/ Part 5, 6	名❶(〜の)**一因**、誘因(to 〜)　❷(〜への)寄付者、貢献者(to 〜)　❸(〜への)寄稿者(to 〜) 名contribution：❶貢献、寄与　❷寄付(金) 動contribute：❶(contribute A to [toward] Bで)AをBに寄付する　❷(contribute toで)〜に貢献[寄与]する
□ 0684 **correction** /kərékʃən/ Part 5, 6	名**修正**、訂正、校正　➕collection(収集物)と混同しないように注意 動correct：(誤りなど)を訂正する 形correct：❶正しい、正確な　❷適切な、妥当な 副correctly：正しく、正確に
□ 0685 **crease** /kríːs/ Part 5, 6	名(布などの)**しわ**、(ズボンなどの)折り目(≒fold, wrinkle) 動❶〜をしわくちゃにする、〜に折り目をつける　❷しわになる、折り目がつく
□ 0686 **descent** /disént/ Part 4	名❶**降下**、下降(⇔ascent)　❷家系、血統　❸(状態などの)(〜への)低下、下落(into 〜) 動descend：❶(〜から／…へ)降りる、下る(from 〜/to . . .)　❷(be descended fromで)〜の子孫である、系統を引いている
□ 0687 **excellence** /éksələns/ Part 4	名(〜における)**優秀さ**、卓越(in 〜) 動excel：(excel in [at]で)〜に秀でている、ずば抜けている 形excellent：素晴らしい、非常に優れた
□ 0688 **gateway** /géitwèi/ Part 7	名(the 〜)(〜への)**入り口**、通路(to 〜)　➕比喩的な意味でも用いられる

Day 42 》MP3-083
Quick Review
答えは右ページ下

□ 債務者	□ 半球	□ 半導体	□ 入札者
□ 威厳	□ 干渉	□ 一時停止	□ 養育権
□ 干ばつ	□ 楽観	□ 熱意	□ 糖尿病
□ 穀物	□ 特典	□ 豊かさ	□ 主力製品

Check 2 Phrase

Check 3 Sentence 》MP3-086

□ clutter in the kitchen（台所の散らかり）
□ be in a clutter（散らかっている）
▸
□ Keep your room free of clutter.（部屋を散らかさないでおきなさい）

□ the confidentiality of votes（投票の秘密性）
□ a breach of confidentiality（守秘義務の違反）
▸
□ The doctor-patient relationship is based on confidentiality.（医者と患者の関係は機密保持に基づいている）

□ a contributor to the current economic crisis（現在の経済危機の一因）
□ a contributor to charities（慈善団体への寄付者）
▸
□ Carbon dioxide is one of the main contributors to global warming.（二酸化炭素は地球温暖化の主な要因の1つだ）

□ make a correction（修正[訂正]する）
□ correction marks（校正記号）
▸
□ My essay was returned with lots of corrections.（私の小論文はたくさん修正されて戻ってきた）

□ iron creases [a crease]（しわにアイロンをかける[アイロンで折り目をつける]）
▸
□ To remove creases from velvet, hang it in a steamy bathroom.（ビロードからしわを取るには、湯気の多い浴室に干してください）

□ make a steep descent（急降下する）
□ people of Chinese descent（中国系の人々）
▸
□ Ladies and gentlemen, we're beginning our final descent into Narita International Airport.（皆さま、当機は成田国際空港への最終降下を始めています）➕機内アナウンス

□ excellence in studies（学業の優秀さ）
▸
□ He was cited for his excellence in sales performance.（彼は営業成績の優秀さで表彰された）

□ the gateway to the American West（アメリカ西部への入り口）➕セントルイス
□ the gateway to victory（勝利への道）
▸
□ Knowledge is the gateway to success.（知識は成功への道だ）

Day 42 》MP3-083
Quick Review
答えは左ページ下

□ debtor	□ hemisphere	□ semiconductor	□ bidder
□ dignity	□ interference	□ suspension	□ custody
□ drought	□ optimism	□ zeal	□ diabetes
□ grain	□ perk	□ affluence	□ flagship

Check 1 Chants ♪ MP3-087

□ 0689 **grandeur** /grǽndʒər, grǽndʒuər/ ❶発音注意 Part 5, 6	名 **雄大さ**、壮大さ(≒magnificence) 形grand：❶壮大[雄大]な ❷偉大[崇高]な
□ 0690 **heredity** /hərédəti/ Part 7	名 **遺伝**(的形質) ➕「遺伝子」はgene 形hereditary：❶遺伝(性)の ❷世襲の
□ 0691 **litigation** /lìtəgéiʃən/ Part 7	名 **訴訟**(≒suit, lawsuit) 動litigate：❶訴訟を起こす ❷～を訴訟に持ち込む
□ 0692 **myriad** /míriəd/ Part 5, 6	名 **無数**(の人、物)(of ～) 形 無数の
□ 0693 **plea** /plí:/ Part 5, 6	名❶(～に対する) **嘆願**、請願(for ～)(≒appeal, request) ❷(訴訟での事実の)申し立て ❸弁解、口実(≒excuse) 動plead：❶(plead forで)～を嘆願[懇願]する ❷(plead with A to doで)Aに～してくれと訴える
□ 0694 **pledge** /plédʒ/ Part 7	名(～するという) **誓約**、公約、堅い約束(to do)(≒promise, vow) 動❶～を堅く約束する ❷(pledge to doで)～することを堅く約束する、誓う
□ 0695 **pointer** /pɔ́intər/ ❶定義注意 Part 7	名(～についての) **助言**、ヒント(on ～)(≒tip, hint) 動point：❶(point atで)～を指し示す、指さす ❷～を(…に)向ける(at . . .)
□ 0696 **poultry** /póultri/ Part 7	名(集合的に) **家禽** ➕ニワトリ、シチメンチョウ、アヒル、ガチョウなど

continued ▼

今日でChapter 4は最後！　時間に余裕があったら、章末のReviewにも挑戦しておこう。忘れてしまった単語も結構あるのでは?!

□ 聞くだけモード　Check 1
□ しっかりモード　Check 1 ▸ 2
□ かんぺきモード　Check 1 ▸ 2 ▸ 3

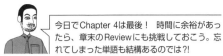

Check 2 Phrase		Check 3 Sentence 》MP3-088
□ the grandeur of Beethoven's 9th symphony（ベートーベンの交響曲第9番の壮大さ）	▸	□ I was overwhelmed by the grandeur of the Rocky Mountains.（私はロッキー山脈の雄大さに圧倒された）
□ a disease due to heredity（遺伝による病気）	▸	□ Heredity is the most common factor in hair loss.（遺伝は抜け毛の最も一般的な要因だ）
□ the expense of litigation（訴訟費用）	▸	□ The company agreed to the settlement to avoid litigation.（その会社は訴訟を避けるため和解に応じた）
□ a myriad of stars（無数の星）	▸	□ American consumers have a myriad of choices on almost everything.（アメリカの消費者はほとんどすべての物において無数の選択肢がある）
□ make a plea for ～（～を嘆願する） □ make [enter] a plea of not guilty（無罪の申し立てをする）	▸	□ She made a tearful plea for help.（彼女は涙ながらに助けを訴えた）
□ make [take, give] a pledge to do ～（～することを誓う） □ fulfill one's pledge（誓約を守る）	▸	□ The government made a pledge not to raise consumption tax next year.（政府は消費税を来年引き上げないことを約束した）
□ give him pointers on ～（彼に～についての助言を与える）	▸	□ He gave me some pointers on how to write a term paper.（彼は期末リポートの書き方について私にいくつか助言してくれた）
□ poultry products（家禽食品） □ a poultry farmer（養鶏業者）	▸	□ Poultry farmers are faced with increasing energy and feed costs.（養鶏業者はエネルギー代と飼料代の高騰に直面している）

continued
▼

Check 1 Chants 》MP3-087

□ 0697
probation
/proubéiʃən/
Part 7
▸
名❶**試用[見習]期間** ❷執行猶予、保護観察
形probationary：❶試用[見習]中の ❷執行猶予[保護観察]の
▸

□ 0698
prospectus
/prəspéktəs/
Part 7
▸
名(大学・会社などの)**案内書**、事業紹介
▸

□ 0699
pundit
/pʌ́ndit/
Part 7
▸
名**評論**[批評]**家**(≒critic, reviewer)、専門家(≒expert)
▸

□ 0700
raft
/rǽft/
Part 1
▸
名**ゴムボート**、いかだ
動❶いかだに乗って行く ❷～をいかだで運ぶ
名rafting：(いかだ・ゴムボートによる)川下り
▸

□ 0701
regime
/reiʒíːm, rəʒíːm/
❶発音注意
Part 5, 6
▸
名**政権**(≒government)
▸

□ 0702
reservoir
/rézərvwàːr/
Part 7
▸
名❶**貯水池** ❷(知識などの)蓄積、宝庫(of ～)
動reserve：❶～を予約する ❷(reserve A for Bで)BのためにAを取っておく
名reserve：❶(～の)蓄え(of ～) ❷遠慮
▸

□ 0703
rubble
/rʌ́bl/
Part 7
▸
名**残骸**、破片、がれき(≒debris)
▸

□ 0704
saturation
/sætʃəréiʃən/
Part 5, 6
▸
名(市場の)**飽和**(状態)、過剰供給
動saturate：❶(市場)に商品を過剰供給する ❷～を(…で)満たす、いっぱいにする(with . . .)
▸

Day 43 》MP3-085
Quick Review
答えは右ページ下

□ 中心
□ 支出
□ 支持者
□ レパートリー

□ 大変動
□ 厳守
□ 発信音
□ 市民権

□ 散らかり
□ 機密性
□ 一因
□ 修正

□ しわ
□ 降下
□ 優秀さ
□ 入り口

Check 2 Phrase

Check 3 Sentence ≫ MP3-088

□ put [place] ~ on probation（～を仮採用にする）
□ give ~ three years' probation（～を執行猶予3年にする）

▸ □ You will be on probation for three months before being considered a regular employee.（正社員と見なされる前に、あなたは3カ月の試用期間に就くことになる）

□ a college [business] prospectus（大学［事業］案内書）

▸ □ Please read the prospectus carefully before you invest.（投資をする前に案内書を丁寧にお読みください）➕投資パンフレットなどの表現

□ a sports pundit（スポーツ評論家）

▸ □ He is one of the most influential political pundits.（彼は最も影響力のある政治評論家の1人だ）

□ a life raft（救命ゴムボート）

▸ □ They are going down the river on a raft.（彼らはゴムボートに乗って川を下っている）

□ the military regime（軍事政権）

▸ □ Saddam Hussein's regime was overthrown by US forces.（サダム・フセイン政権はアメリカ軍によって倒された）

□ the water level of the reservoir（その貯水池の水位）
□ a reservoir of information（情報の宝庫）

▸ □ The reservoir is nearly dry due to the drought.（その貯水池は干ばつのためほとんど干上がっている）

□ the rubble of the broken wall（崩れた壁の残骸）
□ reduce ~ to rubble（～をがれきに帰す）

▸ □ Rescue workers searched the rubble for survivors.（レスキュー隊員たちはがれきの中を生存者がいないか探した）

□ market saturation（市場の飽和状態）➕供給が需要を上回っている状態
□ saturation point（飽和点、飽和状態）

▸ □ The mobile phone market has almost reached saturation.（携帯電話市場は飽和状態にほぼ達している）

Day 43 ≫ MP3-085
Quick Review
答えは左ページ下

□ hub	□ upheaval	□ clutter	□ crease
□ outlay	□ adherence	□ confidentiality	□ descent
□ proponent	□ beep	□ contributor	□ excellence
□ repertoire	□ citizenship	□ correction	□ gateway

Chapter 4 Review

左ページの(1)～(20)の名詞の同意・類義語（≒）を右ページのA～Tから選び、カッコの中に答えを書き込もう。意味が分からないときは、見出し番号を参照して復習しておこう（答えは右ページ下）。

- □ (1) applause (0473) ≒は?（　　）
- □ (2) breadth (0474) ≒は?（　　）
- □ (3) inception (0481) ≒は?（　　）
- □ (4) depot (0492) ≒は?（　　）
- □ (5) proprietor (0498) ≒は?（　　）
- □ (6) demeanor (0502) ≒は?（　　）
- □ (7) integrity (0517) ≒は?（　　）
- □ (8) discrepancy (0525) ≒は?（　　）
- □ (9) benchmark (0534) ≒は?（　　）
- □ (10) disorder (0544) ≒は?（　　）
- □ (11) occurrence (0549) ≒は?（　　）
- □ (12) novice (0576) ≒は?（　　）
- □ (13) persistence (0577) ≒は?（　　）
- □ (14) aptitude (0597) ≒は?（　　）
- □ (15) adversary (0623) ≒は?（　　）
- □ (16) boulevard (0633) ≒は?（　　）
- □ (17) scrutiny (0647) ≒は?（　　）
- □ (18) grain (0660) ≒は?（　　）
- □ (19) outlay (0674) ≒は?（　　）
- □ (20) plea (0693) ≒は?（　　）

A. difference
B. event
C. examination
D. width
E. expenditure
F. talent
G. owner
H. beginning
I. opponent
J. manner
K. avenue
L. clapping
M. cereal
N. standard
O. honesty
P. beginner
Q. appeal
R. warehouse
S. disease
T. perseverance

【解答】(1) L (2) D (3) H (4) R (5) G (6) J (7) O (8) A (9) N (10) S
(11) B (12) P (13) T (14) F (15) I (16) K (17) C (18) M (19) E (20) Q

CHAPTER 5

動詞：必修112

Chapter 5では、TOEIC必修の動詞112を見ていきます。ところで、学習が単調になってきていませんか？「990点を攻略する！」日を目指して、着々と語彙力をつけていきましょう。

TOEIC的格言

Time and tide wait for no man.

歳月人を待たず。
［直訳］時と潮は人を待たない。

Day 45 動詞8

Check 1 Chants 》MP3-089

□ 0705 **trigger** /trígər/ Part 7	動(事件など)**を引き起こす**、誘発する 名❶引き金 ❷(～の)きっかけ、誘因(for ～)
□ 0706 **abolish** /əbáliʃ/ Part 5, 6	動(制度など)**を廃止**[撤廃]**する** 名abolition:(制度などの)廃止、撤廃(of ～)
□ 0707 **aggravate** /ǽgrəvèit/ Part 5, 6	動**～を悪化させる**(≒worsen) 名aggravation:悪化
□ 0708 **await** /əwéit/ Part 5, 6	動**～を待つ**、待ち受ける(≒wait for)
□ 0709 **bet** /bét/ Part 2, 3	動❶**～だと確信する**、きっと～だ ❷(金など)を(…に)賭ける(on . . .) 名❶賭け ❷賭け金 名betting:賭け、賭け事
□ 0710 **bounce** /báuns/ Part 1	動❶**～を弾ませる**、バウンドさせる ❷跳ね返る、バウンドする(≒rebound) 名❶バウンド、跳ね返り ❷活力、元気
□ 0711 **contradict** /kɑ̀ntrədíkt/ Part 5, 6	動**～と矛盾する**、食い違う 名contradiction:(～の間の)矛盾(between ～) 形contradictory:(～と)矛盾した(to ～)
□ 0712 **disconnect** /dìskənékt/ Part 2, 3	動❶(ガス・電気など)**の供給を止める** ❷～を(…から)分離する(from . . .)(⇔connect) 名disconnection:(ガス・電気などの)供給停止

continued ▼

Chapter 5では、7日をかけて必修動詞112をチェック。まずはチャンツを聞いて、単語を「耳」からインプット！

□ 聞くだけモード Check 1
□ しっかりモード Check 1 ▸ 2
□ かんぺきモード Check 1 ▸ 2 ▸ 3

Check 2 Phrase	Check 3 Sentence ») MP3-090
□ trigger a civil war（内戦を引き起こす）	□ A series of explosions triggered the fire.（一連の爆発でその火災は起きた）
□ abolish racial discrimination（人種差別を廃止する）	□ Slavery was abolished in the US in 1865.（奴隷制度はアメリカでは1865年に廃止された）
□ aggravate the economic crisis（経済危機を悪化させる）	□ Consumption of a huge amount of fossil fuels has aggravated global warming.（大量の化石燃料の消費が地球温暖化を悪化させてきた）
□ await the result（結果を待つ） □ the long awaited sequel（待ちに待った続編）	□ Harsh conditions awaited immigrants to the country.（過酷な状況がその国への移民たちを待ち受けていた）
□ You can bet (that) ～.（～であるのは間違いない、必ず～だ） □ bet $100 on the horse（100ドルをその馬に賭ける）	□ I bet he's lying.（きっと彼はうそをついている）
□ bounce the ball against the wall（ボールを壁に当てて跳ね返らせる） □ bounce off the wall（壁に当たって跳ね返る）	□ The boy is bouncing a basketball.（男の子はバスケットボールをバウンドさせている）
□ contradict each other（[2つのことが]互いに矛盾する） □ contradict oneself（矛盾したことを言う）	□ This information contradicts what he said in the past.（この情報は彼が過去に言ったことと矛盾している）
□ disconnect electricity [gas, water]（電気[ガス、水道]の供給を止める） □ disconnect the hose from the faucet（ホースを蛇口から外す）	□ My cellphone was disconnected because I didn't pay the bill.（請求書の支払いをしなかったので、私の携帯電話は止められてしまった）

continued ▼

Check 1 Chants))) MP3-089

□ 0713 **enrich** /inrítʃ/ Part 5, 6	動 **～を豊かにする** 名 enrichment：豊かにすること 形 rich：豊かな
□ 0714 **exert** /igzə́:rt/ ❶発音注意 Part 5, 6	動 ❶(権力・影響力など)**を**(…に)**行使する**、使う(on . . .)(≒exercise) ❷(exert oneselfで)努力する(≒make efforts) 名 exertion：❶(権力などの)行使 ❷努力、尽力
□ 0715 **hamper** /hǽmpər/ Part 5, 6	動 **～を妨げる**、妨害する(≒prevent, hinder) 名 ❶洗濯かご ❷買い物かご
□ 0716 **infringe** /infríndʒ/ Part 7	動 ❶(権利など)**を侵害する**、(法律など)に違反する(≒violate) ❷(infringe on [upon]で)～を侵害する 名 infringement：❶(権利などの)侵害(of [on] ～) ❷(法律などの)違反(of ～)
□ 0717 **offset** /ɔ́fsèt, ɔ̀fsét/ ❶アクセント注意 Part 5, 6	動 **～を相殺する**、埋め合わせる(≒compensate for, make up for)
□ 0718 **plummet** /plʌ́mit/ Part 4	動 (物価などが)(～に)**急落する**(to ～)(≒plunge, tumble)
□ 0719 **prosper** /práspər/ Part 7	動 **繁栄**[繁盛]**する**(≒thrive, flourish)、成功する(≒succeed) 名 prosperity：(特に財政的な)繁栄、繁盛 形 prosperous：繁栄している、(経済的に)成功している
□ 0720 **reconcile** /rékənsàil/ ❶アクセント注意 Part 5, 6	動 ❶**～を**(…と)**一致**[調和、両立]**させる**(with . . .) ❷(be reconciled withで)～と和解[仲直り]する 名 reconciliation：(～の間の／…との)和解、調和(between ～/with . . .)

Day 44))) MP3-087
Quick Review
答えは右ページ下

□ 雄大さ	□ 嘆願	□ 試用期間	□ 政権
□ 遺伝	□ 誓約	□ 案内書	□ 貯水池
□ 訴訟	□ 助言	□ 評論家	□ 残骸
□ 無数	□ 家禽	□ ゴムボート	□ 飽和

Check 2 Phrase

Check 3 Sentence MP3-090

Check 2 Phrase		Check 3 Sentence
□ enrich one's knowledge(知識を豊かにする) □ enrich one's understanding(理解を深める)	▸	□ Scientific and technological advances have enriched our lives.(科学と技術の進歩は私たちの生活を豊かにしてきた)
□ exert one's influence(影響力を行使する) □ exert oneself to do ~(~するために努力する)	▸	□ The US exerted pressure on Japan to open the home market to US products.(アメリカ製品に対して国内市場を開放するようアメリカは日本に圧力をかけた)
□ hamper the progress of ~(~の進行を妨げる)	▸	□ The rescue operation was hampered by bad weather.(救出作業は悪天候に妨げられた)
□ infringe (on) copyright(著作権を侵害する) □ infringe a law(法律に違反する)	▸	□ The electronics manufacturer infringed four patents relating to digital cameras.(その電機メーカーはデジタルカメラに関連する4つの特許を侵害した)
□ offset the losses([利益などが]損失を埋め合わせる)	▸	□ The decline in domestic production was offset by the increase in overseas production.(国内生産の減少は海外生産の増加によって相殺された)
□ plummet to a 10-year low([株価などが]10年ぶりの安値に急落する)	▸	□ Oil prices have plummeted in recent months.(原油価格が最近の数カ月で急落した)
□ prosper in business(事業に成功する)	▸	□ The video game industry is prospering despite the economic crisis.(経済危機にもかかわらず、テレビゲーム業界はうまくいっている)
□ reconcile different opinions(異なる意見を一致させる) □ be reconciled with one's wife(妻と仲直りする)	▸	□ It is very difficult to reconcile ideals with reality.(理想と現実の折り合いをつけるのは非常に難しい)

Day 44 MP3-087
Quick Review
答えは左ページ下

□ grandeur	□ plea	□ probation	□ regime
□ heredity	□ pledge	□ prospectus	□ reservoir
□ litigation	□ pointer	□ pundit	□ rubble
□ myriad	□ poultry	□ raft	□ saturation

Day 46 動詞9

Check 1 Chants 》MP3-091

□ 0721 **soak** /sóuk/ Part 7	動❶〜を(…に)**浸す**(in . . .) ✚dipは「〜をちょっと浸す」 ❷(〜に)つかる、浸る(in 〜) ❸〜をびしょぬれにする 名❶浸すこと ❷入浴 形soaking:ずぶぬれの
□ 0722 **stabilize** /stéibəlàiz/ Part 7	動❶**〜を安定させる** ❷安定する 名stability:安定(性) 形stable:安定した
□ 0723 **subsidize** /sʌ́bsədàiz/ Part 7	動**〜に補助**[助成]**金を与える** 名subsidy:補助[助成]金
□ 0724 **underline** /ʌ́ndərlàin/ Part 5, 6	動❶**〜を強調する**(≒stress, emphasize, highlight, underscore) ❷〜に下線を引く
□ 0725 **undermine** /ʌ̀ndərmáin/ Part 5, 6	動**〜を徐々に衰えさせる**、むしばむ
□ 0726 **unfold** /ʌ̀nfóuld/ Part 5, 6	動❶(折り畳んだ紙など)**を広げる**、開く(⇔fold:〜を折り畳む) ❷(物語などが)展開する(≒develop)
□ 0727 **abate** /əbéit/ Part 4	動(勢い・激しさなどが)**和らぐ**、衰える
□ 0728 **contaminate** /kəntǽmənèit/ Part 7	動**〜を汚染する**、汚す(≒pollute) 名contamination:汚染 名contaminant:汚染物質

continued ▼

同じ語でも、品詞によって発音やアクセントの違いがあるのは知ってる？　発音記号にも注意しながら学習しよう。

□ 聞くだけモード　Check 1
□ しっかりモード　Check 1 ▸ 2
□ かんぺきモード　Check 1 ▸ 2 ▸ 3

Check 2　Phrase		Check 3　Sentence 》MP3-092
□ soak beans overnight in water（豆を水に一晩浸す） □ soak in a hot bath（熱い風呂につかる）	▸	□ To remove wine stains, soak the fabric in salted water for two hours, then rinse, and launder as usual.（ワインの染みを取るには、布地を塩水に2時間浸し、その後にゆすぎ、通常通り洗濯してください）
□ stabilize food prices（食品価格を安定させる） □ start stabilizing（安定し始める）	▸	□ The government must stabilize the domestic economy.（政府は国内経済を安定させなければならない）
□ subsidize solar panel installation（ソーラーパネルの設置に補助金を与える）	▸	□ Private schools are subsidized by the government.（私立学校は政府から補助金を与えられている）
□ underline the necessity of ～（～の必要性を強調する） □ underline an important sentence（重要な文に下線を引く）	▸	□ The economist underlined the seriousness of the global recession.（その経済学者は世界的景気後退の深刻さを強調した）
□ undermine the economy（経済を徐々に衰えさせる） □ undermine physical health（体の健康をむしばむ）	▸	□ Bank nationalization would undermine confidence in the financial system.（銀行の国有化は金融システムへの信頼を損ねるだろう）
□ unfold a letter（手紙を開く） □ as the story unfolds（物語が展開するにつれて）	▸	□ He unfolded a map on the desk.（彼は机の上に地図を広げた）
□ abating winds（和らぎ始めた風）	▸	□ The rain abated and the sun emerged.（雨が弱まって、太陽が現れた）
□ contaminate drinking water（飲料水を汚染する）	▸	□ The accident at the Chernobyl nuclear power plant contaminated large areas of Europe.（チェルノブイリ原子力発電所の事故はヨーロッパの広い地域を汚染した）

continued ▼

Check 1 Chants 》MP3-091

□ 0729 **empower** /impáuər/ Part 7	動❶**～の能力**[地位]**を向上させる** ❷～に(…する)権限を与える(to do)(≒authorize)
□ 0730 **forfeit** /fɔ́:rfit/ ❗発音注意 Part 5, 6	動**～を没収される**、(罰として)失う ➕confiscateは「～を没収する」 名❶没収、喪失 ❷没収物、罰金 形(～に)没収された(to ～)
□ 0731 **insulate** /ínsəlèit/ Part 2, 3	動**～を**(…から)**断熱**[防音、絶縁]**する**(from [against] . . .) 名insulation：❶断熱材、防音材、絶縁材[体] ❷(熱・音・電気などの)遮断、絶縁
□ 0732 **interpret** /intə́:rprit/ ❗アクセント注意 Part 5, 6	動❶**～を通訳する** ➕「～を翻訳する」はtranslate ❷(interpret A as Bで)AをBだと解釈[理解]する 名interpretation：❶解釈、説明 ❷通訳 名interpreter：通訳者
□ 0733 **recollect** /rèkəlékt/ Part 7	動❶**～を思い出す**(≒remember, recall) ❷(recollect doingで)～したことを思い出す 名recollection：❶思い出 ❷記憶(力)
□ 0734 **refute** /rifjú:t/ Part 5, 6	動**～の誤り**[間違い]**を証明する**、～を論破[論駁]する(≒disprove, rebut) 名refutation：論破、論駁
□ 0735 **revolutionize** /rèvəlú:ʃənàiz/ Part 5, 6	動**～に革命をもたらす**、大変革を起こす 名revolution：(～の)革命、大変革(in ～) 形revolutionary：❶画期[革命]的な ❷革命の
□ 0736 **slump** /slʌ́mp/ ❗定義注意 Part 4	動(物価などが)**急落**[暴落]**する** 名(物価などの)暴落(in ～)

212 ▸ 213

Day 45 》MP3-089
Quick Review
答えは右ページ下

□ ～を引き起こす	□ ～だと確信する	□ ～を豊かにする	□ ～を相殺する
□ ～を廃止する	□ ～を弾ませる	□ ～を行使する	□ 急落する
□ ～を悪化させる	□ ～と矛盾する	□ ～を妨げる	□ 繁栄する
□ ～を待つ	□ ～の供給を止める	□ ～を侵害する	□ ～を一致させる

Check 2 Phrase

Check 3 Sentence 》MP3-092

□ empower ethnic minority groups(少数民族の地位を向上させる)
□ be empowered to do ~(~する権限を持っている)
▸ □ Companies need to empower employees with the necessary skills.(企業は従業員に必要な技術を身につけさせて能力を向上させる必要がある)

□ forfeit one's driver's license(運転免許証を没収される)
□ forfeit the right to do ~(~する権利を失う)
▸ □ If you cancel your reservation, you will forfeit your deposit.(予約を取り消す場合、前払い金は没収される)

□ insulate a house from heat [noise](家を熱[騒音]から断熱[防音]する)
▸ □ My house is insulated with fiberglass insulation.(私の家はファイバーグラスの断熱材で断熱されている)

□ interpret the speech in Japanese(演説を日本語で通訳する)
□ interpret silence as approval(沈黙を承認と解釈する)
▸ □ The conference was simultaneously interpreted into five languages.(その会議は5カ国語に同時通訳された)

□ recollect his name(彼の名前を思い出す)
□ recollect seeing her(彼女に会ったことを思い出す)
▸ □ Do you recollect what you said to me the last time we met?(この前会った時に私に何を言ったか覚えていますか?)

□ refute a theory(理論の誤りを証明する)
▸ □ I tried to refute his claims.(私は彼の主張の誤りを証明しようとした)

□ revolutionize science([発見などが]科学に革命をもたらす)
▸ □ The Internet has revolutionized the way we do business.(インターネットはビジネス方法に革命をもたらした)

□ slump by half(半分に急落する)
▸ □ Car sales slumped by nearly 25 percent compared to the previous year.(前年と比較して、車の販売台数は25パーセント近く急落した)

Day 45 》MP3-089
Quick Review
答えは左ページ下

□ trigger	□ bet	□ enrich	□ offset
□ abolish	□ bounce	□ exert	□ plummet
□ aggravate	□ contradict	□ hamper	□ prosper
□ await	□ disconnect	□ infringe	□ reconcile

Day 47 動詞10

Check 1　Chants 》MP3-093

□ 0737 **suppress** /səprés/ Part 5, 6	動❶(暴動など)**を鎮圧**[抑圧]**する**　❷(感情など)を抑える、我慢する(≒subdue) 名suppression：❶(暴動などの)鎮圧、抑圧　❷(感情などの)抑制
□ 0738 **testify** /téstəfài/ Part 2, 3	動❶(～に有利に／…に不利に)**証言する**(for ～/against . . .)　❷～だと証言する 名testimony：(法廷などでの)証言、陳述
□ 0739 **worsen** /wə́ːrsn/ Part 4	動❶**悪化する**、より悪くなる　❷～を悪化させる、より悪くする(≒aggravate) 名worse：一層悪いこと[物、状態] 形worse：より悪い、より劣った 副worse：より悪く
□ 0740 **deplete** /diplíːt/ Part 5, 6	動**～を激減**[減少]**させる**(≒reduce)　➕残りわずかになるまで減らすことを表す 名depletion：減少
□ 0741 **excavate** /ékskəvèit/ Part 4	動❶**～を発掘する**　❷～を掘る(≒dig) 名excavation：発掘(物)
□ 0742 **forge** /fɔ́ːrdʒ/ Part 7	動(関係など)**を結ぶ**、築く(≒form, create, build)
□ 0743 **outnumber** /àutnʌ́mbər/ Part 7	動**～より数が多い**、～に数で勝る
□ 0744 **adjourn** /ədʒə́ːrn/ Part 7	動❶(会議・裁判など)**を**(…まで)**延期する**、休会にする(≒put off, postpone)(until . . .)　➕通例、会議や裁判について用い、それ以外については用いられない　❷(～まで)延期[休会]になる(until . . .) 名adjournment：延期、休会

continued ▼

なかなか単語学習の時間が取れない?!　もう1度、1日の生活を見直してみよう。寝る前の数分でも、語彙学習はできるはず！

□ 聞くだけモード　Check 1
□ しっかりモード　Check 1 ▶ 2
□ かんぺきモード　Check 1 ▶ 2 ▶ 3

Check 2　Phrase		Check 3　Sentence 》MP3-094
□ suppress a rebellion（暴動を鎮圧する） □ suppress one's anger（怒りを抑える）	▶	□ The government sent troops to suppress demonstrators.（政府はデモ参加者たちを鎮圧するために軍隊を派遣した）
□ testify in court（法廷で証言する） □ testify that the defendant was not involved in the crime（被告が犯罪に関与していなかったと証言する）	▶	□ The witness testified for the defendant.（証人は被告に有利な証言をした）
□ the worsening economy（悪化する経済） □ worsen the situation（状況を悪化させる）	▶	□ The company's financial troubles have worsened in the last six months.（その会社の財政難はこの半年でさらに悪くなっている）
□ deplete the natural resources（天然資源を激減させる）	▶	□ The company's assets have been depleted.（その会社の資産は激減してきている）
□ excavate ruins（遺跡を発掘する） □ excavate a tunnel（トンネルを掘る）	▶	□ Mohenjo-Daro was excavated for the first time in 1922.（モヘンジョダロは1922年に初めて発掘された）
□ forge a relationship with ～（～と関係を結ぶ）	▶	□ The two companies forged a strategic alliance last year.（両社は昨年、戦略的な提携を結んだ）
□ outnumber ～ by three to one（3対1で～より数が多い）	▶	□ In the high school, girls outnumber boys by almost two to one.（その高校では、女子がほぼ2対1で男子より数が多い）
□ adjourn the meeting until Friday（会議を金曜日まで延期する） □ adjourn until next week（来週まで延期になる）	▶	□ The trial was adjourned until next month.（その裁判は来月まで延期になった）

continued ▼

Check 1 Chants 》MP3-093

□ 0745 **delete** /dilíːt/ Part 5, 6	動 **～を(…から)削除する**、消す(from . . .)(≒erase) 名 deletion：削除、削除部分
□ 0746 **penetrate** /pénətrèit/ Part 7	動 ❶(市場)**に浸透する**、進出する ❷～を貫通する 名 penetration：進出、普及、浸透
□ 0747 **thrive** /θráiv/ Part 5, 6	動 **成功する**(≒succeed)、栄える、繁栄する(≒prosper, flourish) 形 thriving：繁栄している
□ 0748 **differentiate** /dìfərénʃièit/ Part 5, 6	動 ❶**～を(…と)区別する**、差別化[差異化]する(from . . .) ❷(～の間の)差別[区別]をする(between ～)(≒distinguish) 名 differentiation：区別、差異化
□ 0749 **outsource** /áutsɔ̀ːrs, àutsɔ́ːrs/ ❗アクセント注意 Part 5, 6	動(業務)**を外部委託する**、(部品など)を外部調達する 名 outsourcing：外部委託、外部調達
□ 0750 **default** /difɔ́ːlt/ Part 5, 6	動(～の)**返済を怠る**(on ～) 名 ❶(～の)債務不履行、滞納(on ～) ❷デフォルト、初期設定
□ 0751 **relinquish** /rilíŋkwiʃ/ Part 7	動 ❶(権利など)**を放棄する**、手放す ❷～を(…に)引き渡す、譲渡する(to . . .)
□ 0752 **unpack** /ʌ̀npǽk/ Part 1	動(包みなど)**を開ける**、解く、(中の物)を取り出す(⇔pack：～を荷造りする)

Day 46 》MP3-091 Quick Review
答えは右ページ下

□ ～を浸す	□ ～を徐々に衰えさせる	□ ～の能力を向上させる	□ ～を思い出す
□ ～を安定させる	□ ～を広げる	□ ～を没収される	□ ～の誤りを証明する
□ ～に補助金を与える	□ 和らぐ	□ ～を断熱する	□ ～に革命をもたらす
□ ～を強調する	□ ～を汚染する	□ ～を通訳する	□ 急落する

Check 2 Phrase	Check 3 Sentence))) MP3-094
□ delete her name from the list(彼女の名前をリストから削除する)	□ I have deleted important files by mistake.(私は重要なファイルを誤って削除してしまった)
□ penetrate the European market(ヨーロッパ市場に浸透する) □ penetrate the wall([弾丸などが]壁を貫通する)	□ Our company has successfully penetrated the Chinese market.(我が社は中国市場にうまく進出した)
□ thrive in business(事業に成功する)	□ The company is thriving under the leadership of its current CEO.(現在のCEOの指揮の下、その会社は繁栄している)
□ differentiate good from bad = differentiate between good and bad(善悪を区別する)	□ We need to differentiate our products from our competitors'.(私たちは自社製品を競合他社のものと差別化する必要がある)
□ outsource customer service(顧客サービスを外部委託する)	□ The company is planning to outsource a portion of its production.(その会社は生産の一部を外部委託することを計画している)
□ default on a loan(ローンの返済を怠る)	□ He has defaulted on his mortgage.(彼は住宅ローンの返済を怠っている)
□ relinquish a claim(要求を放棄する) □ relinquish custody to ~(養育権を~に譲る)	□ He was forced to relinquish his position as CEO due to illness.(彼は病気のためCEOの職を辞めざるを得なかった)
□ unpack a cardboard box(段ボール箱を開ける)	□ The woman is unpacking groceries.(女性は食料品を取り出している)

Day 46))) MP3-091
Quick Review
答えは左ページ下

□ soak	□ undermine	□ empower	□ recollect
□ stabilize	□ unfold	□ forfeit	□ refute
□ subsidize	□ abate	□ insulate	□ revolutionize
□ underline	□ contaminate	□ interpret	□ slump

Day 48 動詞11

Check 1 Chants 》MP3-095

□ 0753 **affirm** /əfə́ːrm/ Part 5, 6	動 **〜だと断言**［主張］**する**（⇔deny） 名affirmation：断言 名affirmative：肯定、賛成 形affirmative：肯定的な、積極的な
□ 0754 **overhaul** /òuvərhɔ́ːl/ ❗アクセント注意 Part 5, 6	動❶**〜を分解点検**［修理］**する** ❷〜を徹底的に見直す、改める 名（/óuvərhɔ̀ːl/）分解点検［修理］、総点検
□ 0755 **rake** /réik/ Part 1	動 **〜を熊手で集める** 名 熊手
□ 0756 **slash** /slǽʃ/ ❗定義注意 Part 7	動❶（予算など）**を大幅に削減する** ❷〜に深く切りつける 名❶切りつけること、切り傷 ❷一撃 ❸スラッシュ、斜線
□ 0757 **stir** /stə́ːr/ Part 1	動 **〜をかき混ぜる**、かき回す 名 かき混ぜる［回す］こと
□ 0758 **lessen** /lésn/ Part 5, 6	動❶**〜を減らす**、小さくする ❷減る、小さくなる（≒decrease） 形less：より少ない 副less：より〜でなく 形lesser：より劣った［重要でない］
□ 0759 **weed** /wíːd/ Part 1	動（庭など）**の雑草を取る** 名 雑草 名seaweed：海草
□ 0760 **discard** /diskɑ́ːrd/ ❗アクセント注意 Part 5, 6	動（不用品・習慣など）**を捨てる**（≒throw away, get rid of） 名（/dískɑːrd/）捨てられた物

continued ▼

Quick Reviewは使ってる？　昨日覚えた単語でも、記憶に残っているとは限らない。学習の合間に軽くチェックするだけでも効果は抜群！

□ 聞くだけモード　Check 1
□ しっかりモード　Check 1 ▸ 2
□ かんぺきモード　Check 1 ▸ 2 ▸ 3

Check 2 Phrase	Check 3 Sentence 》MP3-096
□ affirm that it is true（それが真実であると断言する）	□ The suspect affirmed that he was innocent.（容疑者は自分は無実だと主張した）
□ overhaul the engine（エンジンを分解点検する） □ overhaul the healthcare system（医療制度を徹底的に見直す）	□ I had my computer overhauled.（私はコンピューターを分解修理してもらった）
□ rake garbage（ごみを熊手で集める）	□ The woman is raking the fallen leaves.（女性は落ち葉を熊手で集めている）
□ slash the budget（予算を大幅に削減する） □ a slashed tire（深く切りつけられたタイヤ）	□ All prices have been slashed by 60 percent!（価格はすべて60パーセント引き！）➕広告の表現
□ stir one's coffee with a spoon（コーヒーをスプーンでかき混ぜる）	□ The man is stirring the sauce.（男性はソースをかき混ぜている）
□ lessen the risk of ～（～の危険を減らす） □ considerably lessen（著しく減る）	□ Strengthening trade ties will lessen international tensions.（貿易関係を強化することで国際緊張は緩和するだろう）
□ weed the lawn（芝生の雑草を取る）	□ The man is weeding his garden.（男性は庭の雑草を取っている）
□ discard an old computer（古いコンピューターを処分する）	□ The average household discards half a ton of paper and cardboard each year.（平均的な世帯は1年間に0.5トンの紙と段ボールを捨てている）

continued
▼

Check 1 Chants 》MP3-095

□ 0761
discriminate
/diskrímənèit/
Part 5, 6

動❶(～を)**区別[識別]する**(between ～) ❷～を(…と)区別[識別]する(from . . .)(≒distinguish) ❸(discriminate againstで)～を差別する
名discrimination：(～に対する)差別(待遇)(against ～)

□ 0762
disperse
/dispə́:rs/
Part 7

動❶**～を分散させる**、四方に散らす ❷分散する、散らばる

□ 0763
concede
/kənsí:d/
Part 5, 6

動**～を**(正しいと)(渋々)**認める**
名concession：(～への)譲歩(to ～)

□ 0764
confiscate
/kάnfəskèit/
Part 7

動**～を**(…から)**没収[押収]する**(from . . .) ➕forfeitは「～を没収される」
名confiscation：没収[押収](品)

□ 0765
defer
/difə́:r/
Part 5, 6

動**～を**(…まで)**延期する**(until [to] . . .)(≒delay, postpone, put off) ➕deter(～を防止する)と混同しないように注意

□ 0766
detain
/ditéin/
Part 5, 6

動❶**～を引き留める**、待たせる ❷～を拘留[留置]する
名detention：拘留、留置

□ 0767
enact
/inǽkt/
Part 7

動(法律・条例)**を制定する**、(法案)を成立させる

□ 0768
jeopardize
/dʒépərdàiz/
❗発音注意
Part 7

動**～を危険にさらす**(≒risk, endanger)
名jeopardy：危険(にさらされること) ➕通例、in jeopardy(危険にさらされて)の形で使う

Day 47 》MP3-093 Quick Review
答えは右ページ下

□ ～を鎮圧する
□ 証言する
□ 悪化する
□ ～を激減させる
□ ～を発掘する
□ ～を結ぶ
□ ～より数が多い
□ ～を延期する
□ ～を削除する
□ ～に浸透する
□ 成功する
□ ～を区別する
□ ～を外部委託する
□ 返済を怠る
□ ～を放棄する
□ ～を開ける

Check 2 Phrase

Check 3 Sentence MP3-096

Phrase	Sentence
□ discriminate between good and bad＝discriminate good from bad(善悪を区別する)	□ A one-day-old baby can discriminate between the voice of its mother and that of another.(生後1日の赤ん坊は母親の声と別の人の声を聞き分けられる)
□ disperse the demonstrators(デモ参加者たちを追い散らす) □ disperse in all directions(四方八方に散らばる)	□ Police dispersed the protesters with tear gas.(警察は催涙ガスを使って抗議者たちを追い散らした)
□ concede one's error(誤りを認める) □ concede defeat(敗北を認める)	□ The president conceded that the war in Iraq is not going as well as he had hoped.(大統領はイラク戦争が望んでいたほどうまく進んでいないことを認めた)
□ confiscate illegal drugs(違法薬物を押収する)	□ He received a speeding ticket and his driver's license was confiscated.(彼はスピード違反切符を切られて、運転免許証を没収された)
□ defer the payment of ～(～の支払いを延期する) □ defer doing ～(～することを延期する)	□ The board has deferred making a decision on the issue until next week.(役員会はその問題に関して決定を下すのを来週まで延期した)
□ be detained by a traffic jam(交通渋滞で足止めされる) □ detain a suspect(容疑者を拘留する)	□ I was detained in Chicago on business.(私は仕事でシカゴに引き留められた)
□ enact a law(法律を制定する) □ enact a bill(法案を成立させる)	□ The city enacted an ordinance that bans the disposal of recyclable items.(その市はリサイクル可能な製品の廃棄を禁止する条例を制定した)
□ jeopardize one's life(命を危険にさらす)	□ Don't jeopardize your future by having an unreasonable amount of debt.(法外な借金を抱えて将来を危うくしてはならない)

Day 47 MP3-093
Quick Review
答えは左ページ下

□ suppress	□ excavate	□ delete	□ outsource
□ testify	□ forge	□ penetrate	□ default
□ worsen	□ outnumber	□ thrive	□ relinquish
□ deplete	□ adjourn	□ differentiate	□ unpack

Day 49 動詞12

Check 1 Chants 》MP3-097

□ 0769
overcharge
/òuvərtʃɑ́ːrdʒ/
Part 2, 3

動 **～に**(…に対して)**過剰請求をする**、法外な値を要求する(for . . .)(⇔undercharge：～に料金以下の金額を請求する)

□ 0770
deem
/díːm/
Part 5, 6

動 **～を**(…だと)**考える**(as [to be] . . .) ➕このas、to beは省略され、第5文型を取ることが多い

□ 0771
emit
/imít/
Part 5, 6

動(熱・光・ガスなど)**を放出**[放射]**する**、放つ ➕remit([金銭]を送る)と混同しないように注意
名emission：❶(熱・光・ガスなどの)放出 ❷排気、放出物

□ 0772
incorporate
/inkɔ́ːrpərèit/
Part 5, 6

動❶**～を**(…に)**組み**[取り]**入れる**(into [in] . . .) ❷～を含む、包含する(≒include)
名incorporation：(～への)混入、混合(into ～)

□ 0773
deter
/ditə́ːr/
Part 5, 6

動❶**～を防止する**、防ぐ ❷(deter A from doingで)Aに～するのをやめさせる、思いとどまらせる ➕defer(～を延期する)と混同しないように注意
名deterrent：抑止するもの、戦争抑止力
形deterrent：妨げる、抑止する

□ 0774
dip
/díp/
❗定義注意
Part 4

動❶(価格などが)**減少する**、下がる ❷～を(液体などに)ちょっと浸す[つける](in [into] . . .) ➕soakは「(一定の間)～を浸す」
名❶ちょっと浸すこと、一泳ぎ ❷(価格などの)下落

□ 0775
exaggerate
/igzǽdʒərèit/
Part 5, 6

動 **～を誇張する**、大げさに言う
名exaggeration：誇張
形exaggerated：誇張した、大げさな

□ 0776
inaugurate
/inɔ́ːgjurèit/
Part 7

動❶**～の就任式を行う** ❷～の落成[開所]式を行う ❸～を(正式に)開始する ❹(新時代)を新しく開く
名inauguration：❶就任(式) ❷開業、開所 ❸(新時代などの)開始
形inaugural：❶最初[開始]の ❷就任(式)の

continued ▼

チャンツを持ち歩いて復習を！　携帯プレーヤーやスマホに音声を入れて、通勤・通学時などに「聞き流し」の復習をしよう。

□ 聞くだけモード　Check 1
□ しっかりモード　Check 1 ▸ 2
□ かんぺきモード　Check 1 ▸ 2 ▸ 3

Check 2 Phrase	Check 3 Sentence 》MP3-098
□ overcharge him by $10 for ~（彼に～に対して10ドル多く請求する）	□ I was overcharged by $30 for shipping.（私は送料を30ドル多く請求された）
□ deem ~ (as [to be]) appropriate（～を適切であると考える）	□ As soon as the area is deemed safe, residents can return home.（その地域が安全だと見なされ次第、住民たちは帰宅することができる）
□ emit toxic chemicals（有毒化学物質を放出する） □ emit fragrances（よい香りを放つ）	□ If we continue emitting greenhouse gases, global warming will continue.（私たちが温室効果ガスを排出し続ければ、地球温暖化は続くだろう）
□ incorporate his ideas into the plan（彼の考えを計画に取り入れる） □ incorporate many features（[製品などが]多くの特徴を含んでいる）	□ Her suggestions were incorporated into the final design of the building.（彼女の提案はそのビルの最終デザインに取り入れられた）
□ deter enemy attacks（敵の攻撃を防ぐ） □ deter him from resigning（彼に辞職するのを思いとどまらせる）	□ Do you think the death penalty deters crime?（死刑は犯罪を防止すると思いますか？）
□ dip to minus 10 degrees Celsius（[気温が]セ氏マイナス10度に下がる） □ dip one's hand in water（水に手をちょっとつける）	□ New car sales dipped 23.7 percent last month.（先月は新車販売台数が23.7パーセント減少した）
□ exaggerate the threat of global warming（地球温暖化の脅威を誇張する）	□ Politicians tend to exaggerate their talents and achievements.（政治家は自分の才能と業績を誇張する傾向がある）
□ inaugurate a president（大統領の就任式を行う） □ inaugurate a new library（新しい図書館の落成式を行う）	□ Barack Obama was inaugurated on January 20, 2009 as the 44th president of the United States.（バラク・オバマは2009年1月20日に第44代アメリカ大統領に就任した）

continued ▼

Check 1　Chants 》MP3-097

□ 0777 **induce** /indjú:s/ Part 5, 6	動❶**～を引き起こす**、誘発する(≒cause)　❷(induce A to doで)Aを説いて～する気にさせる 名induction：❶誘発、誘導　❷帰納　❸就任 名inducement：(行動へ)促すもの、誘因、刺激(to ～)
□ 0778 **mingle** /míŋgl/ Part 4	動❶(～と)**歓談**[交際]**する**(with ～)　❷(～と)混ざる(with ～)　❸～を(…と)混ぜる(with . . .)
□ 0779 **procure** /proukjúər/ Part 7	動 **～を**(努力[苦労]して)**手に入れる**、入手[獲得、調達]する(≒obtain) 名procurement：獲得
□ 0780 **confer** /kənfə́:r/ Part 5, 6	動❶(～と／…について)**話し合う**、協議する(with ～/about [on] . . .)　❷(資格・学位など)を(…に)与える、贈る(on [upon] . . .)
□ 0781 **curtail** /kərtéil/ Part 7	動❶**～を削減する**、切り詰める(≒reduce, decrease, lower, downsize)　❷～を短縮する(≒shorten)
□ 0782 **denounce** /dináuns/ Part 5, 6	動❶**～を**(…だと)**公然と非難する**(as . . .)　❷～を(…に)告発する(to . . .) 名denunciation：❶(公然の)非難　❷告発
□ 0783 **dictate** /díkteit/　イ/diktéit/ ❶定義注意　❶アクセント注意 Part 5, 6	動❶(物・事が)**～に影響する**、～を決定[左右]する(≒determine)　❷～を(…に)書き取らせる、口述する(to . . .)　❸～を(…に)命令する(to . . .) 名 命令 名dictation：❶書き取り、ディクテーション　❷命令
□ 0784 **embezzle** /imbézl/ Part 7	動 **～を**(…から)**横領**[着服]**する**(from . . .) 名embezzlement：横領、着服

Day 48 》MP3-095
Quick Review
答えは右ページ下

□ ～だと断言する　□ ～をかき混ぜる　□ 区別する　□ ～を延期する
□ ～を分解点検する　□ ～を減らす　□ ～を分散させる　□ ～を引き留める
□ ～を熊手で集める　□ ～の雑草を取る　□ ～を認める　□ ～を制定する
□ ～を大幅に削減する　□ ～を捨てる　□ ～を没収する　□ ～を危険にさらす

Check 2 Phrase

Check 3 Sentence))) MP3-098

Phrase		Sentence
□ induce drowsiness（［薬などが］眠気を引き起こす） □ induce him to take the job（彼を説いてその仕事をする気にさせる）	▸	□ This drug can induce side effects including nausea and dizziness.（この薬は吐き気や目まいなどの副作用を起こすことがある）
□ mingle with guests（来客たちと歓談する） □ mingle with water（水と混ざる）	▸	□ This event provides an opportunity to mingle with local people.（このイベントは地元の人々と触れ合う機会を提供する）
□ procure evidence（証拠を入手する）	▸	□ I have managed to procure tickets to the concert.（私は何とかそのコンサートのチケットを手に入れた）
□ confer with him about the plan（彼とその計画について話し合う） □ confer degrees on graduates（学位を卒業生に与える）	▸	□ He conferred with his attorney about the case.（彼は弁護士とその訴訟について話し合った）
□ curtail expenditure [spending]（支出を削減する） □ curtail one's vacation（休暇を短縮する）	▸	□ The government should not curtail spending on health care.（政府は医療に対する支出を削減すべきではない）
□ denounce injustice（不正を非難する） □ denounce him to the police（彼を警察に告発する）	▸	□ Many religious leaders denounced the movie as blasphemous.（多くの宗教指導者たちはその映画を冒とく的だと非難した）
□ dictate the outcome of ～（～の結果に影響を及ぼす） □ dictate a letter to a secretary（手紙を秘書に書き取らせる）	▸	□ Weather conditions will dictate whether or not we hold the barbecue.（天候によってバーベキューをするかどうかが決まる）
□ embezzle $1 million from the company（会社から100万ドルを横領する）	▸	□ He was charged with embezzling $20,000 from his employer over a three-year period.（彼は3年間にわたって雇用主から2万ドルを横領したかどで告訴された）

Day 48))) MP3-095
Quick Review
答えは左ページ下

□ affirm	□ stir	□ discriminate	□ defer
□ overhaul	□ lessen	□ disperse	□ detain
□ rake	□ weed	□ concede	□ enact
□ slash	□ discard	□ confiscate	□ jeopardize

Day 50 動詞13

Check 1 Chants 》MP3-099

□ 0785 **envision** /invíʒən/ Part 7	動(将来のこと)**を想像する**、心に描く(≒imagine, envisage)
□ 0786 **escort** /iskɔ́:rt/ ❗アクセント注意 Part 7	動❶(人)**を案内する** ❷～を護衛する ❸～につき添う 名(/éskɔ:rt/)❶護衛者[団] ❷つき添い、同伴者
□ 0787 **nurture** /nə́:rtʃər/ Part 5, 6	動**～を育てる**、養育する 名養育
□ 0788 **pollute** /pəlú:t/ Part 7	動**～を汚染する**、汚す(≒contaminate) 名pollution：汚染、公害 名pollutant：汚染物質
□ 0789 **scrutinize** /skrú:tənàiz/ Part 7	動**～を綿密に調べる**、吟味する(≒examine, inspect) 名scrutiny：綿密[精密]な調査[検査]
□ 0790 **simulate** /símjulèit/ Part 4	動**～の模擬実験をする**、シミュレーションをする 名simulation：模擬実験、シミュレーション
□ 0791 **avert** /əvə́:rt/ Part 5, 6	動❶(危険など)**を防ぐ**、避ける(≒prevent) ❷(目など)を(…から)そらす、そむける(from . . .)
□ 0792 **concur** /kənkə́:r/ Part 5, 6	動❶(～と／…ということに)**同意見である**、一致する(with ～/that節 . . .)(≒agree) ❷同時に起こる(≒coincide) 形concurrent：❶(～と)同時に発生[存在]する(with ～) ❷(～と)同一の、一致した(with ～)

continued ▼

本書も残すところあと3週間=21日！ TOEICで満点=990点を獲得する日も少しずつ近づいている！ この調子で頑張っていこう。

□ 聞くだけモード Check 1
□ しっかりモード Check 1 ▸ 2
□ かんぺきモード Check 1 ▸ 2 ▸ 3

Check 2 Phrase		Check 3 Sentence 》MP3-100
□ envision a better future（よりよい未来を想像する） □ It is hard to envision ~.（~を想像するのは難しい）	▸	□ I envision a day when all information is shared and more easily accessible.（すべての情報が共有され、より容易に入手できる日を私は想像する）
□ escort a merchant ship（商船を護衛する） □ escort him on a tour of the factory（工場視察で彼を案内して回る）	▸	□ Your tour guide will escort you through the city.（ツアーガイドが街を案内する予定だ）
□ nurture one's child（子どもを養育する）	▸	□ Schools should nurture creativity and imagination in children.（学校は子どもの内にある創造性と想像力を育てるべきだ）
□ pollute the atmosphere（大気を汚染する）	▸	□ Human beings have polluted the environment for many decades.（人類は何十年にもわたって自然環境を汚染してきた）
□ scrutinize the document（書類を綿密に調べる）	▸	□ Police scrutinized the crime scene.（警察は犯罪現場を綿密に調べた）
□ simulate an earthquake（地震の模擬実験をする） □ simulate an accident（事故のシミュレーションをする）	▸	□ The machine can simulate different road conditions.（その機械はさまざまな道路状況のシミュレーションをすることができる）
□ avert disaster（災害を防ぐ） □ avert one's eyes [gaze] from ~（~から目をそらす）	▸	□ Countries should take urgent measures to avert the ongoing financial crisis.（各国は進行中の金融危機を防ぐために緊急の措置を取るべきだ）
□ concur with his view（彼の考え方に同意する） □ Everything concurred to do ~.（あらゆることが相まって~した）	▸	□ The results concurred with the experimental data.（結果は実験のデータと一致した）

continued ▼

Check 1 Chants 》MP3-099

□ 0793 **deduce** /didjúːs/ Part 5, 6	動❶**〜だと推定[推論]する** ❷(deduce A from Bで)A(結論など)をBから推定[推論]する 名deduction：❶(〜からの)控除(from 〜) ❷(〜という)推論(that節 〜)
□ 0794 **depict** /dipíkt/ Part 5, 6	動**〜を**(…として)**描く**、描写する(as . . .)(≒describe, represent, portray) 名depiction：描写
□ 0795 **disseminate** /disémənèit/ Part 7	動(情報・思想など)**を広める**、普及させる
□ 0796 **dwindle** /dwíndl/ Part 7	動**次第に減少する**(≒decrease)
□ 0797 **hinder** /híndər/ Part 5, 6	動**〜を妨げる**(≒prevent, hamper) 名hindrance：❶(〜の)妨害、邪魔(to 〜) ❷(〜の)邪魔になる物[人](to 〜)
□ 0798 **overestimate** /òuvəréstəmèit/ ❗発音注意 Part 7	動❶**〜を過大評価する**(⇔underestimate) ❷〜を多く[高く]見積もり過ぎる 名(/òuvəréstəmət/)過大評価、過大な見積もり 動estimate：❶〜を見積もる ❷〜を評価する
□ 0799 **privatize** /práivətàiz/ Part 4	動**〜を民営化する**(⇔nationalize：〜を国営[国有]化する) 名privatization：民営化 形private：❶私有の、民営[私営]の ❷私的な
□ 0800 **rebound** /ribáund/ ❗アクセント注意 Part 4	動❶(株価などが)**回復する**、立ち直る ❷(〜から)跳ね返る(off 〜) 名(/ríːbàund/)❶跳ね返り ❷回復、立ち直り

Day 49 》MP3-097
Quick Review
答えは右ページ下

□ 〜に過剰請求をする	□ 〜を防止する	□ 〜を引き起こす	□ 〜を削減する
□ 〜を考える	□ 減少する	□ 歓談する	□ 〜を公然と非難する
□ 〜を放出する	□ 〜を誇張する	□ 〜を手に入れる	□ 〜に影響する
□ 〜を組み入れる	□ 〜の就任式を行う	□ 話し合う	□ 〜を横領する

Check 2 Phrase

Check 3 Sentence MP3-100

Phrase	Sentence
□ deduce that the suspect is innocent（容疑者は無実だと推定する） □ the conclusion deduced from the experiments（実験から推定される結論）	□ Scientists deduce that water once flowed on the surface of Mars.（水がかつて火星の表面を流れていたと科学者たちは推定している）
□ depict him as a hero（彼を英雄として描く）	□ "The Last Supper" depicts Christ and his 12 disciples.（『最後の晩餐』はキリストと彼の12人の弟子を描いている）
□ disseminate rumors（うわさを広める）	□ The Internet is the best medium to gather and disseminate information.（インターネットは情報を集めたり広めたりするのに最良の手段だ）
□ dwindle to nothing [one, two]（次第に減ってなくなる[1つになる、2つになる]）	□ CD sales have dwindled since downloading music became popular.（音楽のダウンロードが一般的になって以来、CDの売り上げは次第に減少してきている）
□ hinder economic recovery（経済回復を妨げる）	□ The high cost of gasoline hinders tourism.（ガソリン高が観光業の妨げとなっている）
□ overestimate his abilities（彼の能力を過大評価する） □ overestimate construction costs（建設費を多く見積もり過ぎる）	□ In general, people tend to overestimate their skill level.（一般に、人々は自分の技能のレベルを過大評価する傾向がある）
□ privatize government-run companies（国営企業を民営化する）	□ Japan's postal system was privatized in 2007.（日本の郵政は2007年に民営化された）
□ rebound sharply（[株価が]急反発する） □ rebound off the wall（壁に当たって跳ね返る）	□ Stock prices rebounded today after five successive days of losses.（5日連続で下落した後に株価は今日回復した）

Day 49 MP3-097
Quick Review
答えは左ページ下

□ overcharge	□ deter	□ induce	□ curtail
□ deem	□ dip	□ mingle	□ denounce
□ emit	□ exaggerate	□ procure	□ dictate
□ incorporate	□ inaugurate	□ confer	□ embezzle

Day 51 動詞14

Check 1 Chants) MP3-101

□ 0801
sag
/sǽg/
Part 4

動❶(価格などが)**下落する**(≒drop) ❷たわむ、沈下する(≒sink)
名❶(価格などの)下落(in ～) ❷たわみ、沈下

□ 0802
skyrocket
/skáiràkit/
Part 4

動(物価などが)**急上昇する**

□ 0803
subside
/səbsáid/
Part 5, 6

動(痛みなどが)**治まる**、静まる

□ 0804
tumble
/tʌ́mbl/
Part 4

動❶(株価などが)**暴落する**(≒plunge, plummet) ❷転ぶ
名 転倒、転落

□ 0805
veto
/ví:tou/
Part 7

動❶(法案など)**を**(拒否権を行使して)**拒否**[否認]**する**、～に対して拒否権を行使する ❷～を認めない、～に反対する
名(～に対する)拒否権(on ～)

□ 0806
abound
/əbáund/
Part 5, 6

動❶(物・生物が)(～に)**たくさんある**[いる](in ～) ❷(場所が)(～に)満ちている(in [with] ～)
名abundance:豊富、多数、多量
形abundant:豊富な

□ 0807
ameliorate
/əmí:ljərèit/
Part 7

動 **～を改善**[改良]**する**(≒improve)
名amelioration:改善、改良

□ 0808
depose
/dipóuz/
Part 5, 6

動(高官など)**を**(高位から)**免職にする**、退陣させる、退ける(from . . .)
名deposition:(高官などの)免職

continued ▼

今日でChapter 5は最後！　時間に余裕があったら、章末のReviewにも挑戦しておこう。忘れてしまった単語も結構あるのでは?!

□ 聞くだけモード　Check 1
□ しっかりモード　Check 1 ▸ 2
□ かんぺきモード　Check 1 ▸ 2 ▸ 3

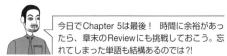

Check 2　Phrase	Check 3　Sentence 》MP3-102
□ the sagging housing market(下落する住宅市場) □ a sagging floor(たわんだ床)	□ Stock prices sagged yesterday.(株価は昨日、下落した)
□ skyrocketing oil prices(急上昇する原油価格)	□ Housing prices have skyrocketed over the past five years.(この5年間で住宅価格は急上昇した)
□ subside as time passes(時がたつにつれて治まる)	□ The doctor said the pain would subside in a few days.(痛みは数日で治まると医者は言った)
□ tumble about 100 points([株価が]100ポイントほど暴落する) □ tumble down the stairs(階段を転がり落ちる)	□ Stock prices tumbled to their lowest level in three years.(株価がこの3年で最低のレベルまで暴落した)
□ veto a bill(法案を拒否する) □ veto his plan to do ～(彼の～する計画を認めない)	□ The US vetoed a UN Security Council resolution condemning Israel's attacks in Gaza.(アメリカはイスラエルのガザ攻撃を非難する国連安全保障理事会の決議に対して拒否権を行使した)
□ abound in Paris([店などが]パリにたくさんある) □ abound in rare species([場所が]希少種に満ちている)	□ Restaurants and shops abound in the area.(レストランと商店がその地域にはたくさんある)
□ ameliorate the quality of life(生活の質を改善する)	□ The union has requested management to ameliorate working conditions.(その労働組合は経営陣に労働環境を改善するよう求めている)
□ depose the dictator(独裁者を退陣させる)	□ The CEO was deposed due to poor leadership.(そのCEOは指導力不足のため免職になった)

continued ▼

Check 1　Chants 》MP3-101

□ 0809 **dispel** /dispél/ Part 7	動（疑いなど）**を一掃する**、晴らす、追い払う
□ 0810 **evoke** /ivóuk/ Part 5, 6	動（感情など）**を呼び起こす**、喚起する 形evocative：（感情などを）呼び起こす、喚起する、思い出させる（of ～）
□ 0811 **exemplify** /igzémpləfài/ Part 7	動❶**～のよい例となる**　❷～を例証［実証］する 名exemplification：❶実例、好例　❷例証、実証 形exemplary：❶模範的な、手本とすべき　❷見せしめの、戒めの
□ 0812 **flounder** /fláundər/ Part 4	動❶（経済などが）**低迷する**　❷（混乱して）まごつく、口ごもる　❸もがく、あがく
□ 0813 **foretell** /fɔːrtél/ Part 5, 6	動**～を予言**［予告］**する**（≒predict）
□ 0814 **hatch** /hætʃ/ ❗定義注意 Part 7	動❶**～を**（ひそかに）**企てる**、謀る　❷孵化する　❸（卵）を孵化する、～を卵からかえす 名❶孵化　❷（甲板の）ハッチ
□ 0815 **modernize** /mɑ́dərnàiz/ Part 5, 6	動❶**～を現代**［近代］**化する**、最新式にする　❷現代［近代］的になる 名modernization：近代［現代］化 形modern：現代の、近代の
□ 0816 **overshadow** /òuvərʃǽdou/ Part 7	動❶（比喩的に）**～の影を薄くする**、～を見劣りさせる　❷～に影を投げかける

Day 50 》MP3-099
Quick Review
答えは右ページ下

□ ～を想像する　□ ～を綿密に調べる　□ ～だと推定する　□ ～を妨げる
□ ～を案内する　□ ～の模擬実験をする　□ ～を描く　□ ～を過大評価する
□ ～を育てる　□ ～を防ぐ　□ ～を広める　□ ～を民営化する
□ ～を汚染する　□ 同意見である　□ 次第に減少する　□ 回復する

Check 2 Phrase		Check 3 Sentence 》MP3-102
□ dispel the notion that ～(～という考えを一掃する) □ dispel her fears(彼女の不安を一掃する)	▸	□ The minister dispelled rumors of his resignation.(その大臣は辞職のうわさを一掃した)
□ evoke sorrow(悲しみを呼び起こす)	▸	□ The photo evoked memories of my childhood.(その写真は私の子どものころの記憶を呼び覚ました)
□ exemplify the Romanesque style([芸術作品などが]ロマネスク様式の好例である) □ exemplify the importance of ～(～の重要性を実証する)	▸	□ The painting exemplifies the characteristics of impressionism.(その絵画は印象主義の特徴をよく表している例だ)
□ the floundering economy(低迷する経済) □ flounder for something to say(何か言おうとして口ごもる)	▸	□ The domestic car market is floundering due to lack of demand.(国内自動車市場は需要不足のため低迷している)
□ foretell the future(未来を予言する)	▸	□ It is extremely difficult to foretell when a recession will end.(いつ景気後退が終わるか予測するのは非常に難しい)
□ hatch a plot(陰謀を企てる) □ hatch an egg(卵を孵化する)	▸	□ Three men were arrested for hatching a plot to kidnap the son of a wealthy banker.(裕福な銀行家の息子の誘拐を企てたかどで男3人が逮捕された)
□ modernize a country(国を近代化する) □ modernize a kitchen(台所を最新式にする)	▸	□ It is imperative for manufacturers to modernize their production lines.(生産ラインを近代化することはメーカーにとって絶対に必要だ)
□ feel overshadowed(影が薄いと感じる、見劣りを感じる) □ be overshadowed by skyscrapers(超高層ビルの影で覆われている)	▸	□ She often feels overshadowed by her older sisters.(姉たちによって自分の影が薄くなっていると彼女はよく感じる)

Day 50 》MP3-099
Quick Review
答えは左ページ下

□ envision	□ scrutinize	□ deduce	□ hinder
□ escort	□ simulate	□ depict	□ overestimate
□ nurture	□ avert	□ disseminate	□ privatize
□ pollute	□ concur	□ dwindle	□ rebound

Chapter 5 Review

左ページの(1)～(20)の動詞の同意・類義語［熟語］（≒）を右ページのA～Tから選び、カッコの中に答えを書き込もう。意味が分からないときは、見出し番号を参照して復習しておこう（答えは右ページ下）。

- □ (1) aggravate (0707) ≒は？（　　）
- □ (2) await (0708) ≒は？（　　）
- □ (3) infringe (0716) ≒は？（　　）
- □ (4) prosper (0719) ≒は？（　　）
- □ (5) underline (0724) ≒は？（　　）
- □ (6) contaminate (0728) ≒は？（　　）
- □ (7) recollect (0733) ≒は？（　　）
- □ (8) forge (0742) ≒は？（　　）
- □ (9) adjourn (0744) ≒は？（　　）
- □ (10) discard (0760) ≒は？（　　）
- □ (11) jeopardize (0768) ≒は？（　　）
- □ (12) induce (0777) ≒は？（　　）
- □ (13) procure (0779) ≒は？（　　）
- □ (14) curtail (0781) ≒は？（　　）
- □ (15) dictate (0783) ≒は？（　　）
- □ (16) envision (0785) ≒は？（　　）
- □ (17) scrutinize (0789) ≒は？（　　）
- □ (18) avert (0791) ≒は？（　　）
- □ (19) ameliorate (0807) ≒は？（　　）
- □ (20) foretell (0813) ≒は？（　　）

A. determine
B. inspect
C. emphasize
D. form
E. flourish
F. worsen
G. reduce
H. remember
I. prevent
J. throw away
K. endanger
L. pollute
M. predict
N. postpone
O. violate
P. improve
Q. cause
R. wait for
S. obtain
T. imagine

【解答】(1) F (2) R (3) O (4) E (5) C (6) L (7) H (8) D (9) N (10) J (11) K (12) Q (13) S (14) G (15) A (16) T (17) B (18) I (19) P (20) M

CHAPTER 6
形容詞：必修112

Chapter 6では、TOEIC必修の形容詞112をマスターします。単語は「繰り返しの学習」で身につけるもの。目・耳・口をフル動員して、あきらめることなく学習を続けていきましょう！

TOEIC的格言

After rain comes fair weather.

雨降って地固まる。
［直訳］雨天の後に好天が来る。

Day 52 形容詞8

Check 1 Chants ♪ MP3-103

□ 0817
fierce
/fíərs/
Part 5, 6

形❶(競争などが)**激しい** ❷(人・動物などが)どう猛な
副fiercely：❶激しく ❷どう猛に

□ 0818
humid
/hjúːmid/
Part 4

形**湿気の多い**、蒸し蒸しする ➕「(寒くて)湿気のある」はdamp、「(ほどよく)湿気のある」はmoist
名humidity：湿度、湿気

□ 0819
outrageous
/autréidʒəs/
Part 2, 3

形**とんでもない**、法外な、常軌を逸した
名outrage：(～に対する)激怒(at [over] ～)
動outrage：～を憤慨させる、怒らせる
形outraged：激怒した

□ 0820
premier
/primíər/ イ/prémiə/
❗アクセント注意
Part 4

形**最高**(級)**の**、首位の、最も重要な(≒leading)
名首相、総理大臣(≒prime minister)
名premium：❶保険料 ❷割増金、プレミアム ❸ハイオクガソリン
形premium：❶高級な ❷プレミアのついた

□ 0821
talented
/tǽləntid/
Part 7

形**才能のある**、有能な(≒gifted)
名talent：❶(～の)才能、素質(for ～) ❷才能のある人 ❸(集合的に)才能のある人々

□ 0822
avid
/ǽvid/
Part 7

形**熱心**[熱狂的]**な**(≒eager, keen, enthusiastic)
副avidly：熱心に

□ 0823
intriguing
/intríːgiŋ/
❗発音注意
Part 7

形**興味**[好奇心]**をそそる**(≒interesting) ➕変わっていたり、謎が多くて興味をそそる、というニュアンス
動intrigue：～の興味をそそる

□ 0824
knowledgeable
/nálidʒəbl/
Part 5, 6

形(～に)**精通している**、(～について)知識の豊富な(about ～)(≒well-informed, learned)
名knowledge：(～の)知識(of [about] ～)
動know：～を知っている

continued ▼

Chapter 6では、7日をかけて必修形容詞112をチェック。まずはチャンツを聞いて、単語を「耳」からインプット！

□ 聞くだけモード　Check 1
□ しっかりモード　Check 1 ▸ 2
□ かんぺきモード　Check 1 ▸ 2 ▸ 3

Check 2　Phrase	Check 3　Sentence 》MP3-104
□ face fierce resistance（激しい抵抗に遭う） □ a fierce animal（どう猛な動物）	□ There is fierce competition among international companies to increase market share.（市場占有率を増やそうとする国際企業間の激しい競争がある）
□ humid weather（蒸し暑い天気）	□ Japan is hot and humid in summer.（日本の夏は暑くて湿気が多い）
□ It is outrageous that ～.（～とはとんでもないことだ） □ an outrageous price（法外な値段）	□ It is outrageous that Wall Street executives got more than $18 billion in bonuses.（アメリカ金融界の経営幹部らが180億ドルを超えるボーナスを得ていたとはとんでもないことだ）
□ take the premier place（首位を占める） □ the premier sporting event（最も重要なスポーツイベント）	□ We stayed at one of the city's premier hotels.（私たちはその都市の最高級ホテルの1つに泊まった）
□ a talented pianist（才能のあるピアニスト）	□ Stephen King is one of the most talented living authors.（スティーブン・キングは最も才能のある存命の作家の1人だ）
□ an avid collector [reader]（熱心な収集家［読者］） □ an avid fan（熱狂的なファン）	□ My uncle is an avid golfer.（私のおじは熱心なゴルファーだ）
□ an intriguing question [personality]（興味をそそる問題［性格］）	□ I found his story intriguing.（私は彼の話を興味深いと思った）
□ be knowledgeable about French literature（フランス文学に精通している） □ a knowledgeable person（知識の豊富な人、識者）	□ Mike is very knowledgeable about the area.（マイクはその地域にとても精通している）

continued ▼

Check 1　Chants 》MP3-103

□ 0825
lengthy
/léŋkθi/
❶発音注意
Part 5, 6
▸
形❶(話などが)**長ったらしい**、冗長な　❷非常に長い
名length：長さ
動lengthen：～を長くする、延長する
▸

□ 0826
lightweight
/láitwèit/
Part 4
▸
形**軽い**、軽量の(≒light)(⇔heavy)
名weight：❶重さ、体重　❷重み
▸

□ 0827
misleading
/mislíːdiŋ/
Part 7
▸
形**誤解を招きかねない**、紛らわしい(≒deceptive, confusing)
動mislead：～に誤解を与える
▸

□ 0828
on-the-job
/ɑ́nðədʒɑ̀b/
Part 4
▸
形**実地の**、職場での、勤務中の(≒hands-on)
▸

□ 0829
outdated
/àutdéitid/
Part 5, 6
▸
形**時代**[流行]**遅れの**、旧式の(≒obsolete, out of date, old-fashioned)
▸

□ 0830
picturesque
/pìktʃərésk/
Part 7
▸
形**絵のように美しい**　➕古風な美しさを指すことが多い
▸

□ 0831
stagnant
/stǽgnənt/
Part 7
▸
形(景気などが)**停滞**[低迷]**した**(≒sluggish)(⇔brisk：活況の)
名stagnation：停滞、沈滞、不景気、不況
▸

□ 0832
strenuous
/strénjuəs/
Part 5, 6
▸
形❶**懸命**[猛烈]**な**、多大な努力を要する、骨の折れる(≒arduous)　❷(運動などが)激しい(≒hard)
副strenuously：❶懸命[猛烈]に　❷激しく
▸

Day 51 》MP3-101
Quick Review
答えは右ページ下

□ 下落する	□ ～を拒否する	□ ～を一掃する	□ ～を予言する
□ 急上昇する	□ たくさんある	□ ～を呼び起こす	□ ～を企てる
□ 治まる	□ ～を改善する	□ ～のよい例となる	□ ～を現代化する
□ 暴落する	□ ～を免職にする	□ 低迷する	□ ～の影を薄くする

Check 2 Phrase	Check 3 Sentence ›› MP3-104
□ a lengthy speech(長ったらしいスピーチ) □ a lengthy recession(長引く景気後退)	□ Today's meeting was quite lengthy.(今日の会議はかなり長かった)
□ a lightweight bag(軽いバッグ) □ a lightweight jacket(薄手のジャケット)	□ A lightweight computer is easy to carry.(軽いコンピューターは持ち運びが楽だ)
□ a misleading statement(誤解を招きかねない発言)	□ You must avoid using misleading information.(誤解を招きかねない情報の使用は避けなければならない)
□ on-the-job training(実地訓練)➕略語はOJT	□ A minimum of one year of on-the-job experience is required.(最低1年の実地の職業経験が要求される)➕求人広告の表現
□ outdated equipment(旧式の装置)	□ Some of his ideas are outdated.(彼の考えの中には時代遅れのものもある)
□ a picturesque cottage(絵のように美しいコテージ)	□ The hotel is located in a picturesque village.(そのホテルは絵のように美しい村にある)
□ a stagnant economy(停滞した経済)	□ Our sales have been stagnant for the past six months.(当社の売り上げはこの6カ月間低迷している)
□ a strenuous effort(懸命な努力) □ strenuous exercise(激しい運動)	□ She made strenuous efforts to achieve her goal.(彼女は目標を達成するために懸命に努力した)

Day 51 ›› MP3-101
Quick Review
答えは左ページ下

□ sag	□ veto	□ dispel	□ foretell
□ skyrocket	□ abound	□ evoke	□ hatch
□ subside	□ ameliorate	□ exemplify	□ modernize
□ tumble	□ depose	□ flounder	□ overshadow

Day 53 形容詞9

Check 1　Chants 》MP3-105

□ 0833
sturdy
/stə́ːrdi/
Part 5, 6

形❶(物が)**頑丈**[丈夫]**な**(≒strong, robust)　❷(人が)たくましい、がっしりした(≒well-built, muscular)
副sturdily：❶頑丈に　❷たくましく、がっしりと

□ 0834
unsolicited
/ʌ̀nsəlísitid/
Part 7

形❶(電子メール・電話などが)**勝手に送られて**[かかって]**くる**　❷(アドバイスなどが)求められていない、押しつけがましい(≒uninvited)
動solicit：❶(援助・金銭など)を(…に)求める、懇願する(from . . .)　❷～を訪問販売する

□ 0835
vintage
/víntidʒ/
❶発音注意
Part 4

形❶**年代**[ビンテージ]**物の**(≒classic)　❷(ワインが)極上の、当たり年の(≒high-quality)

□ 0836
accommodating
/əkɑ́mədèitiŋ/
Part 7

形**親切な**、世話好きな
名accommodation：(通例～s)宿泊設備
動accommodate：❶(建物などが)(人)を収容できる　❷(要求など)を受け入れる

□ 0837
aspiring
/əspáiəriŋ/
Part 7

形**野心のある**、意欲的な、～志望の　➕ある職業で身を立てたい野心がある、というニュアンス
動aspire：❶(aspire toで)～を熱望する、求める　❷(aspire to doで)～することを熱望する
名aspiration：(～に対する)熱望、願望、野心(to ～)

□ 0838
definitive
/difínətiv/
Part 7

形❶(the ～)**最も信頼できる**、決定版の(≒authoritative)　❷最終[決定]的な(≒final, conclusive)
副definitively：決定[最終]的に

□ 0839
inaugural
/inɔ́ːgjurəl/
Part 7

形❶**最初**[開始]**の**(≒first, opening)　❷就任(式)の
動inaugurate：❶～の就任式を行う　❷～の落成[開所]式を行う　❸～を(正式に)開始する　❹(新時代)を新しく開く
名inauguration：❶就任(式)　❷開業、開所　❸(新時代などの)開始

□ 0840
last-minute
/lǽstmìnit/
Part 4

形**土壇場の**、最後の瞬間の
名last minute：(the ～)土壇場、ぎりぎりの瞬間

continued ▼

「固まり」の中で語彙を覚えている？　特に形容詞は、ほかの品詞（特に名詞）との結びつきで覚えるのが効果的。Check 2を飛ばさずに！

□ 聞くだけモード　Check 1
□ しっかりモード　Check 1 ▸ 2
□ かんぺきモード　Check 1 ▸ 2 ▸ 3

Check 2　Phrase	Check 3　Sentence 》MP3-106
□ sturdy boots（頑丈なブーツ） □ a sturdy young man（たくましい若者）	□ This dining table is very sturdy.（このダイニングテーブルはとても頑丈だ）
□ unsolicited phone calls（勝手にかかってくる電話） □ unsolicited advice（押しつけがましいアドバイス）	□ This software detects and blocks unsolicited e-mails.（このソフトウエアは勝手に送られてくる電子メールを検知してブロックする）
□ a vintage automobile（年代物の自動車） □ vintage French wine（極上のフランスワイン）	□ The shop carries vintage furniture.（その店は年代物の家具を扱っている）
□ accommodating hotel staff（親切なホテルの従業員たち）	□ He is accommodating and easy to work with.（彼は親切で一緒に働きやすい）
□ an aspiring writer（野心のある作家、作家志望者）	□ Los Angeles is full of aspiring actors.（ロサンゼルスには野心のある俳優たちがたくさんいる）
□ the definitive guide（最も信頼できるガイドブック） □ a definitive decision（最終決定）	□ This is the definitive biography of Thomas Jefferson.（これはトーマス・ジェファソンの最も信頼できる伝記だ）
□ the inaugural issue（[雑誌などの]創刊号） □ the inaugural address [speech]（就任演説）	□ The orchestra's inaugural concert will be held this Friday.（そのオーケストラの初コンサートは今週金曜日に開催される）
□ a last-minute decision（土壇場の決定）	□ There was a last-minute cancellation of the flight.（土壇場になってその便にキャンセルが出た）

continued ▼

Check 1　Chants 》MP3-105

□ 0841
persuasive
/pərswéisiv/
Part 5, 6

形 **説得力のある**(≒convincing)
動persuade：(persuade A to doで)Aを説得して～させる
名persuasion：❶説得(力)　❷(～という)確信(that節 ～)

□ 0842
pivotal
/pívətl/
Part 5, 6

形 **中心的な**、(極めて)重要な、中枢の(≒central, crucial)
名pivot：中枢
動pivot：回転する

□ 0843
unrivaled
/ʌ̀nráivəld/
Part 7

形 **並ぶもののない**、無類[無比]の(≒unequaled, unsurpassed)
動rival：❶～と対抗する、張り合う　❷～に(…において)匹敵する(in . . .)
名rival：競争相手、ライバル

□ 0844
upscale
/ʌ́pskéil/
Part 7

形 (店・製品などが)**高級**[豪勢]**な**(≒upmarket, deluxe)(⇔downscale, downmarket)

□ 0845
discreet
/diskríːt/
Part 5, 6

形 **慎重な**(≒careful)、(～について)口が堅い(about ～)
名discretion：❶自由裁量、判断[行動、選択]の自由　❷思慮深さ、慎重さ、分別

□ 0846
incredible
/inkrédəbl/
Part 2, 3

形 ❶**信じられない**(ほどの)(≒unbelievable)(⇔credible)　❷驚くべき(≒amazing)、素晴らしい(≒wonderful)
副incredibly：信じられないほど、非常に

□ 0847
preceding
/prisíːdiŋ/
Part 5, 6

形 (通例the ～)**前の**、先の(⇔following, subsequent)
名precedent：(～に対する)前例、先例(for ～)
動precede：～に先立つ、～より先に起こる
形unprecedented：前例[先例]のない、空前の

□ 0848
respective
/rispéktiv/
Part 5, 6

形 **それぞれの**、各自の　➕respectful(礼儀正しい)と混同しないように注意
副respectively：それぞれ、各自

Day 52 》MP3-103
Quick Review
答えは右ページ下

□ 激しい
□ 湿気の多い
□ とんでもない
□ 最高の
□ 才能のある
□ 熱心な
□ 興味をそそる
□ 精通している
□ 長ったらしい
□ 軽い
□ 誤解を招きかねない
□ 実地の
□ 時代遅れの
□ 絵のように美しい
□ 停滞した
□ 懸命な

Check 2 Phrase

Check 3 Sentence ») MP3-106

Check 2 Phrase	Check 3 Sentence
□ a persuasive speech(説得力のあるスピーチ)	□ His arguments were very persuasive.(彼の主張はとても説得力があった)
□ a pivotal figure(中心人物) □ a pivotal event(重要な出来事)	□ He played a pivotal role in the negotiations.(彼は交渉で中心的な役割を果たした)
□ unrivaled beauty(並ぶもののない美しさ)	□ She was unrivaled as a ballet dancer at that time.(当時のバレエダンサーとして彼女には並ぶものがいなかった)
□ an upscale brand name(高級ブランド名)	□ There are many upscale restaurants in this area.(この地域には多くの高級レストランがある)
□ a discreet inquiry(慎重な調査) □ be discreet about the project(そのプロジェクトについて口外しないでいる)	□ He is a discreet man who does not talk much.(彼はあまり多くを語らない慎重な人だ)
□ an incredible story(信じられない話) □ an incredible invention(驚くべき発明)	□ The Internet has expanded at an incredible rate over the last 10 years or so.(インターネットはここ10年ほどで信じられないほどの速さで拡大した)
□ the preceding page [paragraph](前ページ[段落])	□ The population growth in the region was 3.7 percent in the preceding decade.(先の10年間でのその地域の人口増加は3.7パーセントだった)
□ carry out respective duties(それぞれの職務を果たす)	□ They exchanged their respective views on the issue.(彼らはその問題に関する各自の意見を取り交わした)

Day 52 ») MP3-103
Quick Review
答えは左ページ下

□ fierce	□ talented	□ lengthy	□ outdated
□ humid	□ avid	□ lightweight	□ picturesque
□ outrageous	□ intriguing	□ misleading	□ stagnant
□ premier	□ knowledgeable	□ on-the-job	□ strenuous

Day 54 形容詞10

Check 1 Chants 》MP3-107

□ 0849
sustainable
/səstéinəbl/
Part 7

形 **持続可能な**、環境を破壊しない、環境にやさしい
名sustainability：持続可能性
動sustain：❶～を維持する、持続する ❷(損失など)を被る ❸～を養う

□ 0850
motivated
/móutəvèitid/
Part 7

形 **意欲[やる気]のある**
動motivate：(motivate A to doで)Aに～する動機[刺激]を与える
名motivation：(～に対する／…する)動機づけ、刺激(for ～/to do)

□ 0851
obligatory
/əblígətɔ̀:ri/
Part 5, 6

形(～にとって)**義務[強制]的な**(for [on] ～)(≒compulsory, mandatory)(⇔voluntary：自発的な)
名obligation：(～に対する／…する)(道徳的・法律的な)義務、責任(to ～/to do)
動oblige：(be obliged to doで)～せざるを得ない

□ 0852
vertical
/vɔ́:rtikəl/
Part 1

形 **垂直の**、縦の(≒upright)(⇔horizontal)
名(the ～)垂直線[面]

□ 0853
bilateral
/bailǽtərəl/
Part 5, 6

形 **二国[二者]間の** ➕unilateralは「一方[片側]だけの」、multilateralは「多数国(参加)の」

□ 0854
brisk
/brísk/
Part 4

形❶(商売が)**活況の**、繁盛して ❷活発な、きびきびした

□ 0855
negotiable
/nigóuʃiəbl/
Part 7

形 **交渉の余地がある**
名negotiation：(～に関する)交渉、話し合い(on [over] ～)
動negotiate：❶(～と)交渉する(with ～) ❷(契約など)を(…と)取り決める(with . . .)

□ 0856
obscure
/əbskjúər/
Part 5, 6

形 **あいまいな**、分かりにくい、不明瞭な(≒unclear, vague)(⇔clear)
動～をあいまいにする、分かりにくくする、不明瞭にする(⇔clarify)
名obscurity：あいまいさ、不明瞭

continued ▼

Check 2の「フレーズ」の音読をやってる？ 慣れてきたら、Check 3の「センテンス」にも挑戦してみよう。定着度がさらにアップするよ！

□ 聞くだけモード　Check 1
□ しっかりモード　Check 1 ▸ 2
□ かんぺきモード　Check 1 ▸ 2 ▸ 3

Check 2　Phrase	Check 3　Sentence 》MP3-108
□ sustainable development（持続可能な［環境を破壊しない］開発）	□ Sustainable economic growth is essential to poverty reduction.（持続可能な経済成長は貧困の減少のために不可欠である）
□ a motivated student（意欲のある生徒） □ highly motivated（非常に意欲のある）	□ Our staff is highly motivated and hardworking.（私たちのスタッフは非常に意欲があり勤勉だ）
□ an obligatory subject（必修科目）	□ Education is obligatory for children aged 6 to 15.（6歳から15歳までの子どもたちにとって教育は義務だ）
□ a vertical line（垂直線） □ a vertical cliff（垂直な絶壁）	□ The man is wearing a shirt with vertical stripes.（男性は縦じまの入ったシャツを着ている）
□ a bilateral treaty（二国間条約）	□ The US and Singapore signed a bilateral free trade agreement in 2003.（アメリカとシンガポールは二国間自由貿易協定を2003年に結んだ）
□ brisk sales（好調な売れ行き） □ a brisk walk（きびきびとした歩み）	□ When the economy is brisk, everyone feels confident about his or her prospects for the future.（経済が活況な時は、誰もが将来の見通しに自信を感じる）
□ be negotiable at this stage（現段階では交渉の余地がある）	□ Salary is negotiable depending on experience.（給与は経験によって交渉の余地がある）➕求人広告の表現
□ an obscure explanation [answer]（あいまいな説明［回答］）	□ The cause of the disease remains obscure.（その病気の原因はいまだに分かっていない）

continued
▼

Check 1 Chants 》MP3-107

□ 0857 **phenomenal** /finámənl/ Part 7	形 **驚くべき**、並外れた 名phenomenon：現象、事象
□ 0858 **rectangular** /rektǽŋgjulər/ Part 1	形 **長方形の** ➕「正方形の」はsquare 名rectangle：長方形
□ 0859 **tolerant** /tálərənt/ Part 5, 6	形❶(～に対して)**寛大**[寛容]**な**(of ～) ❷(～に)抵抗力がある(of ～) 名tolerance：❶寛大、寛容 ❷耐性 動tolerate：～を許容[黙認]する、大目に見る 形tolerable：❶耐えられる ❷まあまあの
□ 0860 **up-to-date** /ʌ́ptədéit/ Part 7	形 **最新**[最近]**の**(⇔out-of-date：時代遅れの) ➕叙述用法の場合はハイフンなしでup to dateとつづることもある
□ 0861 **visionary** /víʒənèri/ Part 7	形❶**先見の明のある**、洞察力のある ❷想像[空想]上の、架空の 名 先見性のある人 名vision：❶(～の)理想像、想像(図)(of ～) ❷視力 ❸想像力 ❹幻覚
□ 0862 **constructive** /kənstrʌ́ktiv/ Part 5, 6	形(考えなどが)**建設的な**(⇔destructive) 名construction：❶建設、建築工事 ❷構造 動construct：～を(…で)建設する(of [from] . . .) 名constructor：建設[建造]会社
□ 0863 **costly** /kɔ́:stli/ Part 7	形❶**費用のかかる**、高価な(≒expensive) ❷犠牲[損失]の大きい 名cost：❶(しばしば～s)(必要)経費、費用、値段、代価 ❷(時間などの)犠牲 動cost：(時間・費用・労力)がかかる
□ 0864 **depressed** /diprést/ Part 4	形❶**不景気の**、不況の ❷気落ちした、憂うつな 名depression：❶(長期の)不景気、不況 ❷うつ病 動depress：❶～を憂うつにさせる、意気消沈させる ❷(be depressed about [over]で)～で憂うつになっている、意気消沈している ❸(市場など)を不景気にする

Day 53 》MP3-105 Quick Review
答えは右ページ下

□ 頑丈な
□ 勝手に送られてくる
□ 年代物の
□ 親切な
□ 野心のある
□ 最も信頼できる
□ 最初の
□ 土壇場の
□ 説得力のある
□ 中心的な
□ 並ぶもののない
□ 高級な
□ 慎重な
□ 信じられない
□ 前の
□ それぞれの

Check 2 Phrase		Check 3 Sentence 》MP3-108
□ a phenomenal talent（驚くべき才能）	▶	□ Internet advertising is growing at a phenomenal rate.（インターネット広告は驚くべき速さで拡大している）
□ a rectangular box（長方形の箱）	▶	□ The table is rectangular in shape.（そのテーブルの形は長方形だ）
□ a tolerant society（寛容な社会） □ be tolerant of cold [heat]（［動植物が］寒さ［暑さ］に強い）	▶	□ We should be tolerant of others.（私たちは他者に対して寛大であるべきだ）
□ an up-to-date hairstyle（最新のヘアスタイル） □ keep ～ up-to-date（～を最新の状態にしておく）	▶	□ The travel guide provides up-to-date information on attractions, hotels, and restaurants.（その旅行ガイドにはアトラクション、ホテル、そしてレストランの最新情報が載っている）
□ a visionary author（先見の明のある作家） □ a visionary animal（想像上の動物）	▶	□ Our country needs a visionary leader who can move the country forward.（私たちの国には国を前進させることができる先見の明のある指導者が必要だ）
□ constructive criticism（建設的な批評）	▶	□ We had a constructive discussion on this issue.（私たちはこの問題に関して建設的な討論をした）
□ a costly lawsuit（費用のかかる訴訟） □ a costly victory（犠牲の大きい勝利）	▶	□ Without health insurance, medical care is very costly.（健康保険がなければ、医療は非常に費用がかかる）
□ a depressed area（不況地域） □ feel depressed（憂うつな気分になる）	▶	□ The current depressed market will continue for some time.（現在の市場の低迷はしばらくの間続くだろう）

Day 53 》MP3-105
Quick Review
答えは左ページ下

□ sturdy	□ aspiring	□ persuasive	□ discreet
□ unsolicited	□ definitive	□ pivotal	□ incredible
□ vintage	□ inaugural	□ unrivaled	□ preceding
□ accommodating	□ last-minute	□ upscale	□ respective

Day 55 形容詞11

Check 1 Chants 》MP3-109

□ 0865 **extinct** /ikstíŋkt/ Part 5, 6	形 **絶滅した** ➕endangeredは「絶滅寸前の」 名extinction：絶滅
□ 0866 **flawless** /flɔ́:lis/ Part 5, 6	形 **欠点のない**、非の打ちどころがない 名flaw：❶(〜の)欠陥、欠点(in 〜) ❷(手続き・議論などの)不備、欠陥(in 〜) 形flawed：欠点[欠陥]のある
□ 0867 **genetic** /dʒənétik/ Part 7	形 **遺伝子の**、遺伝(学)の 名genetics：遺伝学 副genetically：遺伝子上、遺伝学的に
□ 0868 **gross** /gróus/ ❶発音注意 Part 7	形 **総計[全体]の**、総〜(≒total)(⇔net：[諸費用を差し引いた]正味の、純〜) 動 〜の総収益を上げる 副 税込みで
□ 0869 **mobile** /móubəl/ ㋑/móubail/ ❶発音注意 Part 1	形 **移動式の**、可動性の 名(/móubail/)携帯電話(≒cellphone)
□ 0870 **preparatory** /pripǽrətɔ̀:ri/ Part 5, 6	形 **準備[予備]の** 名preparation：(〜の)用意、準備(for [of] 〜) 動prepare：❶〜の用意[準備]をする ❷(prepare forで)〜に備える ❸(prepare to doで)〜する準備をする ❹(be prepared to doで)〜する覚悟[用意]ができている
□ 0871 **provisional** /prəvíʒənl/ Part 7	形 **暫定的な**、臨時の、仮の(≒temporary, interim)
□ 0872 **rational** /rǽʃənl/ Part 5, 6	形❶**合理的な**、道理にかなった(⇔irrational) ❷理性的な、分別のある(≒reasonable) 名rationale：(〜の)根本的理由、理論的根拠(for 〜)

continued ▼

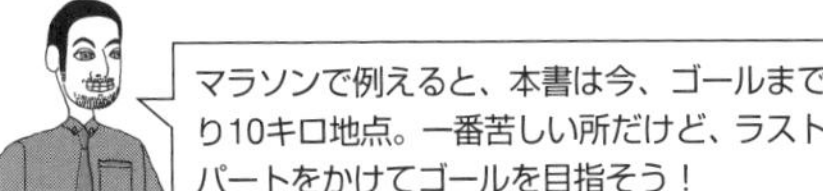

マラソンで例えると、本書は今、ゴールまで残り10キロ地点。一番苦しい所だけど、ラストスパートをかけてゴールを目指そう！

□ 聞くだけモード　Check 1
□ しっかりモード　Check 1 ▸ 2
□ かんぺきモード　Check 1 ▸ 2 ▸ 3

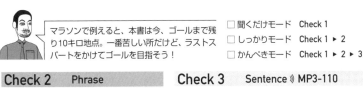

Check 2　Phrase	Check 3　Sentence 》MP3-110
□ become extinct（絶滅する） □ extinct species（絶滅種）	□ Dinosaurs became extinct about 65 million years ago.（恐竜は約6500万年前に絶滅した）
□ a flawless performance（欠点のない演奏）	□ She speaks flawless French.（彼女は非の打ちどころのないフランス語を話す）
□ genetic engineering（遺伝子工学） □ a genetic disease（遺伝病）	□ Dr. Smith emphasized the significance of genetic research.（スミス博士は遺伝子研究の重要性を強調した）
□ gross income [weight]（総収入[重量]）	□ The company's gross profit in the fourth quarter was $4.4 million.（その会社の第4四半期の総利益は440万ドルだった）
□ a mobile library（移動図書館） □ a mobile phone（携帯電話）	□ The woman is talking on a mobile phone.（女性は携帯電話で話をしている）
□ preparatory work（準備作業）	□ Meaningful progress has been made to narrow differences during the preparatory meetings.（予備会談中に、意見の相違を狭める意味のある進展があった）
□ a provisional government（暫定政府） □ a provisional contract（仮契約）	□ We regret that we do not accept provisional bookings.（申し訳ありませんが、当店では仮予約は受け付けていません）
□ a rational explanation（合理的な説明） □ a rational person（理性的な人）	□ All important decisions must be made through rational arguments.（すべての重要な決定は合理的な議論を通じてなされるべきだ）

continued ▼

Check 1 Chants 》MP3-109

□ 0873
sluggish
/slʌ́giʃ/
Part 4

形❶(商売などが)**停滞した**、不景気な ❷(動きが)のろい ➕「slug(ナメクジ)のような」が原意

□ 0874
verbal
/və́:rbəl/
Part 7

形**言葉による**、言葉での(≒spoken, oral)(⇔written)

□ 0875
volatile
/vάlətl/ ㋑/vɔ́lətàil/
❗発音注意
Part 5, 6

形❶(状況などが)**不安定な**、急変しかねない(≒unstable)(⇔stable) ❷(性格などが)激しやすい

□ 0876
biased
/báiəst/
Part 7

形(意見などが)(～に)**偏った**、偏見を持った(against [toward, in favor of] ～)(⇔unbiased：偏見のない)
名bias：(～に対する)偏見、先入観(against ～)
動bias：～に偏見[先入観]を抱かせる

□ 0877
faulty
/fɔ́:lti/
Part 5, 6

形❶**欠陥**[欠点]**のある**(≒defective) ❷(考えなどが)誤った
名fault：❶(過失の)責任、罪、過失、誤り ❷故障 ❸(性格などの)短所、欠点
動fault：～を批判[非難]する

□ 0878
inclusive
/inklú:siv/
Part 5, 6

形❶(料金などが)**すべてを含んだ**(≒all-inclusive) ❷(～を)含めて(of ～)(⇔exclusive：除いた)
動include：～を含む
前including：～を含めて

□ 0879
introductory
/ìntrədʌ́ktəri/
Part 4

形❶**入門的な** ❷紹介の、前置きの
名introduction：❶(～への)導入(into [to] ～) ❷(～への)紹介(to ～)
動introduce：❶(商品など)を(市場などに)売り出す(to . . .) ❷～を(…に)紹介する(to . . .) ❸～を導入する

□ 0880
irregular
/irégjulər/
Part 5, 6

形❶**不規則な**(≒erratic)(⇔regular) ❷不均整の、ふぞろいの ❸不法な
名irregularity：❶不規則 ❷ふぞろい
副irregularly：❶不規則に ❷ふぞろいに

Day 54 》MP3-107
Quick Review
答えは右ページ下

□ 持続可能な
□ 意欲のある
□ 義務的な
□ 垂直の
□ 二国間の
□ 活況の
□ 交渉の余地がある
□ あいまいな
□ 驚くべき
□ 長方形の
□ 寛大な
□ 最新の
□ 先見の明のある
□ 建設的な
□ 費用のかかる
□ 不景気の

Check 2 Phrase

Check 3 Sentence 》MP3-110

Check 2 Phrase	Check 3 Sentence
□ a sluggish economy(停滞した経済) □ a sluggish speed(のろい速度)	□ Home sales were sluggish last year.(昨年、住宅販売は停滞していた)
□ a verbal explanation(口頭説明)	□ Good verbal communication skills are essential.(言葉による優れたコミュニケーション能力が不可欠だ)
□ a volatile exchange rate(不安定な為替レート) □ a volatile personality(激しやすい性格)	□ The situation has become increasingly volatile.(状況はますます不安定になってきている)
□ one's biased opinion(偏った意見) □ be biased against the defendant(被告人に偏見を持っている)	□ Reports should not be biased by personal perceptions or opinions.(報道は個人的な認識や意見によって偏ってはならない)
□ a faulty engine(欠陥エンジン) □ faulty reasoning(誤った論法)	□ The car accident was caused by faulty brakes.(その自動車事故は欠陥ブレーキが原因で起きた)
□ an inclusive fee [charge](すべてを含んだ料金) □ be inclusive of taxes([料金などが]税を含んでいる)	□ The inclusive cost for the trip is $98 per person.(その旅行のすべてを含んだ費用は1人98ドルだ)
□ an introductory book(入門書) □ an introductory chapter(序章)	□ She enrolled in an introductory psychology course.(彼女は心理学入門講座に受講登録した)
□ an irregular heartbeat(不整脈) □ an irregular coastline(入り組んだ海岸線)	□ Working irregular hours can cause health problems such as insomnia.(不規則勤務は不眠症などの健康問題を引き起こすことがある)

Day 54 》MP3-107
Quick Review
答えは左ページ下

□ sustainable	□ bilateral	□ phenomenal	□ visionary
□ motivated	□ brisk	□ rectangular	□ constructive
□ obligatory	□ negotiable	□ tolerant	□ costly
□ vertical	□ obscure	□ up-to-date	□ depressed

Day 56 形容詞12

Check 1 Chants 》 MP3-111

□ 0881 **marketable** /máːrkitəbl/ Part 5, 6 ▸	形(商品が)**よく**[すぐ]**売れる**、市場向きの 名market：市場、マーケット 動market：～を市場に出す、売り込む ▸
□ 0882 **miscellaneous** /mìsəléiniəs/ Part 7 ▸	形**種々雑多な**(ものから成る) ▸
□ 0883 **prevailing** /privéiliŋ/ Part 7 ▸	形**広く行き渡っている**、一般的な(≒prevalent) 名prevalence：普及、流行 動prevail：❶(prevail over [against]で)～に勝つ、勝る ❷(prevail in [among]で)～に普及している、広がっている ▸
□ 0884 **probationary** /proubéiʃənèri/ Part 7 ▸	形❶**試用**[見習]**中の** ❷執行猶予[保護観察]の 名probation：❶試用[見習]期間 ❷執行猶予、保護観察 ▸
□ 0885 **rigorous** /rígərəs/ Part 7 ▸	形❶**厳格な**、厳しい(≒strict, severe, stringent) ❷厳密[綿密]な(≒meticulous, thorough) 副rigorously：❶厳格に ❷厳密に ▸
□ 0886 **statistical** /stətístikəl/ Part 5, 6 ▸	形**統計**(上)**の** 名statistics：統計、統計学 名statistician：統計学者 副statistically：統計的に ▸
□ 0887 **variable** /vέəriəbl/ Part 5, 6 ▸	形❶**変わりやすい**(≒changeable) ❷変えられる 名❶変化するもの ❷変数 動vary：❶(～の点で)異なる、さまざまである(in ～) ❷変わる ❸～を変える 形varied：さまざまな、多様な、変化に富む ▸
□ 0888 **ethical** /éθikəl/ Part 7 ▸	形**倫理**[道徳]**の**、倫理[道徳]的な(≒moral)(⇔unethical) 名ethics：倫理、道徳 ▸

continued ▾

チャンツを聞いているだけでは、正しい発音はなかなか身につかない。つぶやくだけでもOKなので、必ず口を動かそう！

□ 聞くだけモード　Check 1
□ しっかりモード　Check 1 ▸ 2
□ かんぺきモード　Check 1 ▸ 2 ▸ 3

Check 2 Phrase	Check 3 Sentence 》MP3-112
□ a marketable product（よく売れる製品） □ a marketable skill（売り物になる技能）	□ This product is very marketable all over the world.（この製品は世界中で非常によく売れている）
□ miscellaneous information（種々雑多な情報） □ miscellaneous expenses（雑費）	□ The store sells miscellaneous household items.（その店はさまざまな家庭用品を売っている）
□ prevailing superstitions（広く行き渡っている迷信）	□ Fashion is a prevailing style of dress, hair and so on.（流行とは服や髪などの広く行き渡っているスタイルのことだ）
□ a probationary employee（試用従業員） □ a probationary sentence（執行猶予つきの刑）	□ All new employees will serve a three-month probationary period.（全新入社員は3カ月の試用期間に就く）
□ rigorous discipline（厳しいしつけ［規律］） □ a rigorous analysis（厳密な分析）	□ Our products are tested according to rigorous safety standards.（当社の製品は厳格な安全基準に従って検査を受けている）
□ statistical analysis [data]（統計分析［データ］）	□ Statistical evidence shows that smoking is a risk factor of heart disease.（喫煙は心臓病の危険因子であることが統計的に証明されている）
□ variable winds（変わりやすい風向き） □ a variable interest rate（変動利率）	□ Mountain weather is variable.（山の天気は変わりやすい）
□ an ethical problem（倫理上の問題） □ ethical education（道徳教育）	□ Employees must conduct themselves according to the highest ethical standards.（従業員らは最高の倫理規範に従って行動しなければならない）

continued ▼

Check 1 Chants 》MP3-111

□ 0889
exemplary
/igzémpləri/
Part 7

形❶**模範的な**、手本とすべき ❷見せしめの、戒めの
動exemplify：❶～のよい例となる ❷～を例証[実証]する
名exemplification：❶実例、好例 ❷例証、実証

□ 0890
hardworking
/hɑ́ːrdwə́ːrkiŋ/
Part 2, 3

形**勤勉な**、よく働く[勉強する](≒diligent, industrious)(⇔idle, lazy)

□ 0891
hygienic
/hàidʒiénik/
Part 7

形**衛生**(上)**の**、衛生的な(≒sanitary)
名hygiene：衛生(状態)、衛生学

□ 0892
impassable
/impǽsəbl/
Part 1

形(悪天候などのために)**通行不能の**(⇔passable)
名pass：通行(許可)証
動pass：❶(議案など)を可決する、通過させる ❷～を(…に)手渡す(to . . .) ❸～に合格する ❹(時が)過ぎる

□ 0893
insightful
/ínsàitfəl/
Part 5, 6

形**洞察力**[見識]**のある**(≒perceptive)
名insight：(～への／…についての)洞察(力)、見識(into ～/about . . .)

□ 0894
instructive
/instrʌ́ktiv/
Part 5, 6

形**有益な**、ためになる(≒useful)
名instruction：❶(～s)使用[取扱]説明書 ❷(通例～s)(～せよという)指示、命令(to do) ❸教育
動instruct：(instruct A to doで)Aに～するように指示[命令、指図]する

□ 0895
integrated
/íntəgrèitid/
Part 5, 6

形**統合**[一体化]**された**
名integration：統合
動integrate：(integrate A with Bで)AをBと統合する、結びつける

□ 0896
interim
/íntərəm/
Part 7

形**暫定**[一時]**的な**、仮の(≒temporary, provisional)、中間の
名合間、しばらくの間 ➕通例、in the interim(その間に)の形で使う

Day 55 》MP3-109
Quick Review
答えは右ページ下

□ 絶滅した
□ 欠点のない
□ 遺伝子の
□ 総計の
□ 移動式の
□ 準備の
□ 暫定的な
□ 合理的な
□ 停滞した
□ 言葉による
□ 不安定な
□ 偏った
□ 欠陥のある
□ すべてを含んだ
□ 入門的な
□ 不規則な

Check 2 Phrase		Check 3 Sentence ›› MP3-112
□ exemplary deeds(模範的な行い) □ an exemplary punishment(見せしめの罰、懲戒)	▶	□ She was cited for her exemplary teaching skills.(彼女は模範的な指導能力で表彰された)
□ a hardworking student(勤勉な生徒)	▶	□ Loyal and hardworking employees are the best asset of any company.(忠実で勤勉な従業員はどの企業にとっても最高の資産だ)
□ hygienic conditions(衛生状態)	▶	□ It is not hygienic to leave opened canned food in the refrigerator.(開けた缶詰食品を冷蔵庫に入れたままにしておくのは衛生的ではない)
□ make many streets impassable([洪水などが]多くの通りを通行不能にする)	▶	□ The road is impassable due to flooding.(道路は洪水で通行不能になっている)
□ an insightful writer(洞察力のある作家)	▶	□ This newspaper is famous for its insightful coverage of business issues.(その新聞はビジネス問題の洞察力のある報道で有名だ)
□ an instructive experience(有益な経験)	▶	□ The book is informative, instructive, and readable.(その本は情報量が多く、有益で、そして読みやすい)
□ an integrated information system(統合情報システム)	▶	□ The modern buildings are well integrated with the old houses.(現代的なビルが古い家々とうまく一体化している)
□ an interim government(暫定政府) □ an interim report(中間報告)	▶	□ An interim CEO will be appointed until a new CEO is selected.(新しいCEOが選出されるまで、暫定的なCEOが指名される予定だ)

Day 55 ›› MP3-109
Quick Review
答えは左ページ下

□ extinct	□ mobile	□ sluggish	□ faulty
□ flawless	□ preparatory	□ verbal	□ inclusive
□ genetic	□ provisional	□ volatile	□ introductory
□ gross	□ rational	□ biased	□ irregular

Day 57 形容詞13

Check 1 Chants 》MP3-113

□ 0897 **invaluable** /invǽljuəbl/ Part 4	形 **非常に**[計り知れないほど]**貴重な**(≒valuable, precious)(⇔valueless) 名value:❶価値 ❷価格 動value:～を高く評価する、尊重する 名valuable:(通例～s)貴重品
□ 0898 **ironic** /airάnik/ Part 5, 6	形 **皮肉な**(≒sarcastic) 名irony:皮肉(な言葉) 副ironically:皮肉にも、皮肉なことに
□ 0899 **minimal** /mínəməl/ Part 5, 6	形 **最小**(限度)**の**(⇔maximal) 名minimum:最低[最小]限 形minimum:最低[最小]限の 動minimize:❶～を最小にする ❷～を最小限に評価する、軽視する
□ 0900 **neighboring** /néibəriŋ/ Part 5, 6	形 **近隣**[近所]**の** 名neighbor:近所の人、隣国 名neighborhood:❶(ある特定の)地域 ❷近所、近隣 ❸(集合的に)近所の人々 ❹(the ～)(～に)近いこと(of ～)
□ 0901 **occupational** /ὰkjupéiʃənl/ Part 7	形 **職業**(上)**の**、職業に関係のある(≒vocational) 名occupation:❶職業、仕事 ❷(土地・家屋などの)占有、占拠(of ～)
□ 0902 **offshore** /ɔ́:fʃɔ́:r/ Part 7	形❶**海外**(で)**の**、オフショアの ❷沖(合)の 副❶海外で ❷沖合で
□ 0903 **old-fashioned** /óuldfǽʃənd/ Part 5, 6	形 **時代**[流行]**遅れの**(≒outdated, out of date, obsolete)(⇔fashionable)
□ 0904 **organizational** /ɔ̀:rgənizéiʃənəl/ イ/ɔ̀:rgənaizéiʃənəl/ ❶発音注意 Part 7	形 **組織の**[に関する] 名organization:組織(体)、団体 動organize:❶(催しなど)を計画[準備]する ❷(団体など)を組織する 形organized:❶組織化された ❷(人が)有能な

continued ▼

Quick Reviewは使ってる？　昨日覚えた表現でも、記憶に残っているとは限らない。学習の合間に軽くチェックするだけでも効果は抜群！

□ 聞くだけモード　Check 1
□ しっかりモード　Check 1 ▸ 2
□ かんぺきモード　Check 1 ▸ 2 ▸ 3

Check 2 Phrase	Check 3 Sentence 》MP3-114
□ an invaluable asset（非常に貴重な資産）	□ I gained a lot of invaluable experience during my internship at the company.（私はその会社での実習訓練期間中に多くの非常に貴重な経験を得た）
□ an ironic remark（皮肉な発言） □ It is ironic that ～.（～ということは皮肉だ）	□ It seemed ironic that there was a "global warming" rally in the snow.（「地球温暖化」集会が雪の中で行われたのは皮肉に思えた）
□ minimal damage（最小限の損傷）	□ Cacti are easy to grow with minimal care.（サボテンはごくわずかの世話で簡単に育てることができる）
□ a neighboring town（隣町）	□ The military force of the country is a threat to neighboring countries.（その国の軍事力は近隣諸国にとって脅威になっている）
□ occupational training（職業訓練） □ an occupational hazard（職業上の危険）	□ Hearing loss is the most common occupational disease for road construction workers.（難聴は道路建設作業員にとって最も一般的な職業病だ）
□ offshore investment（海外投資） □ offshore fishing（沖合漁業）	□ Offshore outsourcing has been blamed for the employment cutbacks.（海外への業務委託は雇用縮小の批判を受けている）
□ old-fashioned clothes（流行遅れの服）	□ This way of thinking is completely old-fashioned.（この考え方は完全に時代遅れだ）
□ an organizational tree（組織系統図） □ organizational ability（組織能力）	□ The company announced sweeping organizational and management changes.（その会社は全面的な組織変更と経営陣の交代を発表した）

continued ▼

Check 1 Chants MP3-113

□ 0905 **overpriced** /òuvərpráist/ Part 2, 3	形 **値段が高過ぎる** 動overprice：～に法外な値をつける
□ 0906 **secondary** /sékəndèri/ Part 5, 6	形❶(重要性などが)**二次的な**、第2(位)の、2番目の ➕「第1の」はprimary、「第3の」はtertiary ❷(学校・教育が)中等の
□ 0907 **tolerable** /tálərəbl/ Part 5, 6	形❶**耐えられる**、我慢できる(≒bearable) ❷まあまあの、悪くない 名tolerance：❶寛大、寛容 ❷耐性 動tolerate：～を許容[黙認]する、大目に見る 形tolerant：❶寛大[寛容]な ❷抵抗力がある
□ 0908 **unpredictable** /ʌ̀npridíktəbl/ Part 5, 6	形 **予測できない**(⇔predictable) 動predict：～を予測[予言、予想]する 名prediction：(～についての)予測、予報、予言、予想(about [of] ～)
□ 0909 **vocational** /voukéiʃənl/ Part 7	形 **職業(上)の**(≒occupational) 名vocation：❶天職 ❷職業
□ 0910 **abridged** /əbrídʒd/ Part 5, 6	形 **簡約[短縮]された**(≒shortened) 動abridge：(本など)を要約[短縮]する
□ 0911 **barefoot** /bɛ́ərfùt/ Part 1	形 **はだし[素足]の** 副 はだし[素足]で 形bare：裸の
□ 0912 **discouraging** /diskə́:ridʒiŋ/ Part 5, 6	形 **思わしくない**、落胆させる 名discouragement：落胆、がっかりさせること[もの] 動discourage：❶～を落胆させる、～のやる気をなくさせる ❷(discourage A from doingで)Aに～するのをやめさせる、思いとどまらせる

Day 56 MP3-111
Quick Review
答えは右ページ下

□ よく売れる	□ 厳格な	□ 模範的な	□ 洞察力のある
□ 種々雑多な	□ 統計の	□ 勤勉な	□ 有益な
□ 広く行き渡っている	□ 変わりやすい	□ 衛生の	□ 統合された
□ 試用中の	□ 倫理の	□ 通行不能の	□ 暫定的な

Check 2 Phrase

Check 3 Sentence 》MP3-114

Phrase	Sentence
□ an overpriced restaurant（値段が高過ぎるレストラン）	□ The bag is very nice, but outrageously overpriced.（そのバッグはとても素敵だが、とんでもなく値段が高い）
□ be of secondary importance（2番目に重要である、二の次である） □ secondary education（中等教育）	□ If you desire the highest quality, price is a secondary issue.（最高品質を求めるならば、価格は二次的な問題だ）
□ a tolerable situation（耐えられる状況） □ speak tolerable French（まあまあのフランス語を話す）	□ The weather was cold, but tolerable.（天気は寒かったが、我慢できるものだった）
□ an unpredictable economic climate（予測できない経済情勢）	□ Mountain weather is often unpredictable.（山の天気は予測できないことが多い）
□ vocational training [education]（職業訓練［教育］） □ a vocational school（職業学校）	□ The government should promote vocational training to young people.（政府は若者に対する職業訓練を促進するべきだ）
□ an abridged edition [version]（簡約版）	□ I read the abridged version of *Les Misérables* yesterday.（私は昨日『レ・ミゼラブル』の簡約版を読んだ）
□ go barefoot（はだしでいる）	□ She's barefoot on the grass.（彼女は芝生の上ではだしだ）
□ discouraging results（思わしくない結果）	□ Stock prices plummeted following discouraging sales reports from many of the nation's retailers.（国内小売業者の多くの思わしくない売上報告を受けて株価は急落した）

Day 56 》MP3-111
Quick Review
答えは左ページ下

□ marketable	□ rigorous	□ exemplary	□ insightful
□ miscellaneous	□ statistical	□ hardworking	□ instructive
□ prevailing	□ variable	□ hygienic	□ integrated
□ probationary	□ ethical	□ impassable	□ interim

Day 58 形容詞14

Check 1 Chants 》MP3-115

□ 0913 **improper** /imprápər/ Part 5, 6	形 **適切**[妥当]**でない**(⇔proper)
□ 0914 **inactive** /inǽktiv/ Part 7	形 **運動不足の**、運動しない、不活発な(⇔active：活動的な)
□ 0915 **interdepartmental** /ìntərdipɑ̀:rtméntl/ Part 5, 6	形 **各部局間の** 名department：❶(会社などの)部、課、部門 ❷(大学の)学科、学部
□ 0916 **janitorial** /dʒæ̀nətɔ́:riəl/ Part 7	形 **管理人**[用務員]**の** 名janitor：(ビルなどの)管理人、用務員
□ 0917 **objectionable** /əbdʒékʃənəbl/ Part 5, 6	形 **不快な**、気に障る(≒unpleasant, offensive) 名objection：(～に対する)反対、異議(to [against] ～) 動object：(object toで)～に反対[抗議]する
□ 0918 **pointless** /pɔ́intlis/ Part 5, 6	形 **無意味な**、的外れな(≒senseless, futile, useless) 名point：意味、目的
□ 0919 **sizable** /sáizəbl/ Part 5, 6	形 **かなり大きい**[多い]、相当な(≒substantial, considerable) 名size：大きさ、サイズ、規模
□ 0920 **slanted** /slǽntid/ Part 1	形 **斜めの**、傾いた(≒oblique) 動slant：❶傾く ❷～を傾ける 名slant：傾き

continued ▼

今日でChapter 6は最後！　時間に余裕があったら、章末のReviewにも挑戦しておこう。忘れてしまった単語も結構あるのでは?!

□ 聞くだけモード　Check 1
□ しっかりモード　Check 1 ▸ 2
□ かんぺきモード　Check 1 ▸ 2 ▸ 3

Check 2　Phrase	Check 3　Sentence MP3-116
□ improper behavior（不適切な行動） □ It is improper to do ～.（～するのは適切ではない）	□ It would be improper for me to comment on the issue at this point.（現時点で私がその問題についてコメントするのは適切ではないだろう）
□ an inactive lifestyle（運動不足のライフスタイル）	□ Children whose parents are inactive are more likely to be inactive.（運動不足の親を持つ子は運動不足になる可能性が高い）
□ an interdepartmental project（各部局間プロジェクト）	□ In hospitals, interdepartmental communication is essential to the continuity of care for patients.（病院においては、各部局間の連絡が患者の看護の継続に不可欠だ）
□ a janitorial room（管理人室）	□ He found a janitorial job at a local school.（彼は地元の学校での管理人の仕事を見つけた）
□ an objectionable smell（不快なにおい）	□ This song has some objectionable lyrics.（この歌にはいくつか不快な歌詞がある）
□ a pointless exercise（無意味な行為） □ It is pointless to do [doing] ～.（～するのは無意味である）	□ It would be pointless to talk to him about it.（そのことについて彼に話しても無意味だろう）
□ a sizable house（かなり大きな家） □ a sizable amount（相当な量）	□ There was a sizable increase in new listings.（新規上場のかなり大きな増加があった）
□ a slanted ceiling（斜めになった天井）	□ The house has a slanted roof.（その家には斜めの屋根がついている）

continued ▼

Check 1 Chants 》MP3-115

□ 0921
sleek
/slíːk/
Part 7

形❶(車などが)**流線形の**、格好のいい(≒streamlined)
❷(髪などが)滑らかでつやのある(≒glossy, smooth)

□ 0922
unbiased
/ʌ̀nbáiəst/
Part 5, 6

形**偏見**[先入観]**のない**、公平な(≒impartial)(⇔biased:偏見を持った)
名bias:(〜に対する)偏見、先入観(against 〜)
動bias:〜に偏見[先入観]を抱かせる

□ 0923
unfavorable
/ʌ̀nféivərəbl/
Part 7

形❶(状況などが)**好ましくない**、望ましくない(⇔favorable:好都合な) ❷好意的でない(≒adverse)(⇔favorable:好意的な)

□ 0924
uninterrupted
/ʌ̀nintərʌ́ptid/
Part 5, 6

形**絶え間ない**、連続した(≒continuous)
動interrupt:〜を遮る、妨げる

□ 0925
unstable
/ʌ̀nstéibl/
Part 5, 6

形**不安定な**(⇔stable)

□ 0926
unwavering
/ʌ̀nwéivəriŋ/
Part 7

形**揺るぎない**、確固たる(≒steady, resolute)

□ 0927
multinational
/mʌ̀ltinǽʃənl/
Part 4

形**多国籍の**
名多国籍企業

□ 0928
serial
/síəriəl/
Part 5, 6

形❶**連続的な**、通しの ❷続き[シリーズ]物の
名(テレビの)連続番組、(新聞などの)連載物

Day 57 》MP3-113
Quick Review
答えは右ページ下

□ 非常に貴重な	□ 職業の	□ 値段が高過ぎる	□ 職業の
□ 皮肉な	□ 海外の	□ 二元的な	□ 簡約された
□ 最小の	□ 時代遅れの	□ 耐えられる	□ はだしの
□ 近隣の	□ 組織の	□ 予測できない	□ 思わしくない

Check 2 Phrase

Check 3 Sentence))) MP3-116

Phrase	Sentence
□ a sleek design(流線形のデザイン) □ sleek hair(滑らかでつやのある髪)	□ This sleek car is excellent in performance.(この流線形の車は性能が素晴らしい)
□ an unbiased jury(偏見のない陪審員団)	□ Her opinion was honest and unbiased.(彼女の意見は誠実で偏見のないものだった)
□ an unfavorable result(望ましくない結果) □ an unfavorable comment(好意的でないコメント)	□ The current economic conditions are unfavorable.(現在の経済状況は好ましくない)
□ uninterrupted rain(絶え間のない雨) □ for 20 uninterrupted years(20年間連続して)	□ The TV station broadcast uninterrupted coverage of the presidential inaugural ceremony.(そのテレビ局は大統領就任式を中断なしで放送した)
□ an unstable ladder(不安定なはしご) □ be mentally unstable(精神的に不安定である)	□ The country is politically unstable.(その国は政治的に不安定だ)
□ unwavering belief(揺るぎない信念)	□ I appreciate your unwavering support.(揺るぎない支援に感謝します)
□ a multinational peacekeeping force(多国籍平和維持軍)	□ The company is a leading multinational electronics manufacturer.(その会社は一流の多国籍電機メーカーだ)
□ a serial number(通し番号、製造番号) □ serial murders(連続殺人)	□ You must enter a serial number to use the software.(そのソフトウエアを使うには通し番号を入力しなければならない)

Day 57))) MP3-113
Quick Review
答えは左ページ下

□ invaluable	□ occupational	□ overpriced	□ vocational
□ ironic	□ offshore	□ secondary	□ abridged
□ minimal	□ old-fashioned	□ tolerable	□ barefoot
□ neighboring	□ organizational	□ unpredictable	□ discouraging

Chapter 6 Review

左ページの(1)～(20)の形容詞の同意・類義語（≒）を右ページのA～Tから選び、カッコの中に答えを書き込もう。意味が分からないときは、見出し番号を参照して復習しておこう（答えは右ページ下）。

☐ (1) premier (0820) ≒は?（　　）
☐ (2) talented (0821) ≒は?（　　）
☐ (3) avid (0822) ≒は?（　　）
☐ (4) sturdy (0833) ≒は?（　　）
☐ (5) definitive (0838) ≒は?（　　）
☐ (6) pivotal (0842) ≒は?（　　）
☐ (7) obligatory (0851) ≒は?（　　）
☐ (8) obscure (0856) ≒は?（　　）
☐ (9) costly (0863) ≒は?（　　）
☐ (10) gross (0868) ≒は?（　　）
☐ (11) provisional (0871) ≒は?（　　）
☐ (12) faulty (0877) ≒は?（　　）
☐ (13) rigorous (0885) ≒は?（　　）
☐ (14) variable (0887) ≒は?（　　）
☐ (15) hardworking (0890) ≒は?（　　）
☐ (16) ironic (0898) ≒は?（　　）
☐ (17) occupational (0901) ≒は?（　　）
☐ (18) abridged (0910) ≒は?（　　）
☐ (19) objectionable (0917) ≒は?（　　）
☐ (20) unbiased (0922) ≒は?（　　）

A. central
B. defective
C. leading
D. unpleasant
E. authoritative
F. diligent
G. expensive
H. keen
I. sarcastic
J. total
K. compulsory
L. vocational
M. gifted
N. temporary
O. changeable
P. impartial
Q. strong
R. shortened
S. strict
T. unclear

【解答】(1) C (2) M (3) H (4) Q (5) E (6) A (7) K (8) T (9) G (10) J (11) N (12) B (13) S (14) O (15) F (16) I (17) L (18) R (19) D (20) P

CHAPTER 7

副詞：必修48

Chapter 7では、TOEIC必修の副詞48をチェック。このChapterが終われば、単語編は終了です。ここまで来れば、語彙力は1万語オーバーレベル。これからは積極的にアウトプットしていきましょう！

TOEIC的格言

Experience is the best teacher.

経験は最良の師。

Day 59 副詞1

Check 1 Chants 》MP3-117

□ 0929
temporarily
/tèmpərérəli/
Part 5, 6

副 **一時的に**
形temporary：一時的な、臨時の、つかの間の

□ 0930
respectively
/rispéktivli/
Part 7

副 **それぞれ**、各自 ➕通例、文尾で用いる
形respective：それぞれの、各自の

□ 0931
online
/ánláin/
Part 4

副 **ネット上**[オンライン]**で**、インターネットを使って
形 オンラインの、インターネットによる

□ 0932
closely
/klóusli/
Part 5, 6

副 ❶**密接に**、親密に ❷綿密に、念入りに
形close：❶(～に)近い(to ～) ❷親密な ❸(調査などが)綿密な

□ 0933
worldwide
/wə́ːrldwáid/
Part 7

副 **世界中で**[に]、世界的に ➕「全国的に」はnationwide
形 世界中の、世界的な

□ 0934
reportedly
/ripɔ́ːrtidli/
Part 4

副 **伝えられるところでは**(≒allegedly)
名report：❶報告(書) ❷報道
動report：❶～を報告する ❷～を報道する ❸(report toで)～の部下である、～に出頭する

□ 0935
periodically
/pìəriádikəli/
Part 5, 6

副 **定期的に**、周期的に
名period：❶期間、時期 ❷時代
名periodical：定期刊行物、雑誌
形periodical：定期刊行(物)の
形periodic：周期的な、定期的な

□ 0936
entirely
/intáiərli/
Part 5, 6

副 **完全に**、全く、すっかり(≒completely, totally)
形entire：全体[全部]の

continued ▼

Chapter 7では、3日をかけて必修副詞48をチェック。まずはチャンツを聞いて、単語を「耳」からインプット！

□ 聞くだけモード　Check 1
□ しっかりモード　Check 1 ▶ 2
□ かんぺきモード　Check 1 ▶ 2 ▶ 3

Check 2　Phrase & Sentence		Check 3　Sentence 》MP3-118
□ be temporarily out of service（一時的に使用中止になっている）	▶	□ The store is closed temporarily for remodeling.（その店は改装のため一時的に閉店している）
□ Japan and South Korea came first and second respectively.（日本と韓国がそれぞれ1位と2位になった）	▶	□ I played piano and he played violin respectively.（私はピアノを、彼はバイオリンをそれぞれ弾いた）
□ buy goods online（ネット上で商品を買う）	▶	□ I like to shop online.（私はネット上で買い物をするのが好きだ）
□ closely resemble ～（～によく似ている） □ closely examine ～（～を綿密に調査する）	▶	□ Stress and lack of sleep are closely connected.（ストレスと睡眠不足は密接に関連している）
□ a company doing business worldwide（世界中でビジネスを行っている会社）	▶	□ Global warming is impacting wildlife worldwide.（地球温暖化は世界中で野生生物に影響を及ぼしている）
□ Reportedly, four people were killed in the car accident.（その自動車事故で4人が死亡したと報じられている）	▶	□ The automaker has reportedly been considering a merger with GM.（その自動車メーカーはGMとの合併を検討中だと伝えられている）
□ test the equipment periodically（定期的に設備を検査する）	▶	□ The information contained within this site is updated periodically.（このサイトに掲載されている情報は定期的に更新される）
□ be entirely different from ～（～と全く違う） □ be not entirely recovered（完全に回復したわけではない）	▶	□ It was entirely my fault.（それは完全に私の誤りだった）

continued ▼

Check 1　Chants MP3-117

□ 0937 **accordingly** /əkɔ́ːrdiŋli/ Part 7	副❶**それに応じて**　❷それ故に、従って(≒therefore, consequently)
□ 0938 **ultimately** /ʌ́ltəmətli/ Part 5, 6	副**最終的に**、結局、最後に(≒finally) 名ultimate：(the ～)(～において)究極のもの(in ～) 形ultimate：❶究極の、最終[最後]の　❷最高の
□ 0939 **effectively** /iféktivli/ Part 4	副❶**効果的に**、有効に　❷事実上(≒in effect) 名effect：❶影響、(原因に対する)結果　❷(～に対する)効果(on [upon] ～)　❸(～s)個人資産、身の回り品 形effective：効果的な、有効な
□ 0940 **individually** /ìndəvídʒuəli/ Part 4	副**個別に**、1人[1つ]ずつ 名individual：個人 形individual：❶個々の　❷個人の
□ 0941 **barely** /bɛ́ərli/ Part 5, 6	副**辛うじて**、何とか、わずかに　➕hardly, scarcely(ほとんど～しない[ない])との使い分けに注意
□ 0942 **exceptionally** /iksépʃənli/ Part 5, 6	副**例外的に**、特別に、異常に 名exception：例外 形exceptional：❶非常に優れた　❷例外的な 前except：～を除いて、～以外は
□ 0943 **subsequently** /sʌ́bsikwəntli/ Part 5, 6	副**その後**、後になって(≒later, afterward) 形subsequent：(～の)後[次]の、後に起こる(to ～)
□ 0944 **accidentally** /æ̀ksədéntəli/ Part 5, 6	副**誤って**、偶然に(≒by accident) 名accident：❶事故　❷偶然 形accidental：偶然の

Day 58 MP3-115
Quick Review
答えは右ページ下

□ 適切でない
□ 運動不足の
□ 各部局間の
□ 管理人の

□ 不快な
□ 無意味な
□ かなり大きい
□ 斜めの

□ 流線形の
□ 偏見のない
□ 好ましくない
□ 絶え間ない

□ 不安定な
□ 揺るぎない
□ 多国籍の
□ 連続的な

Check 2 Phrase & Sentence		Check 3 Sentence 》MP3-118
□ ~ and accordingly . . .(～なので、…)	▸	□ He is an adult and should be treated accordingly.(彼は大人なのだから、それ相応に扱われるべきだ)
□ Ultimately, everything will work out fine.(最終的にはすべてがうまくいくだろう)	▸	□ Ultimately, you'll have to decide what is best for you.(結局のところ、何が最善かはあなたが決めなくてはならない)
□ cope effectively with ~(～に効果的に対処する) □ be effectively bankrupt(事実上破産している)	▸	□ The drug works more effectively when taken on a daily basis.(その薬は毎日服用するとより効き目がある)
□ interview applicants individually(応募者たちと個別に面接する) □ wrap cookies individually(クッキーを1つずつ包む)	▸	□ The new employees were introduced to the board individually.(新入社員は重役たちに1人ずつ紹介された)
□ barely escape ~(辛うじて～を免れる) □ be barely 15(わずか15歳である)	▸	□ The company could barely manage to sustain last year's profits.(その会社は辛うじて昨年の収益を維持することができた)
□ an exceptionally cold winter(例年になく寒い冬) □ an exceptionally gifted child(非常に才能の優れた子ども)	▸	□ She was exceptionally admitted to the Royal Conservatory of Music.(彼女は王立音楽院への入学を例外的に認められた)
□ be subsequently found(その後見つかる) □ ~ and subsequently . . .(～、そしてその後…)	▸	□ The flight was subsequently canceled.(その便はその後欠航となった)
□ accidentally break a vase(誤って花瓶を割る) □ accidentally on purpose(偶然を装って)	▸	□ She accidentally locked herself out of the house.(誤って鍵がかかってしまい彼女は家に入れなくなった)

Day 58 》MP3-115
Quick Review
答えは左ページ下

□ improper	□ objectionable	□ sleek	□ unstable
□ inactive	□ pointless	□ unbiased	□ unwavering
□ interdepartmental	□ sizable	□ unfavorable	□ multinational
□ janitorial	□ slanted	□ uninterrupted	□ serial

Day 60 副詞2

Check 1　Chants 》MP3-119

□ 0945 **considerably** /kənsídərəbli/ ❗アクセント注意 Part 5, 6	副 **かなり**、随分 名consideration：❶考慮、考察　❷思いやり 動consider：❶～をよく考える、熟慮[熟考]する　❷(consider doingで)～することを検討[熟慮、熟考]する 形considerable：(数量などが)かなりの、相当な
□ 0946 **comparatively** /kəmpǽrətivli/ Part 5, 6	副 **比較的**(に)、比較して(≒relatively) 名comparison：(～との)比較(with [to] ～) 動compare：(compare A to [with] Bで)❶AをBと比較する　❷AをBに例える 形comparable：(be comparable to [with]で)～と同等である
□ 0947 **extraordinarily** /ikstrɔ̀:rdənérəli/ Part 5, 6	副 **非常に**、並外れて(≒very, remarkably) 形extraordinary：並外れた、驚くべき、異常な、風変わりな
□ 0948 **intentionally** /inténʃənəli/ Part 5, 6	副 **意図的**[故意]**に**、わざと(≒deliberately, on purpose) 形intentional：意図的な、故意の 名intention：(～する)意図、つもり(of doing [to do]) 動intend：❶(intend to doで)～するつもりである　❷(be intended forで)～向けである
□ 0949 **mutually** /mjú:tʃuəli/ Part 7	副 **互いに**、相互に 形mutual：❶相互の、互いの　❷共通の
□ 0950 **enthusiastically** /inθù:ziǽstikəli/ Part 4	副 **熱心**[熱烈]**に**(≒eagerly) 形enthusiastic：(be enthusiastic aboutで)～に熱中している、夢中になっている 名enthusiasm：(～に対する)熱意、熱狂、強い興味(for ～) 名enthusiast：熱中している人
□ 0951 **inadvertently** /ìnədvə́:rtntli/ Part 5, 6	副 **不注意で**、うっかりして 形inadvertent：うっかりした、偶然の
□ 0952 **sufficiently** /səfíʃəntli/ Part 5, 6	副 **十分に** 名sufficiency：❶十分なこと、充足　❷十分な蓄え[資産] 形sufficient：(～に／…するのに)十分な、足りる(for ～/to do)

continued ▼

難しい語彙ばかりで挫折しそう?! でも、ここでやめてはモッタイナイ! 今日が終われば、あと10日。あきらめずにガンバロウ!

□ 聞くだけモード Check 1
□ しっかりモード Check 1 ▸ 2
□ かんぺきモード Check 1 ▸ 2 ▸ 3

Check 2 Phrase & Sentence	Check 3 Sentence 》MP3-120
□ be considerably more expensive than ~(~よりかなり値段が高い)	□ Oil prices have dropped considerably over the past year.(原油価格はこの1年でかなり下がった)
□ be comparatively warm(比較的暖かい) □ comparatively speaking(比較して言うと)	□ The exam was comparatively easy.(その試験は比較的簡単だった)
□ an extraordinarily difficult problem(非常に難しい問題) □ extraordinarily beautiful(並外れて美しい)	□ It was extraordinarily hot today.(今日は非常に暑かった)
□ intentionally break the law(意図的に法律を犯す)	□ He would never intentionally hurt anyone.(彼が意図的に人を傷つけるはずがない)
□ a mutually agreed decision(互いに同意した決定) □ mutually exclusive [contradictory](互いに矛盾する、相いれない)	□ The business partnership is mutually beneficial to both companies.(その事業提携は両社にとって互いに利益がある)
□ talk enthusiastically(熱心に語る) □ be enthusiastically supported by ~(~に熱烈に支持されている)	□ She always works enthusiastically.(彼女はいつも熱心に働く)
□ inadvertently cut a power cable(不注意で電源ケーブルを切断する) □ inadvertently or deliberately(不注意にせよ故意にせよ)	□ He has inadvertently deleted important files.(彼は重要なファイルをうっかり削除してしまった)
□ recover sufficiently(十分に回復する)	□ You should eat, sleep, and exercise sufficiently to maintain your health.(健康を維持するために十分に食べ、睡眠を取り、そして運動すべきだ)

continued ▼

Check 1　Chants 》MP3-119

□ 0953
voluntarily
/vɑ̀ləntéərəli/
Part 5, 6

副 **自発的に**
名volunteer：無償奉仕者、ボランティア
動volunteer：❶(～を)進んで引き受ける(for ～)　❷(volunteer to doで)～しようと進んで申し出る
形voluntary：ボランティアの、自発的な

□ 0954
allegedly
/əlédʒidli/
Part 7

副 **伝えられるところでは**(≒reportedly)、申し立てによると
名allegation：(特に証拠のない)申し立て、主張
動allege：(証拠なしに)～だと断言[主張]する
形alleged：❶申し立てられた　❷疑わしい

□ 0955
deliberately
/dilíbərətli/
Part 5, 6

副 ❶**故意に**、わざと(≒on purpose, intentionally)　❷慎重に
動deliberate：❶～を熟考する　❷(deliberate about [on, over]で)～について熟考する
形deliberate：❶意図[計画]的な、故意の　❷慎重な

□ 0956
initially
/iníʃəli/
Part 5, 6

副 **最初**(のうち)**は**、初めに
名initial：頭文字
形initial：最初の
動initiate：(計画など)を始める

□ 0957
locally
/lóukəli/
Part 2, 3

副 **地元で**、現地で
形local：❶地元の、現地の　❷各駅停車の

□ 0958
commonly
/kɑ́mənli/
Part 7

副 **一般に**、通例
形common：❶一般的な　❷共通[共有]の　❸よくある、普通の

□ 0959
continuously
/kəntínjuəsli/
Part 5, 6

副 **連続して**、連続的に、間断なく
名continuity：連続性
動continue：❶続く　❷～を続ける　❸(continue to do [doing]で)～し続ける
形continuous：絶え間のない

□ 0960
illegally
/ilí:gəli/
Part 7

副 **違法**[不法]**に**(≒unlawfully)(⇔legally)
形illegal：違法[不法]の、非合法の

Day 59 》MP3-117
Quick Review
答えは右ページ下

□ 一時的に　□ 世界中で　□ それに応じて　□ 辛うじて
□ それぞれ　□ 伝えられるところでは　□ 最終的に　□ 例外的に
□ ネット上で　□ 定期的に　□ 効果的に　□ その後
□ 密接に　□ 完全に　□ 個別に　□ 誤って

Check 2 Phrase & Sentence		Check 3 Sentence 》MP3-120
□ voluntarily participate in ~(自発的に~に参加する) □ voluntarily surrender to the police(警察に自首する)	▸	□ He was not fired, but left voluntarily.(彼は解雇されたのではなく、自主的に辞職した)
□ The suspect allegedly embezzled $10,000 from the company.(伝えられるところでは、容疑者は会社から1万ドルを横領した)	▸	□ He was arrested for allegedly stealing money from one of the clients.(伝えられるところでは、彼は顧客の1人から金を盗んだ容疑で逮捕された)
□ lie deliberately(故意にうそをつく) □ speak deliberately(慎重に話す)	▸	□ She ignored me deliberately.(彼女は故意に私を無視した)
□ Initially, she wanted to be a veterinarian.(最初は、彼女は獣医になりたかった)	▸	□ The economic crisis turned out to be more serious than initially thought.(経済危機は当初考えられていたよりも深刻であることが分かった)
□ Think globally, act locally.(地球規模で考え、地元で活動しよう)➕環境活動などのスローガン	▸	□ The company employs about 500 workers locally.(その会社は現地で約500人の労働者を雇用している)
□ a commonly held belief(一般に抱かれた考え) □ be commonly known as ~(一般に~として知られている)	▸	□ Stress fractures are commonly experienced by athletes.(疲労骨折は運動選手によく起こる)
□ work continuously for 24 hours(24時間連続して働く)	▸	□ It has been raining almost continuously for three days.(ほぼ絶え間なく3日間雨が降り続いている)
□ copy software illegally(ソフトウエアを違法にコピーする) □ an illegally parked car(違法駐車している車)	▸	□ The man was arrested for working illegally.(その男性は不法就労で逮捕された)

Day 59 》MP3-117
Quick Review
答えは左ページ下

□ temporarily	□ worldwide	□ accordingly	□ barely
□ respectively	□ reportedly	□ ultimately	□ exceptionally
□ online	□ periodically	□ effectively	□ subsequently
□ closely	□ entirely	□ individually	□ accidentally

Day 61 副詞3

Check 1 Chants 》MP3-121

□ 0961
attentively
/əténtivli/
Part 5, 6

副 **注意深く**(≒carefully)
形attentive:(be attentive toで)❶~に注意深い ❷~に思いやりがある、気を使う
名attention:❶(~への)注意(to ~) ❷(~への)配慮(to ~)

□ 0962
moderately
/mádərətli/
Part 5, 6

副❶**ある程度**、そこそこ(に)、まあまあ(≒to some degree, reasonably) ❷適度に、節度を守って
形moderate:❶(程度などが)適度の ❷節度のある
名moderate:穏健な人
動moderate:❶~を和らげる ❷~の司会をする

□ 0963
preferably
/préfərəbli/
Part 7

副 **できれば**、希望を言えば
名preference:❶好み ❷優先
動prefer:❶(…より)~を好む(to . . .) ❷(prefer to doで)~することが好きである
形preferable:(be preferable toで)~より好ましい

□ 0964
sparingly
/spéəriŋli/
Part 7

副 **控えめに**、節約[倹約]して(≒thriftily)
形sparing:❶(使用などが)控えめの ❷(be sparing withで)~をあまり使わない

□ 0965
separately
/sépərətli/
Part 4

副 **別々に**、個々に、(~から)離れて(from ~)
名separation:❶分離 ❷別離、(夫婦の)別居
動separate:❶~を分ける、引き離す ❷(separate A from Bで)AをBから引き離す、AをBから区別する
形separate:❶(~から)離れた(from ~) ❷別個の

□ 0966
regrettably
/rigrétəbli/
Part 7

副 **遺憾ながら**、残念なことには(≒unfortunately)
名regret:後悔
動regret:❶~を後悔する、残念に思う ❷(regret doingで)~したことを後悔する、残念に思う ❸(regret to doで)残念ながら~する

□ 0967
fluently
/flúːəntli/
Part 7

副 **流ちょうに**、すらすらと
名fluency:(言葉の)流ちょうさ
形fluent:❶(be fluent inで)(言葉)を流ちょうに話せる、(言葉)に堪能である ❷(言葉が)流ちょうな

□ 0968
exponentially
/èkspounénʃəli/
Part 7

副 **急激に**、幾何級数的に
形exponential:急激な、幾何級数的な

continued ▼

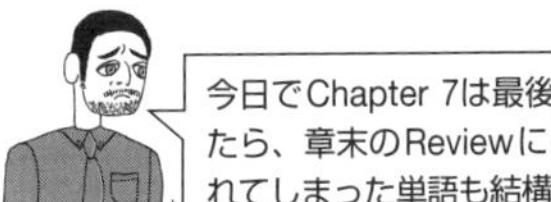

今日でChapter 7は最後！ 時間に余裕があったら、章末のReviewにも挑戦しておこう。忘れてしまった単語も結構あるのでは?!

□ 聞くだけモード Check 1
□ しっかりモード Check 1 ▸ 2
□ かんぺきモード Check 1 ▸ 2 ▸ 3

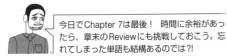

Check 2 Phrase & Sentence		Check 3 Sentence MP3-122
□ watch the news attentively (ニュースを注意深く見る)	▸	□ We listened attentively to his words.（私たちは彼の言うことを注意深く聞いた）
□ do moderately well（まあまあうまくいく） □ drink moderately（適度に飲酒する）	▸	□ The project was moderately successful.（そのプロジェクトはある程度成功した）
□ want a computer, preferably a laptop（コンピューターが欲しい、できればラップトップがいい）	▸	□ Customer service experience is required, preferably in hotel work or a related field.（顧客サービスの経験、できればホテルでの仕事もしくは関連分野でのものが必須である）➕求人広告の表現
□ eat sparingly（控えめに食べる） □ use ~ sparingly（～を控えめに使う）	▸	□ Use salt sparingly when cooking.（料理をするときは、塩を控えめに使ってください）
□ interview witnesses separately（目撃者たちと1人ずつ面接する） □ live separately from one's parents（両親から離れて生活する）	▸	□ The married couple decided to live separately.（その夫婦は別居することを決めた）
□ Regrettably, the event was canceled due to bad weather.（残念なことにそのイベントは悪天候のため中止になった）	▸	□ If you do not receive a response within 10 days, then regrettably your application has been unsuccessful.（10日以内に返答がなければ、遺憾ながら貴殿の応募は不合格です）➕求人広告の表現
□ speak French fluently（フランス語を流ちょうに話す）	▸	□ We are looking for an accountant who speaks English and Spanish fluently.（当社では英語とスペイン語を流ちょうに話す会計士を求めています）➕求人広告の表現
□ increase [decrease] exponentially（急激に増加[減少]する）	▸	□ The world's population has been growing exponentially in recent centuries.（世界の人口はここ数世紀で急増している）

continued ▼

Check 1　Chants 》MP3-121

□ 0969 **obviously** /ɑ́bviəsli/ Part 2, 3	副 **明らかに**(≒clearly, evidently) 形obvious：❶明らかな、明白な　❷見え透いた
□ 0970 **unanimously** /juːnǽnəməsli/ ❗発音注意 Part 5, 6	副 **満場一致で**　➕anonymously(匿名で)と混同しないように注意 形unanimous：❶満場[全員]一致の　❷(～で)意見が一致して(in ～)
□ 0971 **financially** /fainǽnʃəli/ Part 4	副 **財政[金銭]的に** 名finance：❶(～s)財源、資金、財務状態　❷財政、財務 動finance：～に資金を供給する 形financial：❶財務の、財政上の、金銭上の　❷金融の
□ 0972 **abruptly** /əbrʌ́ptli/ Part 5, 6	副 **突然**、唐突に(≒suddenly, unexpectedly) 形abrupt：突然の、唐突な
□ 0973 **meanwhile** /míːnwàil/ Part 2, 3	副 **それまでは**、その間に(≒in the meanwhile, in the meantime)
□ 0974 **profoundly** /prəfáundli/ Part 5, 6	副 **深く**、大いに 形profound：❶(影響などが)重大[重要]な、意味深い　❷(悲しみなどが)深い
□ 0975 **purely** /pjúərli/ Part 5, 6	副 ❶**全く**、完全に(≒completely)　❷単に(≒only) 形pure：❶全くの　❷(学問などが)純粋な、理論的な
□ 0976 **unconditionally** /ʌ̀nkəndíʃənli/ Part 7	副 **無条件で**(⇔conditionally：条件つきで) 名condition：❶(通例～s)(～の)(必要)条件(of [for] ～)　❷(～s)状況、事情、状態 形conditional：条件つきの 形unconditional：無条件の

Day 60 》MP3-119
Quick Review
答えは右ページ下

□ かなり
□ 比較的
□ 非常に
□ 意図的に
□ 互いに
□ 熱心に
□ 不注意で
□ 十分に
□ 自発的に
□ 伝えられるところでは
□ 故意に
□ 最初は
□ 地元で
□ 一般に
□ 連続して
□ 違法に

Check 2 Phrase & Sentence

□ The calculation is obviously wrong.（その計算は明らかに間違っている）

□ unanimously approve ～（～を満場一致で承認する）

□ be financially sound（財政的に堅実である）

□ be financially independent（経済的に自立している）

□ end abruptly（突然終わる）

□ We are in for a bumpy ride. Meanwhile, fasten your seat belts.（でこぼこ道に入ります。その間はシートベルトを締めてください）

□ be profoundly moved by ～（～に深く感動する）

□ change profoundly（大きく変化する）

□ purely by chance（全く偶然に）

□ purely for financial reasons（単に金銭的な理由で）

□ surrender unconditionally（無条件降伏する）

Check 3 Sentence 》MP3-122

□ Obviously, she doesn't like me.（明らかに彼女は私のことを気に入っていない）

□ The proposal was approved unanimously.（その提案は満場一致で承認された）

□ The proposal is not financially viable.（その提案は財政的に実行可能ではない）

□ Her contract was abruptly terminated.（彼女の契約は突然打ち切られた）

□ I'm starting work in April. Meanwhile, I'm travelling around the US.（私は4月に働き始める。それまでは、アメリカ中を旅するつもりだ）

□ The travel industry was profoundly affected by the terrorist attacks.（旅行産業はテロ攻撃によって深刻な影響を受けた）

□ Participation in the charity event is purely voluntary.（その慈善行事への参加は完全に自由だ）

□ The $100 registration fee is fully and unconditionally refundable on request.（100ドルの登録料は要求があり次第、全額が無条件で返金される）

Day 60 》MP3-119
Quick Review
答えは左ページ下

□ considerably □ comparatively □ extraordinarily □ intentionally
□ mutually □ enthusiastically □ inadvertently □ sufficiently
□ voluntarily □ allegedly □ deliberately □ initially
□ locally □ commonly □ continuously □ illegally

Chapter 7 Review

左ページの(1)〜(17)の副詞の同意・類義語［熟語］(≒) を右ページのA〜Qから選び、カッコの中に答えを書き込もう。意味が分からないときは、見出し番号を参照して復習しておこう（答えは右ページ下）。

- □ (1) reportedly (0934) ≒は? (　　)
- □ (2) entirely (0936) ≒は? (　　)
- □ (3) ultimately (0938) ≒は? (　　)
- □ (4) subsequently (0943) ≒は? (　　)
- □ (5) accidentally (0944) ≒は? (　　)
- □ (6) comparatively (0946) ≒は? (　　)
- □ (7) extraordinarily (0947) ≒は? (　　)
- □ (8) intentionally (0948) ≒は? (　　)
- □ (9) enthusiastically (0950) ≒は? (　　)
- □ (10) illegally (0960) ≒は? (　　)
- □ (11) attentively (0961) ≒は? (　　)
- □ (12) moderately (0962) ≒は? (　　)
- □ (13) sparingly (0964) ≒は? (　　)
- □ (14) regrettably (0966) ≒は? (　　)
- □ (15) obviously (0969) ≒は? (　　)
- □ (16) abruptly (0972) ≒は? (　　)
- □ (17) meanwhile (0973) ≒は? (　　)

A. deliberately
B. later
C. suddenly
D. completely
E. unlawfully
F. remarkably
G. by accident
H. in the meantime
I. allegedly
J. thriftily
K. carefully
L. eagerly
M. finally
N. clearly
O. relatively
P. unfortunately
Q. to some degree

【解答】(1) I (2) D (3) M (4) B (5) G (6) O (7) F (8) A (9) L (10) E (11) K (12) Q (13) J (14) P (15) N (16) C (17) H

CHAPTER 8
動詞句

Chapter 8からは「熟語編」が始まります。このChapterでは、動詞表現112を見ていきましょう。ここが終われば、TOEIC990点＝満点はすぐそこに見えてくる！

TOEIC的格言

Nothing great is easy.
偉大なことで簡単なものはない。

Day 62

動詞句1
「動詞＋副詞［前置詞］」型1

Check 1　Chants 》MP3-123

□ 0977
subscribe to
Part 2, 3

❶**～を定期購読する**　❷(通例疑問・否定文で)～に同意する
名subscription：(～の)定期購読(料)(to ～)
名subscriber：(～の)定期購読者(to ～)、(電話などの)加入者

□ 0978
enroll in [at, for]
Part 5, 6

～に入学[入会]**する**
名enrollment：❶入学[登録]者数　❷入学、入会

□ 0979
hand out
Part 1

～を(…に)**配る**、分配する(to . . .)(≒distribute, pass out)
名handout：(講演などの)配付資料、プリント

□ 0980
conform to [with]
Part 5, 6

(規則など)**に従う**(≒obey, follow, comply with, abide by)

□ 0981
adhere to
Part 5, 6

❶(規則など)**を厳守する**　❷(考えなど)に固執する
名adherence：❶(規則などの)厳守(to ～)　❷(～に対する)固執、執着(to ～)
名adherent：(～の)支持者(of ～)

□ 0982
merge with
Part 7

(会社などが)**～と合併する**
名merger：(～との)(企業の)合併(with ～)

□ 0983
interact with
Part 5, 6

～と交流する、触れ合う、情報を伝え合う
名interaction：(～との)交流(with [between, among] ～)
形interactive：双方向の、対話式の、インタラクティブな

□ 0984
originate in [from]
Part 5, 6

～から生じる、起こる、始まる
名origin：❶起源、由来　❷(しばしば～s)生まれ、血統
名original：(the ～)原物、原作
形original：❶最初の　❷独創的な　❸原作の
副originally：❶最初は、初めは　❷出身は

continued ▼

Chapter 8では、動詞句112をチェック。まずは、3日をかけて「動詞+副詞[前置詞]」型の表現を見ていこう。

□ 聞くだけモード Check 1
□ しっかりモード Check 1 ▸ 2
□ かんぺきモード Check 1 ▸ 2 ▸ 3

Check 2 Phrase		Check 3 Sentence 》MP3-124
□ subscribe to two newspapers(新聞を2紙定期購読する) □ subscribe to his point of view(彼の意見に同意する)	▸	□ What magazines do you subscribe to?(どんな雑誌を定期購読していますか?)
□ enroll in a vocational school(職業学校に入学する) □ enroll in a book club(読書クラブに入会する)	▸	□ She enrolled in Columbia University last year.(彼女は去年、コロンビア大学に入学した)
□ hand out food to homeless people(食べ物をホームレスの人々に配る)	▸	□ The man is handing out leaflets.(男性はちらしを配っている)
□ conform to school rules(校則に従う)	▸	□ All employees must conform to certain ethical and legal standards.(全従業員は定められた倫理規範および法定基準に従わなければならない)
□ adhere to the terms of the contract(契約の条項を厳守する) □ adhere to one's opinion(自分の意見に固執する)	▸	□ Employees must adhere to company rules.(従業員は社則を厳守しなければならない)
□ merge with the parent company(親会社と合併する)	▸	□ In 1998, Daimler-Benz merged with Chrysler to form Daimler Chrysler.(1998年にダイムラーベンツはクライスラーと合併して、ダイムラークライスラーとなった)
□ interact with guests(来客たちと交流する)	▸	□ Many working parents don't have enough time to interact with their children.(多くの共働きの親は子どもと触れ合う時間が十分にない)
□ originated in England in the 18th century([産業革命は]18世紀にイギリスから始まった)	▸	□ The Internet originated in the United States.(インターネットはアメリカから始まった)

continued ▼

Check 1　Chants MP3-123

□ 0985 **pass out** Part 1	❶～を(…に)**配る**、分配する(to . . .)(≒distribute, hand out)　❷気絶する、意識を失う
□ 0986 **step down** [aside] Part 5, 6	(役職などを)**辞任**[辞職]**する**(as ～)(≒resign)
□ 0987 **call off** Part 2, 3	(予定の催しなど)**を中止する**(≒cancel)
□ 0988 **reside in** Part 7	**～に住む**、居住する(≒live in, dwell in, inhabit) 名residence：❶居住、滞在　❷邸宅、住宅 名resident：居住者、在住者 形resident：居住[在住]している 形residential：住宅[居住]の
□ 0989 **pull over** Part 2, 3	❶**車を片側に寄せる**　❷(車など)を片側に寄せる
□ 0990 **draw up** Part 2, 3	(書類など)**を作成する**、(図面など)を書く
□ 0991 **wrap up** Part 2, 3	❶**～を終える**、仕上げる(≒finish, complete)　❷～を包む、包装する 名wrap：(食品保存用の)ラップ
□ 0992 **move on to** Part 4	(次の話題など)**に移る**

Day 61 MP3-121
Quick Review
答えは右ページ下

□ 注意深く
□ ある程度
□ できれば
□ 控えめに
□ 別々に
□ 遺憾ながら
□ 流ちょうに
□ 急激に
□ 明らかに
□ 満場一致で
□ 財政的に
□ 突然
□ それまでは
□ 深く
□ 全く
□ 無条件で

Check 2 Phrase

☐ pass out test booklets to students(テスト冊子を生徒たちに配る)
☐ pass out in shock(ショックで気絶する)

☐ step down as company chairman(会社の会長を辞任する)

☐ call off the search for ～(～の捜索を中止する)

☐ reside in Chicago(シカゴに住む)

☐ pull over for an ambulance(救急車を通すために車を道の片側に寄せる)
☐ pull over a speeding car(スピード違反の車を止めさせる)

☐ draw up a list(リストを作成する)

☐ wrap up the meeting(会議を終える)
☐ wrap up a present(プレゼントを包装する)

☐ move on to a new topic(新しい話題に移る)

Check 3 Sentence 》MP3-124

☐ The woman is passing out fliers.(女性はちらしを配っている)

☐ He will step down as CEO of the company.(彼はその会社のCEOを辞任する予定だ)

☐ The competition was called off due to heavy rain.(その競技会は豪雨のため中止になった)

☐ My family currently resides in San Francisco.(私の家族は現在サンフランシスコに住んでいる)

☐ Please pull over in front of the bank.(その銀行の前に車を止めてください)

☐ Have you drawn up the contract?(契約書を作成しましたか?)

☐ I hope to wrap up the rest of the work within the next month.(私はその仕事の残りを来月中に終えたいと思っている)

☐ Let's move on to the next item on the agenda.(議題の次の項目に移りましょう)

Day 61 》MP3-121
Quick Review
答えは左ページ下

☐ attentively ☐ moderately ☐ preferably ☐ sparingly
☐ separately ☐ regrettably ☐ fluently ☐ exponentially
☐ obviously ☐ unanimously ☐ financially ☐ abruptly
☐ meanwhile ☐ profoundly ☐ purely ☐ unconditionally

Day 63

動詞句2
「動詞＋副詞［前置詞］」型2

Check 1　Chants 》MP3-125

□ 0993
cut down (on)
Part 4

～を減らす、削減する(≒reduce)

□ 0994
revert to
Part 5, 6

(元の状態など)**に戻る**(≒return to)
名reversion：(元の状態などへの)逆戻り、逆行(to ～)

□ 0995
collide with
Part 5, 6

～と衝突する、ぶつかる(≒crash into)
名collision：(～との／…の間の)衝突(with ～/between . . .)

□ 0996
rule out
Part 5, 6

❶**～を除外**[排除]**する**(≒exclude)、～を拒否する　❷～を不可能にする、妨げる

□ 0997
bid for
Part 5, 6

～に入札する
名bid：❶(工事などの)入札(for ～)　❷(～のための)企て、試み(for ～)
名bidder：入札者、競り手

□ 0998
carry over [forward]
Part 7

(ある金額など)**を繰り越す**、持ち越す

□ 0999
fill in for
Part 2, 3

～の代理[代行]**をする**(≒substitute for)

□ 1000
struggle with [against]
Part 5, 6

(難事など)**と闘う**、～に取り組む
名struggle：苦闘、努力

continued ▼

「動詞＋副詞[前置詞]」型の表現は「丸ごと1つの動詞」として覚えることが大切。そのためにも「聞いて音読する」ことを忘れずに！

□ 聞くだけモード　Check 1
□ しっかりモード　Check 1 ▸ 2
□ かんぺきモード　Check 1 ▸ 2 ▸ 3

Check 2 Phrase		Check 3 Sentence 》MP3-126
□ cut down the number of employees（従業員数を減らす）	▸	□ We must cut down production costs to stay competitive.（我が社は競争力を維持し続けるために製造コストを削減しなければならない）
□ revert to normal（平常に戻る）	▸	□ He has reverted to his old bad eating habits.（彼は以前の悪い食習慣に戻ってしまった）
□ collide with a car（車と衝突する）	▸	□ The car collided with a utility pole.（その車は電柱に衝突した）
□ rule out the possibility of ～（～の可能性を排除する） □ rule out a return to ～（～への復帰を不可能にする）	▸	□ Syria has ruled out the resumption of peace talks with Israel.（シリアはイスラエルとの和平交渉の再開を拒否した）
□ bid for public works（公共事業に入札する）	▸	□ Five contractors have bid for the project.（5つの建設業者がそのプロジェクトに入札した）
□ carry over the balance（残高を繰り越す）	▸	□ Employees can carry over up to 160 hours of unused paid vacation to the next year.（従業員は未消化の有給休暇を160時間まで次年度へ繰り越すことができる）
□ fill in for a sick colleague（病気の同僚の代理をする）	▸	□ Linda filled in for Jack while he was on vacation.（ジャックが休暇中、リンダが彼の代理をした）
□ struggle with crime（犯罪と闘う） □ struggle with a difficult problem（難題に取り組む）	▸	□ The company has been struggling with high energy and labor costs.（その会社は高いエネルギー費と人件費に苦労している）

continued ▼

Check 1　Chants 》MP3-125

□ 1001
turn around
Part 5, 6

(経済など)**を好転させる**
名turnaround：(企業業績などの)好転、(黒字への)転換

□ 1002
converse with
Part 5, 6

～と話をする、談話する
名conversation：会話、対話、対談
形conversational：会話(体)の

□ 1003
go with
Part 2, 3

～に似合う、～と調和する、釣り合う(≒suit, match)

□ 1004
bargain with
Part 2, 3

～と交渉[取引]**する**(≒negotiate with)
名bargain：❶お買い得品、掘り出し物　❷契約、取引

□ 1005
bring out
Part 4

❶(製品など)**を市場に出す**、発表する　❷(…の)(才能など)を引き出す(in . . .)

□ 1006
go in for
Part 2, 3

❶**～に参加する**(≒join, take part in, participate in)、～を受ける　❷～を好む、趣味とする

□ 1007
inquire into
Part 7

～を調査する、調べる(≒look into, investigate)
➕inquire aboutは「～について尋ねる、問い合わせる」
名inquiry：❶(～についての)問い合わせ、質問(about ～)　❷(事件などの)調査(into ～)

□ 1008
strive for
Part 5, 6

～を目指して努力する(≒aim for)
名strife：争い、紛争

Day 62 》MP3-123
Quick Review
答えは右ページ下

□ ～を定期購読する	□ ～を厳守する	□ ～を配る	□ 車を片側に寄せる
□ ～に入学する	□ ～と合併する	□ 辞任する	□ ～を作成する
□ ～を配る	□ ～と交流する	□ ～を中止する	□ ～を終える
□ ～に従う	□ ～から生じる	□ ～に住む	□ ～に移る

Check 2 Phrase		Check 3 Sentence 》MP3-126
□ turn the economy around(経済を好転させる)	▸	□ The new CEO turned the company around in a year.(新CEOは1年でその会社を立て直した)
□ converse with him on the subject(その問題について彼と話をする)	▸	□ Teachers should have more opportunities to converse with their students.(教師たちは生徒たちと話をする機会をもっと持つべきだ)
□ a wine that goes with fish(魚に合うワイン)	▸	□ What kind of bag goes with this dress?(どんなバッグがこのドレスに似合うかしら?)
□ refuse to bargain with terrorists(テロリストらと取引するのを拒む)	▸	□ Unions bargained with employers for regular wage increases.(各労働組合は定期昇給を求めて雇用側と交渉した)
□ bring out a new car(新車を市場に出す) □ bring out the best in him(彼の最高の力を引き出す)	▸	□ Apple brought out the first PC in the mid-70s.(アップル社は70年代中盤に最初のパソコンを市場に出した)
□ go in for cosmetic surgery(整形手術を受ける) □ go in for soccer(サッカーが好きである)	▸	□ Are you planning to go in for the competition?(その競技会に参加するつもりですか?)
□ inquire into the cause of the accident(その事故の原因を調査する)	▸	□ The police inquired into the suspect's background.(警察は容疑者の経歴を調査した)
□ strive for perfection(完璧を目指して努力する)	▸	□ We have been striving for success.(私たちは成功を目指して努力している)

Day 62 》MP3-123
Quick Review
答えは左ページ下

□ subscribe to	□ adhere to	□ pass out	□ pull over
□ enroll in	□ merge with	□ step down	□ draw up
□ hand out	□ interact with	□ call off	□ wrap up
□ conform to	□ originate in	□ reside in	□ move on to

Day 64

動詞句3
「動詞＋副詞［前置詞］」型3

Check 1　Chants 》MP3-127

□ 1009
work out
Part 2, 3

❶（問題など）**を解く**、解決する（≒solve）　❷（費用など）を計算[算定]する（≒calculate）　❸～を理解する（≒understand）　❹うまくいく　❺練習[運動]する、体を鍛える
名workout：（練習）運動、トレーニング

□ 1010
buy out
Part 4

（会社など）**を買収する**（≒acquire）
名buyout：買収

□ 1011
consist in
Part 5, 6

（本質的なものが）**～にある**、存在する（≒lie in）　➕consist ofは「～から成り立つ、構成される」

□ 1012
hand over
Part 5, 6

❶**～を**（…に）**譲り渡す**（to . . .）　❷～を（…に）手渡す（to . . . ）

□ 1013
pull together
Part 4

協力する、協調する（≒cooperate）

□ 1014
speculate in
Part 7

（株など）**に投機する**、～を思惑買い[売り]する
名speculation：❶推測、推量　❷投機、思惑買い
名speculator：投機[投資]家

□ 1015
mark down
Part 4

～を値下げする

□ 1016
culminate in [with]
Part 7

ついに～となる（≒end in, result in）、～で最高潮に達する
名culmination：（通例the ～）最高点、絶頂

continued ▼

Quick Reviewは使ってる？　昨日覚えた表現でも、記憶に残っているとは限らない。学習の合間に軽くチェックするだけでも効果は抜群！

□ 聞くだけモード　Check 1
□ しっかりモード　Check 1 ▸ 2
□ かんぺきモード　Check 1 ▸ 2 ▸ 3

Check 2 Phrase		Check 3 Sentence 》MP3-128
□ work out the math problems（数学の問題を解く） □ work out the total cost of the project（プロジェクトの総費用を計算する）	▸	□ You must work out your own destiny.（自分の運命は自分で解決しなければならない）
□ buy out a competing company（競合会社を買収する）	▸	□ The bank announced its intention to buy out the US-based insurance company.（その銀行はアメリカに本社がある保険会社を買収する意図があることを発表した）
□ consist in living in accord with nature（[幸福などが] 自然と調和して生きることにある）	▸	□ He claimed that beauty consists in proportion and harmony.（美は均整と調和にあると彼は主張した）
□ hand over the command（指揮権を譲り渡す） □ hand over a document to him（書類を彼に手渡す）	▸	□ The company handed over its camera business to Sony.（その会社はカメラ事業をソニーに譲渡した）
□ pull together to complete the project（そのプロジェクトを終えるために協力する）	▸	□ We must all pull together to get through this economic crisis.（私たちはこの経済危機を乗り越えるために全員で協力しなければならない）
□ speculate in real estate（不動産に投機する）	▸	□ He made a fortune by speculating in stocks.（彼は株に投機して一財産を作った）
□ mark merchandise down（商品を値下げする）	▸	□ Everything has been marked down by 30 percent!（全品30パーセント引き！）➕広告の表現
□ culminate in the civil war（[対立などが] ついに内戦となる）	▸	□ The Watergate scandal culminated in the resignation of President Richard Nixon.（ウォーターゲート事件はついにはリチャード・ニクソン大統領の辞任へとつながった）

continued ▾

Check 1 Chants 》MP3-127

□ 1017 **plug in** Part 1	(電気器具)**をコンセントにつなぐ**、~のプラグを差し込む 名plug:❶プラグ ❷コンセント
□ 1018 **cater to** [for] Part 7	**~に必要な物を提供する**、~の要求を満たす 名catering:仕出し 名caterer:(宴会などの)仕出し屋、配膳業者
□ 1019 **discriminate against** Part 5, 6	**~を差別する** 名discrimination:(~に対する)差別(待遇)(against ~)
□ 1020 **elaborate on** Part 7	**~について詳しく述べる** 名elaboration:念入りに作ること、推敲 形elaborate:❶精巧[精密]な、手の込んだ ❷入念な 副elaborately:精巧に、入念に
□ 1021 **excel in** [at] Part 5, 6	**~に秀でている**、ずば抜けている 名excellence:(~における)優秀さ、卓越(in ~) 形excellent:素晴らしい、非常に優れた
□ 1022 **prevail in** [among] Part 5, 6	**~に普及している**、広がっている ➕prevail over [against]は「~に勝つ、勝る」 名prevalence:普及、流行 形prevailing:広く行き渡っている、一般的な
□ 1023 **check with** Part 2, 3	**~に相談する**、尋ねる(≒consult with)
□ 1024 **defer to** Part 5, 6	(敬意を払って)**~に従う**、譲る(≒yield to)

Day 63 》MP3-125
Quick Review
答えは右ページ下

□ ~を減らす	□ ~に入札する	□ ~を好転させる	□ ~を市場に出す
□ ~に戻る	□ ~を繰り越す	□ ~と話をする	□ ~に参加する
□ ~と衝突する	□ ~の代理をする	□ ~に似合う	□ ~を調査する
□ ~を除外する	□ ~と闘う	□ ~と交渉する	□ ~を目指して努力する

Check 2 Phrase

Check 3 Sentence 》MP3-128

□ plug in the DVD player（DVDプレーヤーをコンセントにつなぐ）
▸ □ The man is plugging in the appliance.（男性は電気器具をコンセントにつないでいる）

□ a restaurant catering to families（家族向けのレストラン）
▸ □ The retail store caters mainly to young females.（その小売店は若い女性を主に相手にしている）

□ discriminate against minorities（少数民族を差別する）
▸ □ We must not discriminate against people with disabilities.（障害のある人々を差別してはならない）

□ elaborate on the reasons for ～（～の理由について詳しく述べる）
▸ □ The minister refused to elaborate on the status of the talks.（その大臣は会談の状況について詳述するのを拒んだ）

□ excel in math（数学に秀でている）
▸ □ She especially excels in English.（彼女はとりわけ英語に秀でている）

□ customs prevailing in the region（その地域に普及している習慣）
▸ □ A pessimistic mood prevails in the stock market.（悲観的な雰囲気が株式市場に広がっている）

□ check with a lawyer（弁護士に相談する）
▸ □ He checked with his boss if his vacation schedule could be changed.（彼は休暇の予定が変えられるかどうか上司に相談した）

□ defer to one's boss（上司に従う）
□ defer to the court's decision（裁判所の判決に従う）
▸ □ We should defer to him on this issue.（私たちはこの問題については彼に従うべきだ）

Day 63 》MP3-125
Quick Review
答えは左ページ下

□ cut down	□ bid for	□ turn around	□ bring out
□ revert to	□ carry over	□ converse with	□ go in for
□ collide with	□ fill in for	□ go with	□ inquire into
□ rule out	□ struggle with	□ bargain with	□ strive for

Day 65

動詞句4
「動詞＋A＋前置詞＋B」型1

Check 1 Chants 》MP3-129

☐ 1025
notify A **of** B
Part 5, 6
▸
AにBを知らせる、通知[通告]する(≒inform A of [about] B)
名notification：通知、通告
▸

☐ 1026
reimburse A **for** B
Part 5, 6
▸
AにB(経費など)**を返済する**
名reimbursement：払い戻し、返済
▸

☐ 1027
prop up A **against** B
Part 1
▸
AをBに寄りかける、もたせかける
名prop：支え、支柱
▸

☐ 1028
compensate A **for** B
Part 5, 6
▸
AにB(損害など)**の補償**[賠償]**をする** ➕compensate forは「(損失など)の埋め合わせをする」
名compensation：❶(〜に対する)補償[賠償](金)(for 〜) ❷報酬
▸

☐ 1029
prescribe A **for** B
Part 7
▸
A(薬)**をB**(人・病気)**に処方する**
名prescription：処方箋
▸

☐ 1030
integrate A **with** B
Part 5, 6
▸
AをBと統合する、結びつける(≒combine A with B)
名integration：統合
形integrated：統合[一体化]された
▸

☐ 1031
allocate A **to** B
Part 5, 6
▸
AをBに割り当てる、配分する(≒assign A to B, allot A to B) ➕allocate A for Bは「AをBのために取っておく」
名allocation：割り当て、配分、割当量[額]
▸

☐ 1032
designate A **as** [for] B
Part 7
▸
AをBに指名[任命、指定]**する**
名designation：指名、任命、指定
形designated：指定[指名]された
▸

continued ▼

今日と明日は、「動詞＋A＋前置詞＋B」型の表現をチェック！　まずはチャンツを聞いて、表現を「耳」からインプットしよう。

□ 聞くだけモード　Check 1
□ しっかりモード　Check 1 ▸ 2
□ かんぺきモード　Check 1 ▸ 2 ▸ 3

Check 2 Phrase	Check 3 Sentence 》MP3-130
□ notify employees of schedule changes（従業員に予定の変更を知らせる） ▸	□ Employees were notified of the layoffs via e-mail.（従業員らは電子メールで解雇を知らされた）
□ reimburse him for all expenses（彼に全経費を返済する） ▸	□ Employees are reimbursed for travel and business related expenses.（従業員は交通費および業務に関連した経費を返済される）
□ prop up a ladder against the wall（はしごを壁に寄りかける） ▸	□ The bicycle is propped up against a fence.（自転車がフェンスに寄りかけられている）
□ compensate him for damage（彼に損害の補償をする） ▸	□ Employees are entitled to be compensated for work-related injuries.（従業員は仕事に関連したけがの補償を受ける権利がある）
□ prescribe a drug for a patient [cough]（薬を患者に処方する［せき薬を処方する］） ▸	□ This medication is often prescribed for flu.（この薬はインフルエンザに処方されることが多い）
□ integrate play with learning（遊びを学習と統合する） ▸	□ You can easily integrate text with graphics with this software.（このソフトウエアを使えば文字を画像と簡単に組み合わせることができる）
□ allocate jobs to employees（仕事を従業員に割り当てる） ▸	□ Approximately 20 percent of the national budget was allocated to social security.（国家予算の約20パーセントが社会保障に割り当てられた）
□ designate him as team leader（彼をチームリーダーに指名する） ▸	□ Machu Picchu was designated as a World Heritage Site in 1983.（マチュピチュは1983年に世界遺産に指定された）

continued ▼

Check 1　Chants 》MP3-129

□ 1033
subtract A from B
Part 7

AをBから引く(≒deduct A from B)(⇔add A to B：AをBに加える)
名subtraction：引くこと、引き算

□ 1034
allocate A for B
Part 5, 6

AをBのために取っておく、充てる、計上する
➕allocate A to Bは「AをBに割り当てる」
名allocation：割り当て、配分、割当量[額]

□ 1035
dispense A to B
Part 4

AをBに分配する、分け与える
名dispenser：❶自動販売機　❷(銀行の)自動支払機

□ 1036
nominate A for [as] B
Part 5, 6

AをBに推薦[指名]する
名nomination：推薦[指名、任命]する[される]こと
名nominee：推薦[指名、任命]された人、候補者

□ 1037
donate A to B
Part 5, 6

AをBに寄付[寄贈]する(≒contribute A to [toward] B)
名donation：❶(～への)寄付、寄贈(to ～)　❷(～への)寄付金、寄贈品(to ～)
名donor：❶寄贈者　❷(臓器などの)提供者、献血者

□ 1038
tailor A to [for] B
Part 7

Bに合わせてAを用意する

□ 1039
diagnose A with [as] B
Part 2, 3

AをBと診断する
名diagnosis：診断
形diagnostic：診断(上)の

□ 1040
exchange A with B
Part 5, 6

AをB(人)と取り交わす、交換し合う　➕exchange A for Bは「A(物)をB(物)と交換する」
名exchange：❶交換　❷両替、為替

Day 64 》MP3-127
Quick Review
答えは右ページ下

□ ～を解く
□ ～を買収する
□ ～にある
□ ～を譲り渡す
□ 協力する
□ ～に投機する
□ ～を値下げする
□ ついに～となる
□ ～をコンセントにつなぐ
□ ～に必要な物を提供する
□ ～を差別する
□ ～について詳しく述べる
□ ～に秀でている
□ ～に普及している
□ ～に相談する
□ ～に従う

Check 2 Phrase

Check 3 Sentence MP3-130

- □ subtract 4 from 6（6から4を引く）
  ▸ □ Subtract 11 from 28 and you have 17.（28引く11は17）

- □ allocate money for future expenses（将来の出費のためにお金を取っておく）
  ▸ □ The government allocated $30 million for disaster relief.（政府は災害救済に3000万ドルを充てた）

- □ dispense medications to patients（患者たちに薬を分配する）
  ▸ □ The volunteers dispensed food and clothing to the disaster victims.（ボランティアたちは食料と衣服を被災者たちに配った）

- □ be nominated for president（大統領候補に推薦される）
  ▸ □ The actor was nominated for an Academy Award.（その俳優はアカデミー賞にノミネートされた）

- □ donate $2,000 to the Red Cross（2000ドルを赤十字社に寄付する）
  ▸ □ All proceeds from the event will be donated to local charities.（そのイベントの全収益は地元の慈善団体に寄付される予定だ）

- □ tailor treatment to an individual patient（個々の患者に合わせて治療を用意する）
  ▸ □ We tailor our products to our customers' needs.（当社は消費者のニーズに合わせて製品を用意している）

- □ diagnose him with [as having] diabetes（彼を糖尿病と診断する）
  ▸ □ She was diagnosed with appendicitis.（彼女は盲腸と診断された）

- □ exchange greetings [words] with ～（～とあいさつ[言葉]を交わす）
  ▸ □ The president exchanged views with the Japanese prime minister.（大統領は日本の首相と意見を交換し合った）

Day 64 MP3-127 Quick Review
答えは左ページ下

□ work out	□ pull together	□ plug in	□ excel in
□ buy out	□ speculate in	□ cater to	□ prevail in
□ consist in	□ mark down	□ discriminate against	□ check with
□ hand over	□ culminate in	□ elaborate on	□ defer to

Day 66 動詞句5 「動詞＋A＋前置詞＋B」型2

Check 1 Chants 》MP3-131

□ 1041
derive A **from** B
Part 5, 6
▶
BからA(利益など)**を得る**、引き出す(≒get A from B, obtain A from B)
▶

□ 1042
reprimand A **for** B
Part 5, 6
▶
AをBの理由で叱責[懲戒]**する**(≒accuse A of B, blame A for B, criticize A for B, condemn A for B, rebuke A for B)
名reprimand：叱責、懲戒
▶

□ 1043
hook up A **to** B
Part 2, 3
▶
AをBに接続する、つなぐ(≒connect A to B)
名hook：かぎ、留め金、フック
▶

□ 1044
exclude A **from** B
Part 5, 6
▶
AをBから締め出す、AをBから除外する
名exclusion：(～からの)除外、排除(from ～)
形exclusive：❶独占的な ❷排他的な ❸高級な
副exclusively：専ら、全く～のみ、独占[排他]的に
前excluding：～を除いて
▶

□ 1045
interpret A **as** B
Part 5, 6
▶
AをBだと解釈[理解]**する**
名interpretation：❶解釈、説明 ❷通訳
名interpreter：通訳者
▶

□ 1046
levy A **on** B
Part 7
▶
A(税金など)**をBに課す**、賦課する(≒impose A on B)
名levy：(～に対する)徴税(on ～)
▶

□ 1047
abbreviate A **as** [to] B
Part 7
▶
AをBに短縮[省略]**する**
名abbreviation：(～の)省略形、略語(of [for] ～)
▶

□ 1048
adjust A **to** B
Part 5, 6
▶
AをBに合わせる、適合させる
名adjustment：❶調整、調節 ❷適応
形adjustable：調節[調整]できる
▶

continued ▼

「動詞＋A＋前置詞＋B」型の表現は、Aを主語にした受け身の文で使われることも多い。その場合の語順もしっかり押さえておこう。

□ 聞くだけモード　Check 1
□ しっかりモード　Check 1 ▶ 2
□ かんぺきモード　Check 1 ▶ 2 ▶ 3

Check 2 Phrase		Check 3 Sentence 》MP3-132
□ derive pleasure from reading(読書から喜びを得る)	▶	□ I derive great satisfaction from my work.(私は自分の仕事から大きな満足感を得ている)
□ reprimand him for breaking a company policy(会社の方針を破った理由で彼を叱責する)	▶	□ Her boss reprimanded her for arriving at work late.(彼女の上司は職場に遅刻したことで彼女を叱責した)
□ hook up an external hard drive to a laptop(外づけハードドライブをラップトップコンピューターに接続する)	▶	□ Do you know how to hook up my computer to the Internet?(私のコンピューターをどうやってインターネットに接続するか分かりますか?)
□ exclude women from politics(女性を政治から締め出す) □ exclude his name from the list(彼の名前をリストから除外する)	▶	□ The student has been excluded from school for misbehavior.(その生徒は非行が原因で停学になっている)
□ interpret his remarks as a threat(彼の発言を脅迫と解釈する)	▶	□ I interpreted his silence as tacit approval.(私は彼の沈黙を暗黙の了解だと解釈した)
□ levy a tax on alcohol(アルコール飲料に税金を課す)	▶	□ Personal income tax is levied on income earned between January 1 and December 31.(個人所得税は1月1日から12月31日の間に得られた収入に対して課せられる)
□ be abbreviated as CEO([Chief Executive Officer＝最高経営責任者は]CEOに短縮される)	▶	□ Gigabyte is often abbreviated as GB.(ギガバイトはしばしばGBに短縮される)
□ adjust the seat to a comfortable position(座席を快適な位置に合わせる) □ adjust oneself to the new environment(新しい環境に慣れる)	▶	□ Please adjust your monitor settings to "1024 x 768" resolution.(モニターの設定を「1024×768」の解像度に合わせてください)

continued ▼

Check 1 Chants 》MP3-131

□ 1049 **caution** A **about** [against] B Part 5, 6	**AにBを用心させる**、警告[注意]する(≒warn A of [about] B) 名caution：❶用心、注意、警戒 ❷警告 形cautious：(be cautious about [of]で)～に注意[用心]深い、慎重である
□ 1050 **characterize** A **as** B Part 5, 6	**AをBであると述べる**、見なす、描く 名character：❶性格、個性 ❷登場人物 ❸文字 名characteristic：(通例～s)特徴、特性、特質 形characteristic：❶典型[特徴]的な ❷(be characteristic ofで)～に特有[特徴的]である
□ 1051 **exempt** A **from** B Part 7	**AのB**(義務など)**を免除する**(≒excuse A from B) 名exemption：❶(課税対象からの)控除(額) ❷(～の)免除(from ～) 形exempt：(be exempt fromで)～を免除されている
□ 1052 **weigh** A **against** B Part 7	**AをBと比較検討**[考察]**する** 名weight：❶重さ、体重 ❷重み
□ 1053 **allot** A **to** B Part 7	**AをBに割り当てる**、分配する(≒assign A to B, allocate A to B) 名allotment：割り当て、分配
□ 1054 **adorn** A **with** B Part 5, 6	**AをBで飾る**(≒decorate A with B)
□ 1055 **earmark** A **for** B Part 7	**A**(資金など)**をBのために取っておく**、充てる(≒allocate A for B)
□ 1056 **immerse** A **in** B Part 5, 6	**AをBに浸す**、沈める 名immersion：❶没頭 ❷(～に)浸すこと(in ～)

304 ▸ 305

Day 65 》MP3-129
Quick Review
答えは右ページ下

□ AにBを知らせる	□ AをBに処方する	□ AをBから引く	□ AをBに寄付する
□ AにBを返済する	□ AをBと統合する	□ AをBのために取っておく	□ Bに合わせてAを用意する
□ AをBに寄りかける	□ AをBに割り当てる	□ AをBに分配する	□ AをBと診断する
□ AにBの補償をする	□ AをBに指名する	□ AをBに推薦する	□ AをBと取り交わす

Check 2 Phrase		Check 3 Sentence 》MP3-132
□ caution him about speeding (彼にスピードの出し過ぎを注意する)	▶	□ The police have cautioned senior citizens about telephone fraud.(警察は高齢者に電話詐欺に用心するよう呼びかけている)
□ characterize the situation as serious(状況を深刻だと述べる)	▶	□ The analyst characterized the Chinese economy as "overheated."(そのアナリストは中国経済を「インフレ気味」だと述べた)
□ exempt him from the exam (彼の試験を免除する)	▶	□ Some types of non-profit organizations are exempted from paying income tax.(ある種の非営利団体は所得税の支払いを免除されている)
□ weigh costs against benefits (経費を収益と比較検討する)	▶	□ Economic benefits must be weighed against potential dangers to the environment.(経済的利益は自然環境に与え得る危険と比較検討されなければならない)
□ allot tasks to everyone(全員に仕事を割り当てる)	▶	□ Twenty minutes was allotted to each speaker.(各演説者に20分が割り当てられた)
□ adorn a room with flowers (部屋を花で飾る) □ adorn oneself with ~(~で身を飾る)	▶	□ The Christmas tree was adorned with many ornaments.(そのクリスマスツリーはたくさんの装飾品で飾られていた)
□ earmark funds for future use(資金を将来使うために取っておく)	▶	□ Approximately 6 percent of GDP will be earmarked for education.(GDPの約6パーセントが教育に充てられる予定だ)
□ immerse cabbage in boiling water(キャベツを熱湯に浸す) □ immerse oneself in ~([仕事など]に没頭する)	▶	□ Immerse the eggs in cold water before peeling them.(殻をむく前に、卵を冷水に浸してください)

Day 65 》MP3-129
Quick Review
答えは左ページ下

□ notify A of B	□ prescribe A for B	□ subtract A from B	□ donate A to B
□ reimburse A for B	□ integrate A with B	□ allocate A for B	□ tailor A to B
□ prop up A against B	□ allocate A to B	□ dispense A to B	□ diagnose A with B
□ compensate A for B	□ designate A as B	□ nominate A for B	□ exchange A with B

Day 67

動詞句6
「be動詞＋形容詞＋前置詞」型1

Check 1　Chants 》MP3-133

□ 1057
be eligible for
Part 5, 6

～の資格がある
名eligibility：適格、適任

□ 1058
be exempt from
Part 7

～を免除されている(≒be immune from)
名exemption：❶(課税対象からの)控除(額)　❷(～の)免除(from ～)
動exempt：(exempt A from Bで)AのB(義務など)を免除する

□ 1059
be comparable to [with]
Part 5, 6

～と(ほぼ)同等である(≒be similar to)
名comparison：(～との)比較(with [to] ～)
動compare：(compare A to [with] Bで)❶AをBと比較する　❷AをBに例える
副comparatively：比較的(に)、比較して

□ 1060
be equipped with
Part 4

～が備えつけられている、装備されている
名equipment：(集合的に)装置、器具類

□ 1061
be liable for
Part 7

～に対して法的責任がある(≒be responsible for)
名liability：❶(～に対する)法的責任(for ～)　❷(～ies)負債、債務

□ 1062
be commensurate with
Part 5, 6

～に相応[対応]している、ふさわしい

□ 1063
be applicable to
Part 5, 6

～に適用[応用]できる
名application：❶申し込み(書)　❷利用、適用
動apply：❶(apply forで)～を申し込む　❷(apply toで)(規則などが)～に適用される　❸(apply A to Bで)AをBに適用[応用、利用]する

□ 1064
be enthusiastic about
Part 2, 3

～に熱中している、夢中になっている
名enthusiasm：(～に対する)熱意、熱狂、強い興味(for ～)
名enthusiast：熱中している人
副enthusiastically：熱心[熱烈]に

continued ▼

今日と明日は、「be動詞＋形容詞＋前置詞」型の表現をチェック！　まずはチャンツを聞いて、表現を「耳」からインプット！

□ 聞くだけモード　Check 1
□ しっかりモード　Check 1 ▸ 2
□ かんぺきモード　Check 1 ▸ 2 ▸ 3

Check 2　Phrase		Check 3　Sentence 》MP3-134
□ be eligible for child care leave（育児休暇をもらう資格がある）	▸	□ People over 65 are eligible for Medicare.（65歳超の人々はメディケア［＝高齢者医療保険制度］を受ける資格がある）
□ be exempt from military service（兵役を免除されている）	▸	□ Registered religious organizations are exempt from income tax.（認可された宗教法人は所得税を免除されている）
□ be comparable to ~ in size [quality]（～と規模［品質］が同等である）	▸	□ Our prices are comparable to other supermarkets'.（当店の価格はほかのスーパーマーケットと同じだ）
□ be equipped with furniture（家具が備えつけられている）	▸	□ All hotel rooms are equipped with satellite TV, telephone, and Internet connection.（ホテルの全室には衛星テレビ、電話、そしてインターネット接続が装備されている）
□ be liable for a debt（負債を支払う法的責任がある）	▸	□ Manufacturers are liable for damages or injuries caused by their products.（メーカーは製品が原因の損害やけがに対して法的責任がある）
□ punishment commensurate with the crime（犯罪に相応した刑罰）	▸	□ Salary is commensurate with your experience and qualifications.（給与は経験と資格に応じる）➕求人広告の表現
□ rules applicable to all employees（全従業員に適用される規則）	▸	□ The legislation is applicable to companies with more than 50 employees.（その法律は従業員50人以上の企業に適用される）
□ be enthusiastic about golf（ゴルフに熱中している）	▸	□ My child is enthusiastic about going to school every day.（私の子どもは毎日学校に行くことに夢中になっている）

continued
▼

Check 1 Chants 》MP3-133

□ 1065
be devoted to
Part 5, 6

～に献身[専念]**している**(≒be dedicated to, be committed to)
名devotion：(～への)献身、専念(to ～)
動devote：❶(devote A to Bで)A(時間など)をBにささげる ❷(devote oneself toで)～に専念する

□ 1066
be frustrated with [at]
Part 5, 6

～に不満を持っている、いら立っている
名frustration：欲求不満、フラストレーション
動frustrate：～をいら立たせる
形frustrating：いら立たしい

□ 1067
be grateful (to A) **for**
Part 4

(Aに)**～のことで感謝している**
副gratefully：感謝して、喜んで

□ 1068
be adaptable to
Part 7

～に適合[適応、順応]**できる**
名adaptation：(～への)適合、適応(to ～)
動adapt：❶(adapt A to Bで)AをBに適合[適応、順応]させる ❷(adapt toで)(環境など)に適応[順応]する

□ 1069
be affiliated with [to]
Part 7

～の系列下である、～に付属している
名affiliate：系列[関連]会社、付属機関
名affiliation：❶(～との)提携、合併(with ～) ❷所属、加入

□ 1070
be skeptical about [of]
Part 5, 6

～を疑っている、～に懐疑的である
名skeptic：懐疑論者、疑い深い人
名skepticism：懐疑的な態度

□ 1071
be fed up with
Part 2, 3

～にうんざりしている、あきあきしている(≒be tired of, be sick of, be bored with, be weary of)

□ 1072
be vulnerable to
Part 5, 6

❶(人が)**～に弱点がある**、傷つきやすい(⇔be invulnerable to) ❷(場所などが)(攻撃など)に弱い

Day 66 》MP3-131
Quick Review
答えは右ページ下

□ BからAを得る □ AをBだと解釈する □ AにBを用心させる □ AをBに割り当てる
□ AをBの理由で叱責する □ AをBに課す □ AをBであると述べる □ AをBで飾る
□ AをBに接続する □ AをBに短縮する □ AのBを免除する □ AをBのために取っておく
□ AをBから締め出す □ AをBに合わせる □ AをBと比較検討する □ AをBに浸す

Check 2 Phrase		Check 3 Sentence 》MP3-134
□ be devoted to one's study(学業に専念している)	▶	□ She is devoted to helping the poor.(彼女は貧者の救済に献身している)
□ be frustrated with one's job(仕事に不満を持っている)	▶	□ More and more people have grown frustrated with politics.(より多くの人々が政治に不満を持つようになっている)
□ be grateful for his support(彼の支援に感謝している)	▶	□ I am really grateful for your advice.(ご助言に本当に感謝しています)
□ be adaptable to change(変化に適応できる)	▶	□ The workout is adaptable to all fitness levels.(そのトレーニングはすべての健康レベルに適合できる)
□ a hospital affiliated with the university(その大学の付属病院)	▶	□ The station is affiliated with NBC.(その放送局はNBC系列だ)
□ be skeptical about the credibility of ~(~の信憑性を疑っている)	▶	□ Some economists are skeptical about the feasibility of the government's economic plan.(政府の経済計画の実現性を疑っている経済学者もいる)
□ be fed up with his complaints(彼の愚痴にうんざりしている)	▶	□ She is getting fed up with her job.(彼女は仕事にうんざりしてきている)
□ be vulnerable to temptation(誘惑に弱い) □ a position vulnerable to attack(攻撃に弱い場所)	▶	□ She is vulnerable to pressure.(彼女はプレッシャーに弱い)

Day 66 》MP3-131
Quick Review
答えは左ページ下

□ derive A from B	□ interpret A as B	□ caution A about B	□ allot A to B
□ reprimand A for B	□ levy A on B	□ characterize A as B	□ adorn A with B
□ hook up A to B	□ abbreviate A as B	□ exempt A from B	□ earmark A for B
□ exclude A from B	□ adjust A to B	□ weigh A against B	□ immerse A in B

Day 68 動詞句7
「be動詞＋形容詞＋前置詞」型2

Check 1　Chants))) MP3-135

□ 1073
be overwhelmed by [with]
Part 5, 6
▸
～に圧倒されている
形overwhelming：圧倒的な
▸

□ 1074
be preferable to
Part 5, 6
▸
～より好ましい、望ましい
名preference：❶好み　❷優先
動prefer：❶(…より)～を好む(to . . .)　❷(prefer to doで)～することが好きである
副preferably：できれば、希望を言えば
▸

□ 1075
be contingent on [upon]
Part 7
▸
～次第である、～を条件としている(≒be dependent on)
名contingent：代表団、派遣団
名contingency：不慮の事故、偶発的事件
▸

□ 1076
be fascinated by [with]
Part 5, 6
▸
～に魅了されている、うっとりしている(≒be captivated by)
動fascinate：～を魅了[魅惑]する
名fascination：魅了[魅惑](された状態)
形fascinating：魅力[魅惑]的な
▸

□ 1077
be stranded at [in, on]
Part 4
▸
～に取り残されている、立ち往生している
▸

□ 1078
be accountable for
Part 7
▸
～についての(説明する)**責任がある**(≒be responsible for)
名accountability：(説明)責任
動account：(account forで)❶(ある割合)を占める　❷～(の理由・原因)を説明する
▸

□ 1079
be attentive to
Part 5, 6
▸
❶**～に注意深い**　❷～に思いやりがある、気を使う
名attention：❶(～への)注意(to ～)　❷(～への)配慮(to ～)
副attentively：注意深く
▸

□ 1080
be identical to [with]
Part 7
▸
～と全く同じである　➕be similar toは「～と(よく)似ている」
▸

continued ▼

今日でChapter 8は最後！　時間に余裕があったら、章末のReviewにも挑戦しておこう。忘れてしまった表現も結構あるのでは?!

□ 聞くだけモード　Check 1
□ しっかりモード　Check 1 ▸ 2
□ かんぺきモード　Check 1 ▸ 2 ▸ 3

Check 2 Phrase	Check 3 Sentence ») MP3-136
□ be overwhelmed by grief(悲しみに圧倒されている) □ be completely overwhelmed by ～(～に完全に圧倒されている)	□ I was overwhelmed by the beauty of the landscape.(私はその景色の美しさに圧倒された)
□ be preferable to anything else(ほかの何よりも望ましい)	□ Peaceful coexistence is definitely preferable to war.(平和的共存のほうが戦争より絶対に好ましい)
□ be contingent on the weather([予定などが]天気次第である)	□ Success is contingent on one's own efforts.(成功はその人自身の努力次第だ)
□ be fascinated by abstract art(抽象芸術に魅了されている)	□ I've always been fascinated by history.(私はずっと歴史に魅了されてきた)
□ people stranded at sea(海に取り残された人々)	□ Thousands of passengers were stranded at the airport due to cancellations.(欠航のため何千人もの乗客が空港で足止めを食った)
□ be accountable for errors(過失についての説明責任がある)	□ Management must be accountable for their decisions and actions.(経営陣は自らの決定と行動の責任を負わなければならない)
□ be attentive to what is being said(話されていることを注意深く聞く) □ be attentive to guests(客に気を使う)	□ You should be more attentive to your health.(あなたは健康にもっと注意したほうがいい)
□ be nearly [almost] identical to ～(～とほぼ全く同じである)	□ My car is identical to his.(私の車は彼の車と全く同じだ)

continued ▼

Check 1 Chants MP3-135

□ 1081
be incompatible with
Part 7

❶(事が)**～と相いれない**、両立しない、矛盾している ❷～と互換性がない

□ 1082
be infected with
Part 2, 3

～に感染している
名infection：❶伝染病、感染症 ❷伝染、感染
形infectious：伝染性の、伝染病の

□ 1083
be reconciled with
Part 5, 6

～と和解[仲直り]**する**
名reconciliation：(～の間の／…との)和解、調和(between ～/with . . .)

□ 1084
be dissatisfied with
Part 5, 6

～に満足していない、不満である(⇔be satisfied with)
名dissatisfaction：(～に対する)不満、不平(with ～)

□ 1085
be allergic to
Part 2, 3

❶**～に対してアレルギーがある** ❷～が大嫌いである
名allergy：(～に対する)アレルギー(to ～)

□ 1086
be immune from
Part 7

～を免れている、免除されている(≒be exempt from) ➕be immune toは「(伝染病など)に免疫がある、～に影響されない」
名immunity：❶(病気などに対する)免疫(性)(against [to] ～) ❷(義務などの)免除、免責(from ～)

□ 1087
be averse to
Part 5, 6

～を(ひどく)**嫌っている** ➕しばしば否定文で用いられ、「嫌いではない＝好きだ」を表す

□ 1088
be adept at [in]
Part 5, 6

～がうまい、～に熟達[熟練]している(≒be good at)
名adept：(～の)達人、名人(at [in] ～)

Day 67 MP3-133
Quick Review
答えは右ページ下

□ ～の資格がある	□ ～に対して法的責任がある	□ ～に献身している	□ ～の系列下である
□ ～を免除されている	□ ～に相応している	□ ～に不満を持っている	□ ～を疑っている
□ ～と同等である	□ ～に適用できる	□ ～のことで感謝している	□ ～にうんざりしている
□ ～が備えつけられている	□ ～に熱中している	□ ～に適合できる	□ ～に弱点がある

Check 2 Phrase	Check 3 Sentence MP3-136
□ be incompatible with the facts（事実と矛盾している） □ software incompatible with Windows 10（ウィンドウズ10と互換性のないソフトウエア）	□ Some people say that the market economy is incompatible with sustainable development.（市場経済は持続可能な開発と相いれないと言う人もいる）
□ be infected with tuberculosis（結核に感染している）	□ About one in five Americans is infected with influenza every year.（毎年、アメリカ人の約5人に1人がインフルエンザに感染する）
□ be reconciled with one's former enemy（以前の敵と和解する）	□ He wants to be reconciled with his girlfriend.（彼はガールフレンドと仲直りしたいと思っている）
□ be dissatisfied with one's job（仕事に満足していない）	□ According to the survey, more than a third of respondents are dissatisfied with their salaries.（その調査によると、回答者の3分の1以上が給料に満足していない）
□ be allergic to milk（牛乳に対してアレルギーがある） □ be allergic to math（数学が大嫌いである）	□ I'm allergic to cedar pollen.（私はスギ花粉アレルギーだ）
□ be immune from taxation（税を免除されている）	□ The officer will be immune from prosecution.（その役人は起訴を免れるだろう）
□ be not averse to the occasional glass of wine（時々ワインを飲むのは嫌いではない＝好きだ）	□ He is averse to taking advice from others.（彼はほかの人のアドバイスに従うのが嫌いだ）
□ be adept at sewing（裁縫がうまい）	□ She is very adept at English.（彼女は英語がとても上手だ）

Day 67 MP3-133
Quick Review
答えは左ページ下

□ be eligible for	□ be liable for	□ be devoted to	□ be affiliated with
□ be exempt from	□ be commensurate with	□ be frustrated with	□ be skeptical about
□ be comparable to	□ be applicable to	□ be grateful for	□ be fed up with
□ be equipped with	□ be enthusiastic about	□ be adaptable to	□ be vulnerable to

Chapter 8 Review

左ページの(1)～(20)の熟語の同意熟語・類義熟語（または同意語・類義語）（≒）を右ページのA～Tから選び、カッコの中に答えを書き込もう。意味が分からないときは、見出し番号を参照して復習しておこう（答えは右ページ下）。

- □ (1) hand out (0979) ≒は? (　　)
- □ (2) conform to (0980) ≒は? (　　)
- □ (3) step down (0986) ≒は? (　　)
- □ (4) cut down (0993) ≒は? (　　)
- □ (5) revert to (0994) ≒は? (　　)
- □ (6) rule out (0996) ≒は? (　　)
- □ (7) consist in (1011) ≒は? (　　)
- □ (8) pull together (1013) ≒は? (　　)
- □ (9) check with (1023) ≒は? (　　)
- □ (10) notify A of B (1025) ≒は? (　　)
- □ (11) integrate A with B (1030) ≒は? (　　)
- □ (12) allocate A to B (1031) ≒は? (　　)
- □ (13) derive A from B (1041) ≒は? (　　)
- □ (14) levy A on B (1046) ≒は? (　　)
- □ (15) adorn A with B (1054) ≒は? (　　)
- □ (16) be comparable to (1059) ≒は? (　　)
- □ (17) be devoted to (1065) ≒は? (　　)
- □ (18) be fed up with (1071) ≒は? (　　)
- □ (19) be accountable for (1078) ≒は? (　　)
- □ (20) be adept at (1088) ≒は? (　　)

A. reduce
B. impose A on B
C. exclude
D. inform A of B
E. distribute
F. obtain A from B
G. lie in
H. return to
I. be dedicated to
J. allot A to B
K. comply with
L. be responsible for
M. be similar to
N. cooperate
O. combine A with B
P. be good at
Q. resign
R. decorate A with B
S. consult with
T. be tired of

【解答】(1) E (2) K (3) Q (4) A (5) H (6) C (7) G (8) N (9) S (10) D
(11) O (12) J (13) F (14) B (15) R (16) M (17) I (18) T (19) L (20) P

CHAPTER 9
形容詞句・副詞句

Chapter 9では、数語で1つの形容詞・副詞の働きをする熟語をチェック。どれも「固まり」で覚えるのがポイントです。本書も残りわずか2日。ゴールを目指してラストスパートをかけましょう！

TOEIC的格言

All's well that ends well.

終わりよければすべてよし。
[直訳] よく終わるものはすべてよい。

形容詞句・副詞句1

Check 1 Chants MP3-137

□ 1089
in the meantime
Part 4

それまでは、その間に(≒meanwhile, in the meanwhile) ➕for the meantimeは「差し当たって、今のところは」

□ 1090
around the clock
Part 7

24時間ぶっ通しで
形around-the-clock：24時間連続[営業]の

□ 1091
in writing
Part 7

文書で、書面で ➕「口頭で」はorally

□ 1092
in the long run
Part 4

長い目で見れば、結局は(≒eventually, in the end)
(⇔in the short run：短期的に見れば)

□ 1093
behind [at] the wheel
Part 1

車を運転して
名wheel：(車の)ハンドル

□ 1094
at any rate
Part 2, 3

とにかく、いずれにしても(≒anyway)

□ 1095
by word of mouth
Part 7

口コミ[口づて]で
名word of mouth：口コミ、口づて
形word-of-mouth：口コミ[口づて]の

□ 1096
in demand
Part 5, 6

需要がある
名demand：❶(～の)需要(for ～) ❷(～を求める)要求(for ～)
動demand：～を(…に)要求する(of [from] . . .)
形demanding：❶(仕事が)きつい ❷(人が)要求の厳しい

continued ▼

Chapter 9では、2日をかけて形容詞句・副詞句32をチェック。まずはチャンツを聞いて、表現を「耳」からインプットしよう。

□ 聞くだけモード　Check 1
□ しっかりモード　Check 1 ▸ 2
□ かんぺきモード　Check 1 ▸ 2 ▸ 3

Check 2 Phrase & Sentence		Check 3 Sentence 》MP3-138
□ He will be here soon, so in the meantime, please wait here.（彼は間もなくやって来ますので、その間ここでお待ちください）	▸	□ In the meantime, take care of yourself.（それまで、お元気で）➕別れのあいさつ
□ work around the clock（24時間ぶっ通しで働く）	▸	□ The store is open around the clock.（その店は24時間営業だ）
□ put ~ in writing（~を文書化する） □ get an agreement in writing（書面で承諾を得る）	▸	□ An employment contract must be concluded in writing.（雇用契約は文書で結ばれなければならない）
□ Hard work will pay off in the long run.（長い目で見れば、勤勉は報われる）	▸	□ In the long run, the economy will return to its normal state.（長い目で見れば、経済は通常の状態に戻るだろう）
□ the man behind the wheel（運転手）	▸	□ The woman is behind the wheel.（女性は車を運転している）
□ That's what he said, at any rate.（とにかく、それが彼の言ったことだ）	▸	□ At any rate, we must leave right now.（とにかく、私たちは今すぐ出発しなければならない）
□ spread by word of mouth（[ニュースなどが]口コミで広がる）	▸	□ I learned about the restaurant by word of mouth.（私はそのレストランのことを口コミで知った）
□ be in great demand（非常に需要がある） □ goods in demand（需要のある商品）	▸	□ Healthcare jobs are always in demand.（医療職は常に需要がある）

continued ▼

Check 1 Chants 》MP3-137

□ 1097 **at stake** Part 5, 6	❶**危険に瀕して**(≒at risk) ❷賭けられて 名stake：賭け
□ 1098 **on hand** Part 2, 3	❶**手元にある**、手持ちの ❷出席して、近くに居合わせて ➕at handは「(空間・時間的に)近くに[の]」
□ 1099 **out of print** Part 2, 3	**絶版になって**(⇔in print：出版されて) 名print：出版物
□ 1100 **out of service** Part 1	**使用**[運転]**中止になって**(⇔in service)
□ 1101 **as it is** Part 2, 3	**そのままにして**
□ 1102 **at fault** Part 5, 6	(～の)**責任**[罪]**がある**(for [in] ～) 名fault：(過失の)責任
□ 1103 **at no time** Part 5, 6	**決して～ない**[しない] ➕in no timeは「すぐに」
□ 1104 **beyond one's control** Part 5, 6	**どうすることもできない**、手に負えない 名control：制御

320 ▸ 321

Day 68 》MP3-135
Quick Review
答えは右ページ下

□ ～に圧倒されている	□ ～に取り残されている	□ ～と相いれない	□ ～に対してアレルギーがある
□ ～より好ましい	□ ～についての責任がある	□ ～に感染している	□ ～を免れている
□ ～次第である	□ ～に注意深い	□ ～と和解する	□ ～を嫌っている
□ ～に魅了されている	□ ～と全く同じである	□ ～に満足していない	□ ～がうまい

Check 2 Phrase & Sentence

Check 3 Sentence MP3-138

□ My future is at stake here.
(今こそ私の未来がかかっている)

▶ □ The company's survival is at stake.
(その会社の存続が危機に瀕している)

□ A doctor and a nurse will be on hand in case of emergency.
(医者と看護師1人ずつが緊急事態に備えて出席する予定だ)

▶ □ I have enough cash on hand to buy a new car.(私は新車を買うのに十分な現金が手元にある)

□ go out of print(絶版になる)

▶ □ The book went out of print very quickly.(その本はすぐに絶版になった)

□ be currently out of service
(現在、使用中止になっている)

▶ □ The escalator is out of service.(そのエスカレーターは使用中止になっている)

□ leave ~ as it is(~をそのままにしておく)

□ take ~ as it is(~をあるがままに受け入れる)

▶ □ Your essay is well organized as it is.(あなたの小論文はそのままでもよくまとまっている)

□ be at fault for the accident(その事故の責任がある)

▶ □ The court found the defendant at fault for infringing on copyright laws.(裁判所は被告に著作権侵害の罪があるとの判決を下した)

□ At no time have I ever said such a thing.(私はそんなことは決して言っていない)➕at no timeが文頭に来ると、疑問文の語順に倒置される

▶ □ At no time was he told about the danger of asbestos.(アスベストの危険について彼は決して知らされなかった)

□ circumstances beyond her control(彼女にはどうすることもできない事情)

▶ □ The global economic situation is beyond the government's control.
(世界の経済情勢は政府の手に負えなくなっている)

Day 68 MP3-135
Quick Review
答えは左ページ下

□ be overwhelmed by
□ be preferable to
□ be contingent on
□ be fascinated by

□ be stranded at
□ be accountable for
□ be attentive to
□ be identical to

□ be incompatible with
□ be infected with
□ be reconciled with
□ be dissatisfied with

□ be allergic to
□ be immune from
□ be averse to
□ be adept at

Day 70 形容詞句・副詞句2

Check 1 Chants 》MP3-139

□ 1105
by a wide margin
Part 5, 6

大差で(⇔by a narrow margin：僅差で)
名margin：(得票数などの)差

□ 1106
in question
Part 7

問題になっている、当該の(≒at issue)
名question：問題

□ 1107
in the first place
Part 4

まず第一に、そもそも(≒first, firstly)

□ 1108
on a budget
Part 7

限られた予算で、少ない経費で
名budget：予算

□ 1109
on one's hands and knees
Part 1

四つんばいになって
名knee：ひざ

□ 1110
on the market
Part 4

売りに出されて(≒on sale, on offer)

□ 1111
out of commission
Part 2, 3

使用不能の
名commission：任務

□ 1112
out of place
Part 5, 6

場違いの、その場にそぐわない
名place：場所

continued ▼

今日で『キクタンTOEIC L&Rテスト SCORE 990』も最後。ここまで続けてくれて本当にありがとう！ We're proud of you!!

□ 聞くだけモード Check 1
□ しっかりモード Check 1 ▸ 2
□ かんぺきモード Check 1 ▸ 2 ▸ 3

Check 2 Phrase & Sentence		Check 3 Sentence 》MP3-140
□ defeat ~ by a wide margin（～を大差で破る）	▸	□ The candidate won the election by a wide margin.（その候補者は大差で選挙に勝った）
□ the person in question（問題となっている人物、当人）	▸	□ The mayor didn't comment on the development project in question.（市長は問題となっている開発計画についてコメントしなかった）
□ You shouldn't have said that to her in the first place.（そもそもあなたはそのことを彼女に言うべきではなかった）	▸	□ In the first place, I would like to express my sincere appreciation to you.（まず第一に、あなたに心から感謝の意を表したいと思います）
□ live on a budget（限られた予算で生活する） □ on a tight budget（厳しい予算で）	▸	□ My son is travelling across Europe on a budget.（私の息子は限られた予算でヨーロッパ横断旅行をしている）
□ crawl on one's hands and knees（四つんばいになってはう、［赤ん坊が］はいはいする）	▸	□ The woman is on her hands and knees.（女性は四つんばいになっている）
□ put ~ on the market（～を売りに出す） □ come on the market（売り出される）	▸	□ We will put our house on the market.（私たちは自宅を売りに出す予定だ）
□ put ~ out of commission（～を使用不能にする）	▸	□ My car is currently out of commission.（私の車は現在、使えなくなっている）
□ feel out of place（場違いな感じがする） □ look out of place（場違いに見える）	▸	□ His remarks were completely out of place.（彼の発言は完全に場違いだった）

continued ▼

Check 1　Chants 》MP3-139

□ 1113
from scratch
Part 2, 3

ゼロから、最初から
名scratch：ひっかき傷、かすり傷

□ 1114
across the board
Part 5, 6

一律に、全面的に
形across-the-board：一律の、全面的な

□ 1115
all told
Part 7

合計[総計]**で**、全部で

□ 1116
at a stretch
Part 5, 6

連続して、立て続けに(≒continuously)
名stretch：一続きの期間

□ 1117
at this rate
Part 2, 3

この調子で(は)、この分だと
名rate：速度、ペース

□ 1118
in the doldrums
Part 7

(事が)**停滞状態で**
名doldrums：(the ～)停滞状態

□ 1119
on offer
Part 4

売りに出されて(≒on sale, on the market)
名offer：売り込み

□ 1120
on the road
Part 2, 3

旅行[出張]**中で**

Day 69 》MP3-137
Quick Review
答えは右ページ下

□ それまでは	□ 車を運転して	□ 危険に瀕して	□ そのままにして
□ 24時間ぶっ通しで	□ とにかく	□ 手元にある	□ 責任がある
□ 文書で	□ 口コミで	□ 絶版になって	□ 決して～ない
□ 長い目で見れば	□ 需要がある	□ 使用中止になって	□ どうすることもできない

Check 2 Phrase & Sentence

□ start from scratch（ゼロから出発する）

□ restart from scratch（最初からやり直す）

□ cut spending across the board（支出を一律に削減する）

□ All told, 32 people died in the earthquake.（合計で32人がその地震で死亡した）

□ for three days at a stretch（3日間連続して）

□ At this rate I will never get to work on time.（この調子では絶対に時間通りに職場には着かないだろう）

□ The global economy is in the doldrums.（世界経済は停滞している）

□ the house on offer（売りに出されている家）

□ He has been on the road for nearly a month.（彼は1カ月近く旅行に出たままだ）

Check 3 Sentence 》MP3-140

□ He built the business from scratch and became very successful.（彼はゼロから事業を築き、大成功を収めた）

□ The automaker cut salaries across the board by 10 percent.（その自動車メーカーは給与を一律に10パーセント下げた）

□ There were 40 participants, all told.（総勢40人の出席者がいた）

□ She worked for 14 hours at a stretch.（彼女は14時間立て続けに働いた）

□ If the population increases at this rate, it will cause many problems for society.（人口がこの調子で増加すれば、社会に多くの問題を引き起こすだろう）

□ The housing market remains in the doldrums.（住宅市場は依然として停滞したままだ）

□ A wide range of famous brands are on offer at reduced prices.（さまざまな有名ブランド商品が値引きされて売られている）

□ I used to be on the road at least 10 days a month for my old job.（私は前の仕事では1カ月に少なくとも10日は出張に出たものだった）

Day 69 》MP3-137
Quick Review
答えは左ページ下

□ in the meantime	□ behind the wheel	□ at stake	□ as it is
□ around the clock	□ at any rate	□ on hand	□ at fault
□ in writing	□ by word of mouth	□ out of print	□ at no time
□ in the long run	□ in demand	□ out of service	□ beyond one's control

Chapter 9 Review

左ページの(1)～(8)の熟語の同意熟語・類義熟語（または同意語・類義語）（≒）を右ページのＡ～Ｈから選び、カッコの中に答えを書き込もう。意味が分からないときは、見出し番号を参照して復習しておこう（答えは右ページ下）。

- □ (1) in the meantime (1089) ≒は?（　　）
- □ (2) in the long run (1092) ≒は?（　　）
- □ (3) at any rate (1094) ≒は?（　　）
- □ (4) at stake (1097) ≒は?（　　）
- □ (5) in question (1106) ≒は?（　　）
- □ (6) in the first place (1107) ≒は?（　　）
- □ (7) on the market (1110) ≒は?（　　）
- □ (8) at a stretch (1116) ≒は?（　　）

Day 70))) MP3-139
Quick Review
答えは右ページ下

□大差で	□四つんばいになって	□ゼロから	□この調子で
□問題になっている	□売りに出されて	□一律に	□停滞状態で
□まず第一に	□使用不能の	□合計で	□売りに出されて
□限られた予算で	□場違いの	□連続して	□旅行中で

A. in the end

B. first

C. anyway

D. on sale

E. meanwhile

F. continuously

G. at issue

H. at risk

【解答】(1) E　(2) A　(3) C　(4) H　(5) G　(6) B　(7) D　(8) F

Day 70 MP3-139
Quick Review
答えは左ページ下

- [ ] by a wide margin
- [ ] in question
- [ ] in the first place
- [ ] on a budget
- [ ] on one's hands and knees
- [ ] on the market
- [ ] out of commission
- [ ] out of place
- [ ] from scratch
- [ ] across the board
- [ ] all told
- [ ] at a stretch
- [ ] at this rate
- [ ] in the doldrums
- [ ] on offer
- [ ] on the road

ねぇねぇ、どれくらい覚えてる？
Hey, how many do you remember?

▶

Index

＊見出しとして掲載されている単語・熟語は赤字、それ以外のものは黒字で示されています。それぞれの語の右側にある数字は、見出し番号を表しています。赤字の番号は、見出しとなっている番号を示します。

Index

A

どれだけチェックできた？ 1 ☐ 2 ☐

どれだけチェックできた？ 1 □ 2 □

どれだけチェックできた？ 1 ☐ 2 ☐

D

どれだけチェックできた？ 1 ☐ 2 ☐

どれだけチェックできた？ 1 □ 2 □

E

F

どれだけチェックできた？ 1 □ 2 □

G

H

I

どれだけチェックできた？ 1 ☐ 2 ☐

J

K

L

M

どれだけチェックできた？ 1 ☐ 2 ☐

どれだけチェックできた？ 1 ☐ 2 ☐

どれだけチェックできた？ 1 □ 2 □

Q

R

どれだけチェックできた？ 1 □ 2 □

どれだけチェックできた？ 1 □ 2 □

どれだけチェックできた？ 1 □ 2 □

V

W

どれだけチェックできた？ 1 ☐ 2 ☐

キクタン TOEIC® L&Rテスト SCORE 990

本書は『改訂版 キクタンTOEIC® TEST SCORE 990』(2016年初版発行)に音声を追加した新装版です。見出し語、フレーズ、センテンスに変更はありません。

書名	**キクタンTOEIC® L&Rテスト SCORE 990**
発行日	2020年3月5日(初版) 2024年6月7日(第7刷)
編著	一杉武史
編集	株式会社アルク 出版編集部
校正	Peter Branscombe、Joel Weinberg、 Owen Schaefer、鈴木香織、玉木史恵
アートディレクション	細山田 光宣
デザイン	若井夏澄、相馬敬徳、柏倉美地(細山田デザイン事務所)
イラスト	shimizu masashi (gaimgraphics)
ナレーション	Julia Yermakov、Chris Koprowski、Emma Howard、 Carolyn Miller、Sorcha Chisholm、高橋大輔
音楽制作	H. Akashi
録音・編集	高木弥生、有限会社ログスタジオ
DTP	株式会社 秀文社
印刷・製本	図書印刷株式会社
発行者	天野智之
発行所	株式会社 アルク 〒141-0001　東京都品川区北品川6-7-29 ガーデンシティ品川御殿山 Website：https://www.alc.co.jp/

・落丁本、乱丁本は弊社にてお取り替えいたしております。
Webお問い合わせフォームにてご連絡ください。
https://www.alc.co.jp/inquiry/

・定価はカバーに表示してあります。
・製品サポート：https://www.alc.co.jp/usersupport/

PC：7020010
ISBN：978-4-7574-3602-2